汉译人类学名著丛书

两性社会学

——母系社会与父系社会的比较

〔英〕马林诺夫斯基　著

李安宅　译

许地山　吴文藻　校

商务印书馆

Bronislaw Malinowski
SEX AND REPRESSION IN SAVAGE SOCIETY
First published in 1927 by Kegan Paul, Trench, Trübner & Co. Ltd.
根据开根·保罗,特伦奇,特吕布纳公司 1927 年版译出
根据商务印书馆 1937 年版汉译本排印

汉译人类学名著丛书

总　　序

　　学术并非都是绷着脸讲大道理，研究也不限于泡图书馆。有这样一种学术研究，研究者对一个地方、一群人感兴趣，怀着浪漫的想象跑到那里生活，在与人亲密接触的过程中获得他们生活的故事，最后又回到自己原先的日常生活，开始有条有理地叙述那里的所见所闻——很遗憾，人类学的这种研究路径在中国还是很冷清。

　　"屹立于世界民族之林"的现代民族国家都要培育一个号称"社会科学"（广义的社会科学包括人文学科）的专业群体。这个群体在不同的国家和不同的历史时期无论被期望扮演多少不同的角色，都有一个本分，就是把呈现"社会事实"作为职业的基础。社会科学的分工比较细密或者说比较发达的许多国家在过去近一个世纪的时间里发展出一种扎进社区里搜寻社会事实、然后用叙述体加以呈现的精致方法和文体，这就是"民族志"（ethnography）。

　　"民族志"的基本含义是指对异民族的社会、文化现象的记述，希罗多德对埃及人家庭生活的描述，旅行者、探险家的游记，那些最早与"土著"打交道的商人和布道的传教士以及殖民时代"帝国官员"们关于土著人的报告，都被归入"民族志"这个广义的文体。这些大杂烩的内容可以被归入一个文体，主要基于两大因素：一是它们在风格上的异域情调（exotic）或新异感，二是它们表征着一个有着内在一致的精神（或民族精神）的群体（族群）。

具有专业素养的人类学家逐渐积累了记述异民族文化的技巧,把庞杂而散漫的民族志发展为以专门的方法论为依托的学术研究成果的载体,这就是以马林诺夫斯基为代表的"科学的民族志"。人类学把民族志发展到"科学"的水平,把这种文体与经过人类学专门训练的学人所从事的规范的田野作业捆绑在一起,成为其知识论和可靠资料的基础,因为一切都基于"我"在现场目睹(I witness),"我"对事实的叙述都基于对社会或文化的整体考虑。

民族志是社会文化人类学家所磨砺出来的学术利器,后来也被民族学界、社会学界、民俗学界广泛采用,并且与从业规模比较大的其他社会科学学科结合,发展出宗教人类学、政治人类学、法律人类学、经济人类学、历史人类学、教育人类学……

人类学的民族志及其所依托的田野作业作为一种组合成为学术规范,后来为多个学科所沿用,民族志既是社会科学的经验研究的一种文体,也是一种方法,即一种所谓的定性研究或者"质的研究"。这些学科本来就擅长定性研究,它们引入民族志的定性研究,使它们能够以整体的(holistic)观念去看待对象,并把对象在经验材料的层次整体性地呈现在文章里。民族志是在人类学对于前工业社会(或曰非西方社会、原始社会、传统社会、简单社会)的调查研究中精致起来的,但是多学科的运用使民族志早就成为也能够有效地对西方社会、现代社会进行调查研究的方法和文体。

作为现代社会科学的一个主要的奠基人,涂尔干强调对社会事实的把握是学术的基础。社会科学的使命首先是呈现社会事实,然后以此为据建立理解社会的角度,建立进入"社会"范畴的思想方式,并在这个过程之中不断磨砺有效呈现社会事实并对其加以解释的方法。

民族志依据社会整体观所支持的知识论来观察并呈现社会事实,对整个社会科学、对现代国家和现代世界具有独特的知识贡献。中国古训所讲的"实事求是"通常是文人学士以个人经历叙事明理。"事"所从出的范围是很狭窄的。现代国家需要知道尽可能广泛的社会事实,并且是超越个人随意性的事实。民族志是顺应现代社会的这种知识需要而获得发展机会的。

通过专门训练的学者群体呈现社会各方的"事",使之作为公共知识,作为公共舆论的根据,这为各种行动者提供了共同感知、共同想象的社会知识。现代社会的人际互动是在极大地超越个人直观经验的时间和空间范围展开的,由专业群体在深入调查后提供广泛的社会事实就成为现代社会良性化运作的一个条件。现代世界不可能都由民族志提供社会事实,但是民族志提供的"事"具有怎样的数量、质量和代表性,对于一个社会具有怎样的"实事求是"的能力会产生至关重要的影响。

社会需要叙事,需要叙事建立起码的对社会事实的共识。在现代国家的公共领域,有事实就出议题,有议题就能够产生共同思想。看到思想的表达,才见到人之成为人;在共同思想中才见到社会。新闻在呈现事实,但是新闻事实在厚度和纵深上远远不够,现代世界还需要社会科学对事实的呈现,尤其是民族志以厚重的方式对事实的呈现,因为民族志擅长在事实里呈现并理解整个社会与文化。这是那些经济比较发达、公共事务管理比较高明的国家的社会科学界比较注重民族志知识生产的事实所给予我们的启示。

在中国现代学术的建构中,民族志的缺失造成了社会科学的知识生产的许多缺陷。学术群体没有一个基本队伍担当起民族志事业,不能提供所关注的社会的基本事实,那么,在每个人脑子里的"社会事实"太不一样并且相互不可知、不可衔接的状态下,学术群体不易形成共同话题,不易形成相互关联而又保持差别和张力的观点,不易磨炼整体的思想智慧和分析技术。没有民族志,没有民族志的思想方法在整个社会科学中的扩散,关于社会的学术就难以"说事儿",难以把"事儿"说得有意思,难以把琐碎的现象勾连起来成为社会图像,难以在社会过程中理解人与文化。

因为民族志不发达,中国的社会科学在总体上不擅长以参与观察为依据的叙事表述。在一个较长的历史时期,中国社会在运作中所需要的对事实的叙述是由文学和艺术及其混合体的广场文艺来代劳的。收租院的故事,《创业史》《艳阳天》,诉苦会、批斗会,都是提供社会叙事的形式。在这些历史时期,如果知识界能够同时也提供社会科学的民族志叙事,中国社会对自己面临的问题的判断和选择会很不一样。专家作为第三方叙事对于作为大共同体的现代国家在内部维持明智的交往行为是不可缺少的。

民族志在呈现社会事实之外，还是一种发现或建构民族文化的文体。民族志学者以长期生活在一个社区的方式开展调查研究，他在社会中、在现实中、在百姓中、在常人生活中观察文化如何被表现出来。他通过对社会的把握而呈现一种文化，或者说他借助对于一种文化的认识而呈现一个社会。如果民族志写作持续地进行，一个民族、一个社会在文化上的丰富性就有较大的机会被呈现出来，一度被僵化、刻板化、污名化的文化就有较大的机会尽早获得准确、全面、公正的表述，生在其中的人民就有较大的机会由此发现自己的多样性，并容易使自己在生活中主动拥有较多的选择，从而使整个社会拥有各种更多的机会。

中国社会科学界无法回避民族志发育不良的问题。在中国有现代学科之前，西方已经占了现代学术的先机。中国社会科学界不重视民族志，西洋和东洋的学术界却出版了大量关于中国的民族志，描绘了他们眼中的中国社会的图像。这些图像是具有专业素养的学人所绘制的，我们不得不承认它们基于社会事实。然而，我们一方面难以认同它们是关于我们社会的完整图像，另一方面我们又没有生产出足够弥补或者替换它们的社会图像。要超越这个局面中我们杂糅着不服与无奈的心理，就必须发展起自己够水准的民族志，书写出自己所见证的社会图像供大家选择或偏爱、参考或参照。

这个译丛偏重选择作为人类学基石的经典民族志以及与民族志问题密切相连的一些人类学著作，是要以此为借鉴在中国社会科学界推动民族志研究，尽快让我们拥有足够多在学术上够水准、在观念上能表达中国学者的见识和主张的民族志。

我们对原著的选择主要基于民族志著作在写法上的原创性和学科史上的代表性，再就是考虑民族志文本的精致程度。概括地说，这个"汉译人类学名著丛书"的入选者或是民族志水准的标志性文本，或是反思民族志并促进民族志发展的人类学代表作。民族志最初的范本是由马林诺夫斯基、米德等人在实地调查大洋上的岛民之后创建的。我们选了米德的代表作。马林诺夫斯基的《西太平洋的航海者》是最重要的开创之作,好在它已经有了中文本。

我们今天向中国社会科学界推荐的民族志,当然不限于大洋上的岛民,不限于非洲部落,也不应该限于人类学。我们纳入了社会学家写美国工厂的民族志。我们原来也列入了保罗·威利斯(Paul Willis)描写英国工人家庭的孩子在中学毕业后成为工人之现象的民族志著作《学做工》,后来因为没有获得版权而留下遗憾。我们利用这个覆盖面要传达的是,中国社会科学的实地调查研究要走向全球社会,既要进入调查成本相对比较低的发展中国家,也要深入西洋东洋的主要发达国家,再高的成本,对于我们终究能够得到的收益来说都是值得的。

这个译丛着眼于选择有益于磨砺我们找"事"、说"事"的本事的大作,因为我们认为这种本事的不足是中国社会科学健康发展的软肋。关于民族志,关于人类学,可译可读的书很多;好在有很多中文出版社,好在同行中还有多位热心人。组织此类图书的翻译,既不是从我们开始,也不会止于我们的努力。大家互相拾遗补缺吧。

高 丙 中

2006 年 2 月 4 日立春

编 者 说 明

本书以商务印书馆所出1937年汉译本初版为底本，参校英文原著。因译者自有其文字风格，其时代亦有其语言习惯，故不按现行用法、写法改动译文。(全书使用最频繁的核心概念"复识"为便于当代读者阅读，替换为通行译名"情结"。)确系译者笔误、排印错误与外文拼写错误则径改。同时为了便于读者阅读，将原书直排繁体改为横排简体，专名及译名与现在不统一者，在编者注里亦作说明，并另列出译名对照表。

兩性社會學

（母系社會與父系社會底比較）

原著者　馬林橹斯基

譯　者　李安宅

校定者　許地山　吳文藻

附著者為本譯本序　譯本附錄兩篇

顧頡剛題

本书译名与现行译名对照表[i]

译名	原文	现行译名
立别度	Libido	力比多
歇斯的里亚	hysteria	歇斯底里
心灵分析	psycho-analysis	精神分析
烝母情结	Œdipus complex	俄狄浦斯情结
蔼理斯	Havelock Ellis	霭理士
爱笛帕斯	Œdipus	俄狄浦斯
薄欧	Franz Boas	博厄斯
卜方	Georges-Louis Leclerc, Comte de Buffon	布丰
杜尔干	Émile Durkheim	涂尔干
傅尔斯	Raymond Firth	弗思
傅雷兹尔	James Frazer	弗雷泽
傅罗易得	Sigmund Freud	弗洛伊德
哈蒲浩斯	Leonard Hobhouse	霍布豪斯
冏斯	Ernest Jones	琼斯
考次基	Karl Kautsky	考茨基
寇勒尔	Wolfgang Köhler	苛勒
拉得克利夫-卜朗	Alfred Radcliffe-Brown	拉德克利夫-布朗
莱玛克	Jean-Baptiste Lamarck	拉马克
黎弗尔斯	William Rivers	里弗斯
娄黑姆	Géza Róheim	罗海姆
马林糯斯基	Bronislaw Malinowski	马林诺夫斯基
麦克独孤	William McDougall	麦独孤

[i] 此对照表为本版本所加。——编者

穆巴桑	Guy de Maupasant	莫泊桑
普列查纳夫	Georgi Plekhanov	普列汉诺夫
容	Carl Jung	荣格
塞里格满	Seligman	塞利格曼
斯宾塞尔	Herbert Spencer	斯宾塞
索福客俪	Sophocles	索福克勒斯
瓦拉斯	Alfred Wallace	华莱士
未尔恩	Jules Verne	凡尔纳
巴路蒂木尔	Baltimore	巴尔的摩
超卜连兹	Trobriand	特洛布里恩
君角市	Cape Town	开普敦
梅兰内西亚	Melanesia	美拉尼西亚
希德聂	Sydney	悉尼
新锡兰	New Zealand	新西兰
支加哥	Chicago	芝加哥
西太平洋的仪式贸易人	*Argonauts of the Western Pacific*	西太平洋上的航海者

Sigmund Freud

傅罗易得氏[i]

（心灵分析[ii]创始人）

---

i 现通译为弗洛伊德。此图为1937年版汉译本所加,英文原书无。——编者
ii 现通译为精神分析。——编者

Bronislaw Malinowski

著者　马林糯斯基氏[i]

---

[i] 现通译为马林诺夫斯基。此图为1937年版汉译本所加,英文原书无。——编者

献　给

我的朋友

保罗·库呐尔

新几内亚,1914年,澳大利亚,1918年,博尔北诺,1922年。[i]

---

[i] 商务印书馆1937年版中译本中缺少此致辞页,现据英文原书补全。——编者

译 者 序

马林糯斯基(Bronislaw Malinowski)教授的父母为波兰人,自己为英国籍,现任伦敦大学人类学教授。生于 1884 年,于 1908 年得博士学位,1910 年以后即在大英博物院与伦敦大学作研究事业。1914 年到 1918 年曾在梅兰内西亚(Melanesia)①实地调查岛民社会。他的研究方法,成功社会人类学中的功能学派(Functional school);将一切社会现象放入整个生活系统里面,看看具有什么作用,以免不相干的类比(analogical)观念与无生命的散碎记录。

他的重要论著计有:(1)《澳大利亚土著的家庭》(*The Family among the Australian Aborigines*,1913 年),(2)《原始宗教与社会分化》(*Primitive Religion and Social Differentiation*,1915 年,波兰文),(3)《麦卢土著》(*The Natives of Mailu*,1915 年,见 Trans. of the Royal Society of S. Australia for 1915),(4)《超卜连兹人[i]的鬼魂巴娄马》(*Baloma: The Spirits of the Dead in the Trobriand Is.*,1916 年),(5)《西太平洋的仪式贸易人》[ii](*Argonauts of the Western Pacific*,1922 年),(6)"巫术科学与宗教"("Magic, Science and Religion", in *Science, Religion, and Reality* ed. by J. Needham,1926 年),(7)《原始心理的神话》(*Myth in Primitive Psychology*,1926 年),(8)《蛮野②社会的犯罪与风俗》(*Crime and Custom in Savage Society*,1926 年),(9)《父性与原始心理》(*The Father in Primitive*

---

① Melanesia 为澳洲东边诸岛黑色民族的总称。包括 New Caledonia, Loyalty Is., New Hebrides, Solomon Is., Bismarck Arch 和 Fiji Is.,以土人色黑得名。参看本书附图一。(梅兰内西亚现通译为美拉尼西亚。——编者)

i 现多译为特洛布里恩人。——编者

ii 现多译为《西太平洋上的航海者》。——编者

② savage 旧译为野蛮;嫌有鄙视之意,改译为蛮野。barbarous 有人译为半开化,嫌与semi-civilized 不分;且都鄙之。鄙在文化史上有殊特的意义,改译为鄙野。取其较蛮野为进步之意,并非卑鄙之意。

Psychology,1927年),及(10)本书(*Sex and Repression in Savage Society*,1927年),(11)《西北梅兰内西亚蛮野人的性生活》(*The Sexual Life of Savages in North-Western Melanesia*,1929年)。

马林糯斯基教授具有殊特的语言天才。他用长久的时间,密切的接触,当地的语言,研究了梅兰内西亚的原始社会。这本书与旁的关于那个地方的书,都是实地调查的结果。本书为"心理学哲学及科学方法国际丛书"之一,在伦敦出版,原名 *Sex and Repression in Savage Society*,直译当为《蛮野社会里的性及抑室》。不过本书不只讨论蛮野社会里的性,也讨论文明社会里的性;不是研究性的本身,乃是研究性的社会学。这本书是将蛮野的梅兰内西亚母系社会里的性及文明的欧洲父系社会里的性,作了社会学的比较研究——研究两种社会里的性有什么关系。他说,两种社会文化不同,组织不同,对于性的办法也不同,所以由这些办法产生出来的态度也不同。父系社会掌权的是父,所以儿子对于父,一面是爱,一面是憎,有两面同值的(ambivalence)心理;母系社会掌权的是母舅,所以外甥对于母舅,一面是爱,一面是憎,也有两面同值的心理。父权社会,儿子对于母亲有父亲的竞争势力,所以抑室下去的意识是杀父娶母[借用心灵分析(psycho-analysis)的话];母权社会,弟兄于姊妹为禁令所隔离,代表禁令权威的又是母舅,所以抑室下去的意识是杀母舅娶姊妹。这种心理,错综复杂,是态度和情操的实际复体;一部份外显,一部份被抑室,但实际存在"无意识"里面(原书第144页)[i];在心灵分析的术语里叫作"情结"(complex)[ii]。著者在本书指明"情结"怎样在模式的父权社会形成出来;怎样在梅兰内西亚的神话,梦、亵语和神经失序里有所发展。心灵分析的创始人傅罗易得(Sigmund Freud)以为文化起自图腾(totem)①宴。著者详细批评这种学说以后,即在结论里

---

[i] 此处指的是1927年英文版,可对应本书第86页。——编者
[ii] 译文原作"复识",为便于当代读者阅读,本书替换为通行译名"情结"。——编者
① 图腾一词,来自美印第安人阿尔衮琴(Algonquins)的奥支薄瓦(Ojibwa)和邻近的话ototeman,意思是"他的弟兄姊妹等亲属"。主要字根是ote,意思是同胞的亲属或过继成的同胞亲属;在同胞亲属之间,彼此不能婚嫁。图腾制是一种社会制度与宗教制度,具有五种特征。其详另见本书第三编第三章译注一。图腾宴即是吃掉图腾制中禁物图腾兽。

面积极分析文化的起源,证明"情结"乃是文化产生的结果,有的情结即起自文化的起点。他说:文化的型类不同,情结也不会一样;心灵分析的毛病,即在认父权社会的特产品［烝母情结(Œdipus complex),即杀父娶母的错综心理］①为普遍全世的现象。

本书不但比较父系与母系两种不同的社会里面的性,而且比较动物生活与人类生活里面的性。动物牝牡的结合,在产生后代以后,看顾到能够独立为止;人类则因传递社会知识,必使家庭组织超过子女的成熟期。所以少年动物不受性的束缚,没有乱伦的试探;少年人类则因与此相反,需要修正本能,抑窒本能,于是一方面有所谓"本能的可变性"(plasticity of instincts),一方面即有情结的产生。著者一方面比较动物与人类,一方面又将孩子的发育分成四期(婴儿期、幼儿期、成童期、青春期),逐期比较于两种社会之间。

这样一个对于性的比较研究,殊非原名《蛮野社会里的性及抑窒》所可代表。在本书的第一编第五章一起始,著者自己也说:"我与傅罗易得及旁的心灵分析家的研究领域是一个,不过我是将性的题目分别处置,以便加重社会学的方面,且以避免母子依恋或'立别度'ⁱ(libido,以性欲为人生活动的基本动力)的性质如何这样聚讼理论的分别。"所以译本改名《两性社会学》,一则可以正确一点,再则免去读者望文生义,以为那是偏枯专门的著作,不合于一般读者。

中国是个父权社会,且是比西洋更严格的父权社会。在现在这种家庭形式正在转变的当儿,极有将这本著作介绍到中文读者的面前的需要。

这个译本,除将原书一句不少地介绍过来以外,又于中国问题有相发明的地方加以按语和译注,以便读者发生比较的趣味,能在真理方面投些侧光。

---

① 希腊神话,爱笛帕斯(现通译为俄狄浦斯。——编者)一降生,父即占于庙。占语不祥,谓长大以后杀父娶母。父惧,欲致之死地。然竟未死,果如占语所言。(《孔丛子·广义》:"上淫曰烝,下淫曰报,旁淫曰通。""烝母"即娶母,与母辈通奸。——编者)

ⁱ 现通译为力比多。——编者

译本较原书加添的地方，除了按语和译注以外：(1)自然很显明地多了著者为译本所作的序。远地的惠赠与亲善中国的态度，都值得我们特别感谢。此外，(2)有两幅图，一幅是著者的像，一幅是本书时常提到的心灵分析创始人傅罗易得氏的像，都是取自欧格顿(C. K. Ogden)[i]主编的 *Psyche* 杂志。(3)还有三幅地图，一幅是"梅兰内西亚总图"，取自黎弗尔斯(W. H. R. Rivers)[ii]的《梅兰内西亚社会史》(卷一，1914年剑桥大学出版社出版)；一幅是梅兰内西亚的一部份"超卜连兹岛图"，取自著者的《西北梅兰内西亚蛮野人的性生活》；一幅是恋爱巫术的中心"苦米拉伯瓦嘎(Kumilabwaga)海滨"，也是取自著者那本书。有了这三幅地图，遇着书内讨论的地方，便可按图求索，方便很多。(4)译本还加了两篇比较不短的附录(共约两万四千言)，以便读者知道现在研究人类学的概况，与这本书在科学方法上的殊特地位，特别是在这等五花八门的学术界，可以"智者见智，仁者见仁"地有所取舍。

有些译名，除了创译以外，间或改译几个已有的译名。这除了随时加以译注之外，特在"索引与英汉译名表"[iii]里划入黑线方格，以醒眉目。

原书英文成分以外的地方不在少数，都因燕大欧洲语学系主任刘兆慧(George R. Loehr)教授的帮助才始翻译出来，谨在这里致谢。

翻译的工作已在1928年夏间告竣，经到许地山教授逐句校阅一过，并于中国相关之点指明印证与类比的情形，以便译者附加按语，更要特别致谢。

译本写完一年，在1929年夏间修正字句，从新抄了一遍。究因文体太重原书形式，又在1932年秋季修改一遍，重抄一遍，大致才成现在的模样。翻译的途中与修正的途中直接间接得人帮忙的地方实在很多，敬在这里一总致谢。尤其是吴文藻教授对于稿本加以进一步的批评与补充，提议译录

---

[i] 欧格顿(Charles Ogden,1889—1957)，英国语言学家、哲学家、作家。——编者

[ii] 现多译为里弗斯(William Rivers,1864—1922)，英国人类学家、神经学家、民族学家和精神科医生，以治疗患弹震症(shell shock)的"一战"士兵而知名。——编者

[iii] 即本书"索引"。——编者

附录二,更为译本作序,说明人类学的研究在中国所应有的地位与本书作者在人类学界里面所有的贡献,且蒙顾颉刚教授为本书题封面,使本书在1934年夏间完成现在的模样,更应特别致谢。

一九三四年七月译者识于北平西郊海甸①

---

① 校后记:译者序文所介绍的著者著作,6与7两项,已由译者译出,由商务出版,名《巫术科学宗教与神话》。吴文藻教授拟写的序文,因忙未及写毕;关于这一方面的意思,可参看《巫术科学宗教与神话》译者序文。著者在此期间更有新著出版,名《珊瑚园及其巫术》(Coral Gardens and Their Magic)。两本,计页 xxxv+500; xxxii+350。1935年由美 American Book Company 与英 George Allen & Unwin 出版。

著者为汉文译本序

我为这个汉文本作序,实在觉得高兴。据我所知,我的著作译成欧洲以外的文字,这是第一次。

我与罗素和欧洲许多旁的见解清明的人,具着同样坚决的信念,以为中国一定要领导亚洲大陆文明的进步;亚洲与小小的欧洲相比,在好多方面都是更较重要。

这本书很简略地尝试着讨论的问题,或者对于近代的中国社会有些兴趣。家,特别是宗教一方面,曾是中国社会与中国文化的强有力的源泉。中国的旧式家庭,对于一切见解正确的人类学者一定是可以羡慕的对象——几乎是可以崇拜的对象,因为它在许多方面,曾是那般优美。然而不管怎样,中国的旧式家庭现也非变不可了。一切对于中国的前途有热心希望的人,都是希望这个变动不致太骤,不致影响最要紧的人伦关系,那就是子女对于父母的关系。这本书是研究这种关系的东西,或者能够引起中国学者的兴趣,更将这种关系研究得充实一点。倘若新的著作出现,对于中国家庭与欧洲家庭的组织或者中国家庭与梅兰内西亚家庭的组织加以比较研究,那么,我的劳力便是得到报偿了。

现在李安宅先生将这本书译成汉文,使我十分感谢他。

马林糯斯基
一九三二年二月五日于伦敦大学
(伦敦经济学校)[i] 人类学系

---

[i] London School of Economics,伦敦经济学院(校),正式名称为伦敦政治经济学院(London School of Economics and Political Science)。——编者

PREFACE [i]

It is with real pleasure that I am writing this preface to the Chinese edition of my book. This is the first time as far as I know that any of my writings have been translated into a non-European language.

With Bertrand Russell and many other clear-sighted people in Europe, I am firmly convinced that China will lead the progress of human civilization in the big continent of Asia, a continent in many respects so much more important than our little Europe!

The subjects discussed in a very tentative and sketchy manner in the present book may be of some interest to modern Chinese society. The family, above all in its religious aspect, has been the greatest source of strength to Chinese society and Chinese culture. The old Chinese family, which must be an object of admiration, almost of worship to all sound students of human society, for it was so beautiful in many respects, is at present bound to become modified. All who wish well for the future of the Chinese nation hope that this modification may be not so drastic as to touch the most important relationship, that of children to parents. The present book, which deals with this relation, may stimulate some Chinese students to develop the subject more fully. If he could hope that a comparative essay on the construction of the Chinese and European families, or on the family in China and in Melanesia, could be forthcoming, I should regard it that my labours had not been in vain.

---

[i] 此为著者马林诺夫斯基为汉文译本序之原文,1937 年版汉译本收入。现照录。——编者

I wish to express how much I value the work that Mr. Li An-che has put into the translation of this book.

B. MALINOWSKI

5th February 1932.

Department of Anthropology.
University of London.
(London School of Economics).

目　　录

著者原书原序 …………………………………………… 1

第一编　情结的形成

第一章　问题发凡 ……………………………………… 11
第二章　父权家庭与母权家庭 ………………………… 15
第三章　家庭剧情的第一幕 …………………………… 20
第四章　母权社会的父职 ……………………………… 24
第五章　婴儿期的性欲 ………………………………… 28
第六章　生活的学徒期 ………………………………… 32
第七章　后期儿童性欲 ………………………………… 36
第八章　少年期 ………………………………………… 41
第九章　母权情结 ……………………………………… 49

第二编　传统的镜影

第一章　母权社会的情结和神话 ……………………… 55
第二章　疾病和反常 …………………………………… 56
第三章　梦想和行事 …………………………………… 59
第四章　猥亵和神话 …………………………………… 65

第三编　心灵分析和人类学

第一章　心灵分析和社会科学之间的裂口 …………… 83
第二章　一个"被抑室的情结" ………………………… 86
第三章　"文化的元始原因" …………………………… 89

第四章　杀老的结果 …………………………………… 93

第五章　对于起初杀老的分析 ………………………… 96

第六章　情结呢？情操呢？ …………………………… 103

第四编　本能与文化

第一章　由天然过渡到文化 …………………………… 109

第二章　家庭——发生机的文化摇篮 ………………… 111

第三章　动物游牝期和交配期与人类之比较 ………… 116

第四章　婚姻关系 ……………………………………… 120

第五章　父母的爱 ……………………………………… 123

第六章　人类家庭的坚持性 …………………………… 128

第七章　人类本能的可变性 …………………………… 131

第八章　由本能到情操 ………………………………… 133

第九章　母权与乱伦试探 ……………………………… 139

第十章　权威和抑窒 …………………………………… 144

第十一章　父权和母权 ………………………………… 149

第十二章　文化和"情结" …………………………… 154

附录甲　近代人类学与阶级心理 …………… 开鲁窝顿 157

　一　近代人类学的背景——19世纪的产业革命与演化论 ……… 157

　二　莫尔根的人类学——为19世纪的文明造理论的根据 ……… 160

　三　魏斯特马克的人类学——为中产阶级的道德造
　　　"绝对"的基础 ……………………………………………… 162

　四　魏氏关于单婚制的谬论 ………………………………………… 164

　五　魏氏关于社会核心的谬论 ……………………………………… 167

　六　魏氏关于家庭起源的谬论 ……………………………………… 169

　七　魏氏的流派——马林橘斯基等 ………………………………… 171

　八　我们对于两造的解释——"文化迫力"说 …………………… 174

　九　"文化迫力"说对于社会科学的贡献 ………………………… 176

附录乙　马林檽斯基对于一种假说的考验

　　——该项假说即以对于单独一种文明所有的
　　　先入之见为根据者 …………………… 赖斯外尔 180

一　马氏原书提要 ………………………………… 180
二　人类学与反证 ………………………………… 181
三　两重本领问题 ………………………………… 182
四　互调方法问题 ………………………………… 183
五　报告材料 ……………………………………… 184
六　以单纯作标准 ………………………………… 184
七　以文化起源说作标准 ………………………… 186
八　功能概念 ……………………………………… 187
九　结语 …………………………………………… 188

附图 ……………………………………………… 189
索引 ……………………………………………… 194

著者原书原序

心灵分析的学说,在近十年来所得到公众的赞许,真是"如日之升"。它在当代文学、科学以及艺术各方面所有的影响都一天比一天大。实际,有些时候,它竟成了举世若狂的流行品。许多愚夫曾为这个流行热深切地感印过,许多卖弄学问的人也曾为它震惊失措。著者显然属于前者,因在一个时期曾被傅罗易得(Freud)、黎弗尔斯(Rivers)、容(Jung)[i]、冏斯(Jones)[ii]等学说过度地影响过。然而,卖弄学问的精神且要留作学者主要的热情;继起的返想却已很快地冷静了起初的迷恋。

这种过程同其所有的枝枝节节,凡细心的读者,都可在这本小书里面找到来龙去脉。然而我并不愿意引起一项预期,使人希望着戏剧似的翻案,我在任何意义之下都未做过实验心灵分析的信徒,或理论心灵分析的持守者;我现在虽不能忍耐心灵分析的过分的自信,及其纷乱的论辩与交错的术语,然我尚需深深感谢它所给我的兴奋,它给人类心理学的有价值的教训。

心灵分析已将我们拖到动的心理学说里面,已给心理过程的研究一个具体的转变,已领导我们专心于儿童心理学和个人历史。最后,但不最不要紧,它已强迫我们去将人生不正式不被承认的方面加以思考。

对于性和人类许多可耻的卑污虚荣等心理加以公开的研究——心灵分析为此而最被人恨骂——我以为在科学上最有价值,应该使心灵分析特为人类学者所重视;这就是说,倘若人类学者要研究对象而免除不相干的陷坑或甚而免除虚伪的架子的话,他便应该重视心灵分析。我是蔼理斯(Havelock Ellis)[iii]

---

[i] 现通译为荣格(Carl Jung,1875—1961),瑞士心理学家、精神科医师,分析心理学的创始人。——编者

[ii] 现通译为琼斯(Ernest Jones,1879—1958),威尔士神经学家和精神分析学家。他是弗洛伊德的同事和密友,第一个将弗洛伊德的精神分析学介绍到英语学界。——编者

[iii] 现通译为霭理士(Havelock Ellis,1859—1939),英国医生、作家,其代表作为《性心理学》(Studies in the Psychology of Sex)。——编者

的学生和信徒，不会诬告傅罗易得是讲"泛性欲主义"（pan-sexualism）的——不管他在性的冲动上所说的话我是怎样不赞同。我也不会表面抗议，可是暗暗地接受他的见解，同时又很正义地洗掉我的干系，以免有所玷污。人是一个动物，即以动物的资格有时不净，这是诚实的人类学者不得不正视的事实。学者对于心灵分析所有的遗憾，并非因它公开用相当的注重研究了性，乃是因它将性研究错了。

　　论到这本书多变的历史，前两编都较其余的早得很多。那里有许多观念，当我在一个珊瑚岛上研究梅兰内西亚（Melanesia）①的社会生活时，已经形成了。我的朋友塞里格满（C. G. Seligman）教授[i]所给我的指导和惠赠的文字，使我想像"恋母情结"②和"无意识"（the unconscious）的他种表现在母权社会所应显示的形态。这样实际在梅兰内西亚的民族里面观察母系情结，据我所知道的，是第一次利用心灵分析来研究蛮野③生活的，所以这项研究对于研究人类的学者，研究人类心理的学者和研究人类文化的学者，都许有些趣益。④ 我作结论所用的字眼，多是心灵分析的，超过了我现在所有的态度。不过就是这样，也不超过"情结"（complex）和"抑窒"（repression）等词的范围以外，而且两词的引用也完全都在一定而有经验的意义里面。

　　我的研读越进步，越觉不易全盘接受傅罗易得的结论，而且更不易全盘接受心灵分析的其他结论。我是一个人类学者，更特别感到关于蛮野人的野心学说，关于人类制度的起源的假说，以及关于文化历史的叙述，都应该根据一项正确的认识——即关于原始生活的认识以及关于人类心理的无意识或有意识各方面的正确认识。"无意识"里面毕竟并没有群婚、图腾制、回避岳母或巫术等出现；这些都是属于社会学和文化的坚确事实。对于这些事实作理论的叙述所需要的经验，并不能在参考室里得到。我这样的态度，

---

① 看序文注一。——译者（即本书第 xii 页注释①。——编者）
[i] 现通译为塞利格曼（Charles Seligman，1873—1940），英国医生和民族学家，伦敦政治经济学院教授。他是马林诺夫斯基、埃文斯-普里查德、福蒂斯等著名人类学家的老师。——编者
② 看序文注四。——译者（即本书第 xiv 页注释①。——编者）
③ 看序文注二。——译者（即本书第 xii 页注释②。——编者）
④ interest 一字，有时是兴趣，有时是利益；但在科学上，每每同时兼有二义。故用一义时，译为兴趣或利益；兼用二义时，译为趣益。——译者

是仔细披阅傅罗易得的《图腾与禁忌》(*Totem and Taboo*)和《群众心理与自我分析》(*Group-Psychology and the Analysis of the Ego*)，娄黑姆(Róheim)[i]的《澳洲图腾制》(*Australian Totemism*)以及雷克(Reik)[ii]、兰克(Rank)[iii]、冏斯(Jones)等的社会学著作以后而自信正当的。关于我的结论，读者可在本书的第三编找到证据。

我在本书的末一编试述文化起源的积极见解。我在那里将多变的文化条件之下人类的动物性必须经过的变迁作出一个大纲。我特别证明，性的本能和某种"情结"的抑窒必是创造文化时所发生的精神方面的副产品。

我以为本书的末一编"本能与文化"算最重要，同时也最有驳辩的余地。最少，从人类学的见地来看，那是一个独辟蹊径的尝试，是介乎研究人类的科学和研究动物的科学之间，属于"无专门家之乡"的探险尝试。无疑地，那里大部份的论辩，将来必要重新制造；然我相信已经提起了重要的问题，迟早必成为生物学家、动物心理学家、文化学家等所要讨论的问题。

关于动物心理学和生物学等知识，我不得不依靠普通参考书。我所凭借的，主要是达尔文和蔼理斯；毛尔根(Lloyd Morgan)[iv]、海利克(Herrick)[v]和桑戴克(Thorndike)[vi]诸教授的著作；西普(Heape)博士[vii]、寇勒尔(Köhler)博士[viii]、排克老夫特(Pycroft)君[ix]，以及魏斯特马克

---

[i] 现多译为罗海姆(Géza Róheim, 1891—1953)，匈牙利精神分析学家和人类学家。——编者
[ii] 雷克(Theodor Reik, 1888—1969)，奥地利精神分析学家。他是弗洛伊德最早的学生之一。——编者
[iii] 兰克(Otto Rank, 1884—1939)，奥地利精神分析学家、作家。他长期与弗洛伊德共事。——编者
[iv] 毛尔根(Conwy Lloyd Morgan, 1852—1936)，英国动物学家、心理学家。——编者
[v] 海利克(Clarence Herrick, 1858—1904)，美国地质学家、神经学家。——编者
[vi] 桑戴克(Edward Thorndike, 1874—1949)，美国心理学家，行为主义心理学的代表人物。——编者
[vii] 西普(Walter Heape, 1855—1929)，英国动物学家、胚胎学家，以首次成功移植哺乳动物的胚胎而闻名。——编者
[viii] 现多译为苛勒(Wolfgang Köhler, 1887—1967)，德国心理学家、现象学家，完形心理学先驱。——编者
[ix] 排克老夫特(Arthur Pycroft, 1875—1971)，新西兰博物学家。——编者

(Westermarck)[i]、哈蒲浩斯(Hobhouse)[ii]、艾斯庇那(Espinas)[iii]和旁的社会学的著作里面所可见到的材料。我在本书里面已经详细注出参考各书,特在此处致谢;毛尔根教授的本能概念似乎最充分,他的观察也对于我最有用,更要加重致谢。我和毛尔根教授所用的本能和习惯两词及我们对于本能的可变性(plasticity of instincts)所有的概念,都是微有不同,可惜这个事实发现得太晚了。然我并不以为这个事实含着严重不同的意见。我也相信,文化会给本能的可变性介绍一个新的量度,而且动物心理学家也可因为认清人类学家对于这个问题所有的贡献而获到资益。

我准备这本书,因与下列诸友相讨论,得到不少的兴奋和帮助,那就是牛津的塞里格满(Brenda Z. Seligman)太太[iv];加利弗尼亚大学的路义(R. H. Lowie)博士[v]和克娄伯(Kroeber)教授[vi];新锡兰[vii]的傅尔斯(Firth)君[viii];华盛顿的怀特(W. A. White)博士;巴路蒂木尔[ix]的苏里曼(H. S. Sullivan)博士[x];支加哥[xi]大学的海利克教授;伦敦经济学校的金斯堡(Ginsberg)博士[xii];纽约的哈密勒顿(G. V. Hamilton)[xiii]和耶利福(S. E. Jelliffe)[xiv]两博士;哈雷街(Harley Street)的密勒尔(E. Miller)博士、加利弗尼亚的安固娄(Jaime de Angulo)夫妇;剑桥的欧格顿(C. K. Ogden)君;君角市(Cape

---

[i] 魏斯特马克(Edward Westermarck,1862—1939),芬兰哲学家、社会学家。——编者
[ii] 现通译为霍布豪斯(Leonard Hobhouse,1864—1929),英国政治理论家、社会学家。——编者
[iii] 艾斯庇那(Alfred Espinas,1844—1922),法国思想家。——编者
[iv] 现通译为布兰达·塞利格曼(Brenda Seligman,1883—1965),英国人类学家。——编者
[v] 路义(Robert Lowie,1883—1957),美国人类学家。——编者
[vi] 克娄伯(Alfred Kroeber,1876—1960),美国文化人类学家。——编者
[vii] 即新西兰(New Zealand)。——编者
[viii] 傅尔斯(Raymond Firth,1901—2002),现多译为弗思,新西兰民族学家。——编者
[ix] 即巴尔的摩(Baltimore)。——编者
[x] 苏里曼(Harry Sullivan,1892—1949),美国新弗洛伊德学派精神科医生、精神分析学家。——编者
[xi] 即芝加哥(Chicago)。——编者
[xii] 金斯堡(Morris Ginsberg,1889—1970),英国社会学家,英国社会学发展的关键人物。——编者
[xiii] 哈密勒顿(Gilbert Hamilton,1877—1943),美国医生、作家。——编者
[xiv] 耶利福(Smith Jelliffe,1866—1945),美国神经学家、精神科医生、精神分析学家。——编者

Town)[i]和希德聂[ii]的拉得克利夫-卜朗(Radcliff-Brown)教授[iii];纽约城的傅兰克(Lawrence K. Frank)君[iv]。至于本书所根据的实地调查,则因莽德(Robert Mond)君[v]的慷慨热心,才有可能。

本书奉献给维也纳的库呐尔(Paul Khuner)君[vi]。他帮忙我不少,因为他的充分批评使我在本题目上和许多旁的题目上,观念澄清了不少。

马林檽斯基

一九二七年二月于伦敦大学

(伦敦经济学校)人类学系

---

[i] 现通译为开普敦。——编者
[ii] 即悉尼(Sydney)。——编者
[iii] 现通译为拉德克利夫-布朗(Alfred Radcliffe-Brown,1881—1955),英国人类学家。——编者
[iv] 傅兰克(Lawrence Frank,1890—1968),美国社会科学家。——编者
[v] 莽德(Robert Mond,1867—1938),英国化学家、人类学家。——编者
[vi] 库呐尔(Paul Khuner),奥地利经济学家、商人,马林诺夫斯基的好友。——编者

"近代心理学者为'感觉'而忽略了'冲动'为时很久,现在又有趋势,起始就将'本能活动'加以叙述,并开本能的[i]项目清单,这自然是没有疑惑的改良。然欲解说个人和社会生活等复杂事件的时候,直接采用这些天然势力,便要成为笼统牵强的解说。……

我们必须知道,使本能活动成为显然一定的癖性者,乃是社会条件。我们知道这层,才可讨论社会里面的心理要素。这就是社会心理学的真实意义。……一方面有先天的素性供给原料;另一方面,供给工具和方案的乃是风俗。……人是习惯的生物,不是推理的生物,也更不是本能的生物。

心灵分析对于性的叙述最有教益,因为心灵分析历历指出人为的简单化的结果和社会结果对于心理能起什么样的变化。著作家通常都是男的,执着妇女心理的方法就像对付柏拉图的普遍实体那样。……他们所应付的对象乃是现在西洋文明的殊特征象。竟将殊特征象弄得好像固定冲动所必需。"

——杜威[ii]《人性与行为》

---

[i] 原文为"底",因其时"的""地""得""底"四字在现代汉语中的用法尚未有共识,译文同时使用"底""的"表示定语与中心词的修饰关系,在此统一为"的"。——编者

[ii] 杜威(John Dewey,1859—1952),美国哲学家、教育家。《人性与行为》(*Human Nature and Conduct*)是他出版于1921年的著作。——编者

第一编　情结的形成

第一章 问题发凡

心灵分析(psycho-analysis)系因施行医术而产生,它的学说也多半是属于心理学的,然而与生物学和社会学颇有密切的关系。它的主要成绩之一或者就是将这三门研究人类的科学联络起来。傅罗易得(Freud)的心理学的见解——他对于冲突、抑室、无意识(the unconscious)、情结(complexes)①等怎样形成的学说——是心灵分析最详细的部份,也就是心灵分析的大本营。他的生物学的理论——关于性欲与性欲对于他种本能的关系,以及"立别度"(libido)②和"立别度"的多种变化——是他的学说中较不完美,较多矛盾、破绽,而且得到批评较多的部份;不过有的批评是有根据的,有的则没有根据。我们所关心的乃是社会学的方面,他在这一方面也是更值得注意的。只是社会学和人类学虽然贡献了最于心灵分析有利的证据,而且悉母情结(the Œdipus complex)③说虽然具有显然的社会学的意义,偏在这一面最没有人注意,真算奇怪的事。

心灵分析的学说根本是家庭生活对于人心影响的学说。它指给我们,孩子对于父母、兄弟、姊妹等关系所有的热情、偏重、冲突等,结果都形成某几种对于他们的恒久态度或情操;这几种态度或情操,一部存在记忆里面,一部沉在无意识里面,能够影响孩子以后对于社会关系的生活。我用情操这个名词,是照单德(A. F. Shand)ⁱ所给的专门意义,并且承认它在他的情

---

① 参看本章注三。——译者
② 以性欲为人生活动的根本动力。——译者
③ 参看译本序文,及序文注四:希腊神话,爱笛帕斯(Œdipus)一降生,父即占于庙。占语不祥,谓爱笛帕斯长大而后,杀父娶母,父惧,欲置之死地。然竟未死,果如占语所言。这种仇父近母的错综心理,本书名为"悉母情结"。——译者(此处序文指译者序,序文注四即第 xiv 页注释①。——编者)

ⁱ 单德(Alexander Shand,1858—1936),英国律师、作家,英国心理学会的创始成员之一。——编者

绪和本能等理论所有的一切重要的含义。①

　　心灵分析的学说显然具有社会学的性质，因为傅罗易得学派的学说全盘布景都是受了一种殊特社会组织的限制——那就是包括父、母、子女等小范围的家庭。因此，傅氏看作最重要的心理学的事实的那个家庭情结(family complex)，就是一种殊特社会群体对于人心的作用。而且，每人在幼年所感受的心理印象，更有再深一层的社会影响，因为幼年的心理印象能够预定某种社会系结的形成，范铸他在传统、艺术、思想宗教等领域所有的感受性和创作能力。

　　所以社会学者感到：情结除了心理学的研究以外，尚应加上两篇社会学的东西：一篇绪论，述及家庭影响所有的社会学的性质；一篇跋尾，分析情结对于社会的影响。因此，社会学家就有两种问题。

　　第一种问题。家庭生活倘若对于人类心理具有这样命运攸关的影响，它的质性就更值得注意。因为事实是：家庭并不是在任何人类社会都一样的。家庭的组织，乃因民族文明的性质与进化的水平线而大不相同；就在同一社会以内，也因流品不同，而家庭不同。即在今日的人类学界，也还流行着几种学说，②相信家庭的组织在人类进化当中曾经极大的变迁：从原始共

---

　　① 欲知单德情绪情操等学说，可看第三编第六章；本能的定义，见第三编第五章、第四编第二章及同编第九章。——译者

　　② 这里指的一面似乎是恩格斯(Engels)与他所根据的莫尔根(L. H. Morgan)（莫尔根，1818—1881，美国人类学家、社会理论家。——编者）；一面似乎是心灵分析。关于心灵分析，本书大体即在批评与补充，后文自明。至于恩格斯一派，则为一般"左"倾思想家所宗守。他们所宗守的典籍是恩氏的《家庭、私有制和国家的起源》(The Origin of the Family, Private Property and the State, 1884)。这本书则根据莫尔根的《古代社会》(Ancient Society, 1877)。莫尔根研究美洲印第安人(Indians)，发现家的变迁也合乎演化论，于是给 19 世纪的文明供给了理论的根据。这一派的失当处，乃在误认殊特过程为普遍的演化阶段。马林橹斯基所批评者尚不止此。两派的社会背景及所以异同之点，参看译本"附录"自明。

　　按马氏此处所指的变迁，颇觉杂乱无章。盖有意证明其为"假设多事实少的混杂构想"。所以特别显着杂乱无章的理由，乃在混合数种理论，不只表示一家言。兹将恩格斯一派所说的变迁阶段介绍于下，以醒眉目。

　　(1)血族群婚家庭(the consanguineous family)，凡同年辈者，如祖父母辈、父母辈、兄弟姊妹辈、子女辈，均互为夫妇。

　　(2)合伙婚家庭(Punalua family)，除如以上婚姻必在同辈之间以外，更限制亲兄弟姊妹不准通婚，但在一家以内，姊妹行互为多数丈夫的妻，兄弟行互为多数妻的丈夫。Punalua，即为密伙之意。

产公妻时代的杂婚形式,经过"群婚"(group-marriage)的"群体家庭"(group-family),"合伙婚"(Punalua marriage)的"血族家庭"(consanguineous family)及"大家庭"(Grossfamilie)与氏族亲属(clan kindred),至于今日社会的最后形式——即根据单婚和父权的个人家庭。这类的学说固然相信家庭形式的变迁,不过除开这等假设多事实少的混杂构想而外,由着今日对于蛮野民族的实际观察,我们也可以见到家庭组织中许多很大的差异,乃是毫无疑问的。由权势的分配而有的不同,有的将权势给父亲,生出父权的数种形式;有的将权势给母亲,生出母权的许多类别。纪认后嗣的方法也有很大的不同——有因不识父职①而有的母系,有从属不识父职而竟有的父系;有因权势而有的父系,有因经济的理由而有的父系。而且,居处不同,房屋的布置不同,食品的来源不同,以及分工的方法不同,都在各种各族之间大大改变了人类家庭的组织。

所以问题就生出来了:家庭以内的冲突、欲情、依恋等是因家庭组织不同而不同呢,还是普遍人寰都是一样呢?倘像实际那样,是因家庭组织不同而不同的,则家庭的核心情结(the nuclear complex)就不能在一切人类种族之间都保持恒常的状态,必是同着家庭的组织而有改变。所以心灵分析的主要工作就是研究这种改变的限度,制造相宜的公式,而且终于讨论家庭组织的显著型类,陈述核心情结的相关模样。

这个问题,或在一个例外以外,②尚未有人提出过,最少也未明显而直接地提出过。专为傅罗易得派所知且被他们假定为普遍的情结(我是说烝

---

(3) 对偶婚家庭(the pairing family),以上两种均系群婚,此则一男一女相为匹偶,只关系不固定,可以随时离异耳。

(4) 单婚家庭(monogamous family),即现在一夫一妻的固定家庭。

据这一派的说法,血族群婚已不存在,合伙群婚通行于蛮野社会(savagery),对偶婚通行于鄙野社会(barbarism),一夫一妻通行于文明社会(civilization),但现在所有的单婚,只是限制女人不限制男人的单婚而已。——译者

① 即在生理上"只知有母,不知有父"。——译者

② 我所指的是傅留格(J. C. Flügel)(傅留格,1884—1955,英国实验心理学家、精神分析师。——编者)的《家庭的心灵分析的研究》;是书虽为心理学者所著,但通体都以社会学的方向为指归。后边的几章,特别是十五、十七两章,包括不少研究现在问题的方法(虽说著者并未将这方法明显地计划出来)。

母情结），根本是与我们阿利安人（Aryan）的父系家庭及父权（*patria potestas*）发生联带关系的,那就是被罗马法律和耶教道德所保障且为近代资产阶级的经济条件所加重的家庭形式与父权。然而这种情结,在傅氏一派看来,竟在各种蛮野（savage）社会或鄙野（barbarous）社会里面都有存在。这种假定的看法,自然是错误的；试将第一问题详细讨论一下,就会明白错误到什么程度。

第二种问题。家庭情结对于神话、传说、童话等的形成有什么样的影响呢？对于某种蛮野和鄙野的风俗,社会组织的形式,物质文化的成就等,都有什么样的影响呢？这个问题在利用他们的原理来研究神话、宗教和文化的心灵分析家们,已经清楚地认识到了。但家庭组织怎样借着家庭情结来影响文化和社会,尚无正当学说加以解释。大多数关于第二种问题的见解,在社会学的见地看来,都需要它彻底地修改一下。另一方面,傅罗易得、兰克（Rank）、囧斯（Jones）等对于实际的神话问题所给的具体解答,则比他们一般的理论（说"神话是种族的世间梦"）正确得很多。

心灵分析,因认清初民的注意集中于他自己和他周围的人民,且认清这种注意是具体而有动力的,于是给初民心理一个正确的基础；在此以前,则常陷于一种错误的见解,以为人对于自然界常有冷静的注意,他对于自己的归宿常作哲学的冥想。然因心灵分析家忽略第一种问题,并且默认忞母情结存于一切社会之中。所以他们的人类学著作便出了毛病。他们不但在母系社会里的踪迹具有父权社会之性质的忞母情结的时候,不能得到正当结果；即玩弄群婚或杂交等假说的时候,也不能得到正当结果,——因为心灵分析所知道的是我们欧洲人的家庭组织,可是到了完全不与欧西家庭相同的情形,再不特别小心,反倒随意制造假说,当然不能得到正当结果。研究人类学的心灵分析家既不免于这种抵触,于是造出关于某种原群（primitive horde）的型式,或关于有史以前的图腾献祭的范型,或关于神话如梦的一种臆想的假定,大抵与心灵分析本身的基本原则相悖。

本书第一编,主要是根据直接观察蛮野社会所得的事实讨论第一种问题——核心情结怎样依赖于家庭组织。至于第二种问题,则待第二编去讨论。最末两编的使命,是将两种问题通体讨论一下。

第二章 父权家庭与母权家庭

考察第一问题——"家庭情结"怎样在某一个社会里面被家庭组织所影响与改变——最好的方法,就是从事实方面作具体的研究,在有代表资格的家庭生活里面追索这个情结的形成过程,并于文明不同的社会去作比较的研究。我在这里并不提议调查人类家庭的一切形式,乃要详细比较我所亲身观察的两种形式:即近代文明的父系家庭和梅兰内西亚①西北岛民社会的母系家庭。不过这两种例案,也许代表社会学的观察中两种最不相同的形式,所以很难达到我们的目的。我们此刻就用几句话介绍东北新几内亚(North-Eastern New Guinea)(或西北梅兰内西亚)的超卜连兹人(Trobriands);因为我们所要比较的,一方是我们自己的文化,一方就是他们的文化。

这些土人是母系的,那就是说,他们的社会制度只用母亲来作纪认宗亲(kinship)的标准,而且继承和遗产也都以母系来作递嬗的线索。他们的男孩或女孩都隶属于母亲的家庭、氏族(或母系族,clan)和社会;男孩袭母舅的爵位和社会地位;男女儿童承受遗产,都不是承受父亲,乃是男的承受母舅,女的承受舅母。

超卜连兹的每个男人或女人都在最后以结婚来度安定的生活,——起初的时期是童期的性的游戏,接着就是青春期(adolescence)的普遍放纵,以后更有一个时期,一对爱人们度着较恒久的私通与同居的生活,同两对或三对旁的伴侣住在一个"旷夫院"(bachelor's house)。结婚,除酋长有多数的妻以外,普通都采单婚制,且是恒久的结合,含着性的专有,共同的经济生活,独立的家室。一个肤浅的观察者,初见之下,可以认为与我们的婚制相同,然而实际乃是完全不同。先说当丈夫的,就不被社会认作孩子的父亲,不与我们所说的父亲含义相同。土人并不认识父亲与孩子的肉体关系的观

---

① 参看序文注一。——译者(即本书第 xii 页注释①。——编者)

念，所以在土人看来，父亲在生理上全与孩子的生育无关。土人相信，孩子的产生，多因母族女魂将幺小精灵①送进母怀的缘故。母亲生了孩子以后，作丈夫的不能不加以保护，加以抚养，不能不"受而抱之"；但从孩子的生育关系来看，则孩子不是"他的"。

因此，父亲是子女的亲爱仁慈的朋友，不是被人承认的宗亲，他是一个外人；他有权威，因他对于子女有个人的关系，不因他在血统上有社会的地位。孩子的真实宗亲（那就是实质）或"同体"，只在母系之中。统制孩子的权威，乃在母舅的手里。母舅与母亲之间，有严格的禁忌，防止兄弟姊妹之间一切亲善的关系；因为这个缘故，母舅永远不能与母亲接近，也就不与母亲的家室接近；母亲承认母舅的权威，敬礼他，就像平民敬礼酋长一样，但彼此之间，永远没有温婉的关系。不过，母亲的子女则是母舅的唯一承继者，母舅在甥男甥女身上，有直接支配的权柄。母舅一死，他的世间物全归甥男甥女所有；当他活着的时候，他也必须将他自己的任何本领传给他们，那些跳舞，唱歌，神话，巫术，手艺等本领。他也供给姊妹及其家室的饮食物；田园所产，大部份归于他们。所以孩子对于父亲所要的，只有亲爱的看顾和温婉的友谊。他们的母舅，代表家庭以内的纪律、权威和执行权威等势力。②

妻子对于丈夫的关系，一点也不卑微下贱。她有她自己的所有物，并在公私两方面，她有她自己的势力范围。母亲为父亲所恫吓的事，孩子永远看不见。反过来说，父亲只是部份的养家人，因为他的大部份时间不得不为他的姊妹去工作。儿子们也就知道当他们长大的时候，他们也须为他们自己的姊妹的家室去工作。

结婚是父方的（patrilocal）——就是女子倘如是从另一个地方来的（这是通常的情形），她要跟随她的丈夫，住在丈夫家里，并加入丈夫所属的社

---

① 参看著者《原始心理与父性》(*The Father in Primitive Psychology*，1927 年出版，心灵杂志小丛书)(*Psyche Miniatures*)和 1916 年《皇家人类学会会报》中的"巴娄马：死者之精灵"(Baloma：Spirits of the Dead)。

② 关于这些土人的奇怪经济状况的记载，可参看著者在 1921 年刊于《经济杂志》的"原始经济"(Primitive Economics)和《西太平洋的仪式贸易人》(*The Argonauts of Western Pacific*)一书的二、六两章。法律方面已充足地讨论于《蛮野社会里的犯罪和风俗》(*Crime and Custom in Savage Society*，1926)。

会,因此,子女所发育的地方乃为法律上属于外人的社会,子女没有当地的土地权;且在村庄的荣耀事件上,也感不到合法的光荣;至于他们的家、他们的产业、他们桑梓义务的中心点,以及他们感到光荣的祖德宗功,则都在另一地方。与这二元的影响联为一气的,就是出奇的组合方法与纠纷状态。

同一母亲的男女孩子,早年便在家庭里被人隔离,因为严格的禁忌不准他们有亲密的关系;比什么都要紧,任何关于性的题目,永远不能当着他们共同说起,以免引起他们的兴趣。就是因为这个缘故,所以弟兄虽然实际对于姊妹是有权威的人,但对于她的婚姻问题,则为习俗所禁,不能行使这种权威。因此,对于女儿结婚这件事,允与不允的权力,乃在父母,而父亲(他是母亲的丈夫)对于女儿的权威,便只在这一件事上最有势力。

我们所要比较的两种家庭,彼此大不相同的地方,已在慢慢分明了。在我们自己的家庭形式里,我们有以社会为后盾的有权威、有势力的丈夫和父亲。① 我们的经济制度,也使父亲和丈夫成为养家人,且可——最少也在名义上——对于母亲或子女任意停止供给,或充分供给。反过来,超卜连兹则有独立的母亲及其丈夫。父亲与子女没有生物学的关系,他也不是养家人;他不能将他的产业遗给子女,而且社会也没有建立下权威,使他管辖他们。母亲的亲属则有很大的势力,特别是她的弟兄;母舅是有权威的人,是家庭用度的供给者;他的产业,当他死的时候,便为外甥们所承受。所以社会生活和家庭组织的模式,都与我们的文化完全异轨。

在外表上看来,似乎是对于母系社会的家庭生活加以探讨,才有趣味,至于我们自己的家庭生活既为我们所熟知,且为近来的心灵分析反复申说过了,便不必再多此一举;我们只要心领神会就够了。然而严格的比较研究,必要首先将比较项目清清楚楚地摆在眼前。这里所要贡献的母系材料,既为人类学实地工作的殊特方法采集而来,则于欧洲的材料也不可不以人

---

① 我在此处用"我们自己的"文明,虽是普遍地说欧洲和美洲的地方社会,然我心目中所有的,首要是大陆家庭的一般形式,因为这是心灵分析的结论所根据的资料。至于西欧或北美城市的高等社会之间,我们是否慢慢地走向一种母权,近于梅兰内西亚的法律观念,比近于罗马法律和大陆风俗的法律观念更甚,我则不敢预言。倘若本书的题旨不错,有些关乎性的近代发展[如随便亲嘴(petting parties)]和父权制的衰微,都应该深刻影响家庭以内的情操。

类学家的见地,用同样的方法,加以整理,列成同一的形式。前面已经说过,我在任何心灵分析的记载里,都未见到任何直接一致关于社会环境的考证。更未见到讨论核心情结及其原因怎样在我们的社会里因社会的阶级而有不同。然而在资产阶级奢侈的育儿室的婴儿冲突,不与在农夫的茅屋里,或在穷苦工人所住的单独的、饮食起居都在这唯一的房间里的婴儿相同,这是很显然的。正为要阐明心灵分析学说的真理,对于下级及粗鄙社会之考察,极为重要。因为那里是一个铁锹就叫作铁锹不会有饰词的,那里的孩子是和父母常接触的。饮食起居,同在一间房里,睡眠憩宿同在一个床上,没有其他的父母代理人来扰乱这幅图画,他们粗野的接触,不为礼仪所拘束;而日常生活之小冲突与嫉忌之情,都显之于强烈的,虽则被抑制着的抵触之中。①

还可以说,当我们研究核心情结及其社会的与生物的真实基础以应用于民俗的研究时,农夫及不识字的阶级之不可忽略,尤关紧要。因为一般传统所自产生的状态,比较近于现代中欧和东欧的农夫或贫苦的手艺工人,较不近于维也纳、伦敦、纽约等处口腹过饱神经过敏的人民。

为使比较显明起见,我将童期的历史分成几个时期,分别讨论,且将两种社会里的时期都描写一下,比较一下。家庭生活史的时期,有个清楚的区分,是在讨论核心情结上关系重要的事,因为心灵分析——而且这里就是它的主要优点之一——已经表彰了人心的层次,表现出这些层次在儿童发育时期上粗相一致的去处。性欲的划分时期,以及发展过程的危机,伴随的抑窒和遗忘(以致有些记忆付于无意识)——凡此一切,都足以表明儿童生活清清楚楚地分为若干时期。② 我们现在所需要的,只根据生物学和社会学

---

① 我对于东欧农夫的生活、风俗、心理等亲历的知识,使我认出同一社会里不识字的和有教育的阶级,在父母对于子女和子女对于父母的心理态度上,并不相同。

② 傅罗易得对于婴期性欲的讨论虽与分期的办法关系极为根本,然而他对于这个题目最属详尽的著作[《性说三贡献》(Drei Abhandlungen zur Sexualtheorie)第五版],并非鲜明的分期方案,并未叙明各期。这使该书对于不研究心灵分析因而不是此领域专家的人有些难读,并且产生含义不清、自相矛盾的毛病。不管是外表的或者是实在的都使此刻的著者尚未完全弄清。傅留格阐发心灵分析的著作,本来十分优美,可惜也有同样的缺憾;这在以整理心灵分析为目的的著作,尤觉可惜。"孩子"(child)这字用遍全书,有时说的是"幼孩"(baby),有时是"青年"(adolescent),通例都须用上下文来抽译它的含义。我希望现在的提纲,对于这一方面有些用处。

的标准，将儿童的发育过程分为四期就够了。

1、婴儿期（infancy）。在这时期，婴儿依母乳为营养，依父母的保护求安全；不能独立动转，也不能发表自己的欲求和思想。这个期间是由降生算起，断乳为止。蛮野民族之间，这个时期经过两年到三年。文明社会，则短得很多——通常只有一年左右。但较好的办法是以天然界限来分儿童的时期。孩子在此期间，生理上与家庭不能分开。

2、幼孩期（babyhood）。此时的孩子，虽尚依附于母，不能独立生存，然已能够动转、说话，并且自由地绕着母亲玩耍。我们以为此期经常为三四年，孩子因而到了六岁左右。此期生活，起始逐渐脱离家庭的系结；起始学着离开家庭而自足。

3、成童期（childhood）。此期比较能够独立并和旁的孩子各处游玩。这也是孩子在一切人类一切社会阶级里面，起始用某种方法正式加入社会，以作社会的完成分子的时候。有些蛮野人之间，起始初步的入社仪式。旁的蛮野人以及我们自己的农夫和工人之间，特别是在大陆上，孩子起始学徒，预备将来的经济生活。西欧和美洲的地方社会，则在此时上学。这是二次离开家庭势力的时期，直到少年期（puberty）为止。

4、青春期（adolescence）。介乎生理的青春发动期和社会的充分成熟期之间。这个时期在许多蛮野社会里面，都以主要的入社典礼为界范，且在他种部落之间，这是族法和礼制加在青年男女的时期。在近代文明社会里，这是受中等或高等教育的时期，不然就是预备一生事业的最后学徒期。此期完全脱离了家庭空气。蛮野人和我们自己的下等阶级，通常都以结婚和成家为此期的完结。

第三章　家庭剧情的第一幕

16　　哺乳动物的一个普遍特点就是：子息在降生的时候不能自由独立，必须依赖母亲的看顾以求营养、安全、温暖、清洁和身体的舒适。母子种种体格上的安排，都与此点相应；生理上，母亲对于孩子有欲情的本能的关心，吃乳的孩子则渴望母亲的身体、体温、怀抱，特别要紧的更是接触乳头，呷取乳汁。当初，这种关系决定于母亲的有选择性的欲情（母亲只爱她自己的孩子），可是孩子接触到任何有乳的妇人的身体，都可感觉满足。但是不久，孩子也就分辨起来，依恋态度变得有所专属，属于个人；孩子恋母亲，就像母亲恋孩子一样。因此，降生这件事即在母子之间建设一个终生的联带关系。

17　　这个联带关系，起初以生物学的事实为基础：幼小的哺乳动物不能无助而生存，所以族类的延续，要依赖一种最强烈的本能，即母爱的本能。然而社会赶快插进脚来，将其起初微弱的命令加在大自然的强大声音之上。在一切人类社会之中（蛮野社会或文明社会），风俗、法律、道德，有时甚而宗教，普通都在早如妊娠起始的时期，便承认母子之间的系结。母亲，有时也有父亲，必须持守种种禁忌和俗令，或举行与腹内的婴儿幸福有关的仪节。生育除了是一种生物作用以外，永远是一个重要的社会事件，往往与宗教有关，许多传统的惯习，都聚集在这种事件上。所以，就是母子之间这种最自然、最直接的生物系结，除了决定于其生理方面外，也决定于其社会方面；而叙述这种事件，我们不能不顾到社会的传统及惯习所发生的影响。

　　让我们简约地将我们自己社会中协同限定母职的这些因子，总括陈述，并指示其特点。母性是文明之一种，道德的、宗教的甚至艺术的理想；一个妊妇是被法律风俗所保护，看得圣洁不可侵犯；她自己也该在这种情形之下觉得荣耀，觉得快乐。这是可以实现的理想，已被历史和人种志的材料所证实。即在近代的欧洲,波兰的正派犹太地方社会,也尚保持这种风尚;在他们中间,一个妊妇实是被人崇敬的对象,她自己也觉得怀孕是很荣耀的。然在基督教的阿利安社会,妊娠对于下等阶级则是重累与麻烦;即对于富人也是烦恼不适,暂与通常的社会生活相隔绝的病根。我们既须承认母亲在产前所有的态度对于将来怎样看待她的孩子的情操是十分重要的,而且这种态度既因环境不同而大不相同,并要依赖社会价值的,则将这项社会学的问题更加亲切地研究一下,当然也属重要。

  生育的时候,母亲的生物学的行为和本能的冲动,都为社会所保证,为社会所助长;许多社会风俗、道德规律和理想,都使母亲作为孩子的保姆;而且广义地说,几乎欧洲各国不管下层阶级或上层阶级都属一样。然在这里,就是这么根本,这么有生物学的保障的关系,也有的社会会因风俗和先天冲动的宽弛,不依天然冲动而行动,致使这种关系改其常轨。例如我们有将孩子送与一个被雇的养母去度第一岁的制度(那就是曾有一时流行于法国中流社会的风俗)。还有几乎同样有害的制度,便是希图保护妇人的胸乳,不使加大,而雇养母,或用人工食料哺养孩子,这种风俗今日固然普遍地认为违反天然了,然在富有的阶级里面曾经流行过。这里社会学者也要有所贡献,即显示母职的真相,使人知道那是因着国度、经济、道德等不同而要有所改变的。

  现在转到太平洋岸上一种母系社会里的同一关系。梅兰内西亚的妇人,都一定表现着对于孩子的渴望,周围的社会也在赞助她的感情,培养她的倾向,并用风俗和惯习使之理想化。自从怀妊的初期,怀孕的母亲即须遵守多数的食物禁忌和旁的俗令,以保护将来子女的幸福。孕妇,在这种风俗看来,是受人崇敬的对象,是土人在实际行为和感情上切实表现的理想。更有举行于妊娠初期的繁缛礼节,以求达到一个错综而又晦暗的目的,以去加重怀孕事件的重要,并使孕妇出人头地,得到荣耀。

  生育以后,母亲和孩子避居一月上下,母亲恒常地扶持孩子,哺养孩子,除了一定的女眷以外,旁人不能入其小屋。在正常状况之下,过继螟蛉是稀罕的;即实际过继的时候,也得候到断乳,始将孩子交出;而且并不过继给外人,惟有最近的亲属始可过继。多数的规矩,如母亲和孩子的洗礼,母亲所须遵守的特殊禁忌,以及母亲带着孩子拜见亲友①之类,都是用风俗加在天然的联结,以将母子结在一起。②

所以两种社会里面,除开本能的生物的适应以外,都要加上风俗、道德、仪度等社会势力,将母子互相联结起来,使母职的亲密之情得有圆满的作用。社会与生物两种势力之间这种和谐,保证充足的满意和最高的福气。社会与自然合作,使因生育之伤而被冲破的怀妊乐趣,得以恢复。兰克博士有一本书,已于心灵分析的发展上有过相当的重要;他在那里③已经指出子宫里的生存和记忆对于以后的生活怎样重要。不管我们对于生育之"伤"怎样设想,都在生育以后的几个月,借着生理的和社会的作用,恢复了断乳之"伤"以后所没有的福气。盖不因断乳而感到变态的,只在文明社会的上层阶级才会见到。

我们由此期的父系家庭和母系家庭所有的父职,见到更大的异点;而且,既在蛮野社会里面,不知父性的肉体关系,而以母性为有权利,则父亲对于孩子的关系,会比我们社会里的还要密切,不能不算出乎意料。在我们自己的社会里面,父亲对于婴孩生活所做的事务,实在很少。为着风俗、惯习和仪度的缘故,富有的父亲都被摒在育婴室以外;农夫或工人则须在 24 点钟的大部份,将孩子留给他的妻,更许气恨婴儿所要求的注意和婴儿所占有的时间;但在通例,父亲对于小孩,既不帮助,也不干涉。

梅兰内西亚人之间,我们知道,"父职"是纯粹的社会关系。这个关系的一部份,是他对于妻子的子女所有的义务;他是要将孩子受而抱之的(这句话我们已经引过了);当母亲在途中困惫了,他须负荷孩子,并要为室内的哺

---

① 著者在《西北梅兰内西亚蛮野人的性生活》第 197 页中说:"女人满月以后,带着孩子遍访全村,并由她的父亲的亲友赠予小量食品。拜访完毕,由其姨娘辈作驱逐的样子,驱到叫作'伊卜土西'(Ilbutusi)的住所,再独居一月。"盖女人生孩子系在父家,已与丈夫隔离一月,满月所拜访者即其父的亲友。独居于"伊卜土西"时,只能与丈夫隔户而谈。——译者

② 母亲产后所须遵守的一件重要禁忌,就是性的戒避。欲观土人这种风俗的高等道德见解所有的优美表现,可看皮特-黎夫尔斯(G. Pitt-Rivers)的《种族的接触和文化的冲突》,1927 年版,第八章第三节。

③ 《生育的创伤》(Das Trauma der Geburt),1924 年版。不必说,兰克(Rank)博士的结论,在本作者看来,完全不能接受;作者不但不能采用心灵分析近来所有的发展,即便要了解那些作品的意义都不可能。

育帮忙。他照顾孩子的自然需要,并且为他们洗浴;在土人的语言之中,更有许多关于父职,父职的艰难,以及孩子对于父亲应尽孝道等刻板说法。超卜连兹的模式中,父亲是个耐苦耐劳谨慎小心的护士;社会传统所有的呼声就是使他尽到这项义务。事实是这样:父亲永远关心子女,有时关心得火热,所以对于一切职务,即使是被社会所加上的劳苦职务,也心悦而诚服地执行着。

因此,我们在这初期来比较父系和母系的关系,见到主要的差异在于父亲。在我们的社会,父亲对于保育的事,完全无关;顶多,也不过站在一个配角的地位。在超卜连兹,他是活泼的脚色。这比什么都重要,因为这样才使父亲更有机会,养成孩子的情爱系结。两种社会里面,除下少数的例外,生物学的趋势和社会的状况,都无冲突的机会。

第四章　母权社会的父职

22　　我们现在到了孩子已经断乳,正在学步并且起始说话的时期。然在生物学一方面,孩子还只是缓缓地取得离开母体的独立。孩子用欲情不减的欲望去抱附母亲,求她不离开,以有身体的接触,柔情的拥抱。

　　这是自然的生物趋势,然在我们的社会,不管什么时候(不在这个时期就在旁的时期),反正孩子的欲望必定被害,不得畅遂。我们先要切实觉到,此刻所说的时期,是被断乳所引来的时期。婴期生活有福气的和谐,要被此时破坏,或最少也受此期的改变。上层阶级之间,断乳是有准备的,渐渐实行,且有适应的,所以通常无所震惊地度过去。但在下层妇女之间,断乳常是一件痛苦的扭伤;对于母亲是这样,对于孩子自然更是这样。以后更有旁的阻碍,闯入母子之间的亲密状态,因为在孩子身上那时有见得着的变化。

23　孩子变得能够独立运动,能够自己吃食,能够表现些自己的感情和思想,并且起始解事,起始观察。上层阶级之间,育婴的布置,渐使母子分开。这能取消任何的震惊,但在孩子的生命里面留下一个缺憾,一个渴望,一个未能满足的需求。下层阶级之间,孩子与父母同床,孩子便在相当时间内变成父母烦恼的根源,成为父母的累赘,受到父母粗野的排斥。

　　新几内亚的珊瑚岛上的蛮野人,此期的母职,与我们此期的母亲有怎样的不同呢?第(一),蛮野人断乳的时期很晚;断乳的时候,孩子已经独立,能够各处跑,简直什么都能吃,且可追逐旁的趣益。那就是说,断乳的时候,已是孩子对于母乳既不想要,也无需要的时候了,所以初期的扭伤可以免掉。

　　"母权制"(matriarchate)(就是母亲统治)并不包含一个严酷可怕的悍妇。超卜连兹人的母亲,在此时期,负荷孩子,抚弄他们,同他们玩耍;亲爱的程度,颇与初期一样,而且风俗道德,也是这样责望于她。孩子也依法律、风俗、惯习等与母亲相亲密,比父亲与母亲还亲密;因为父亲的权利居于子女之后,不如子女的权利大。所以亲密的婚媾关系,在这里具有不同的心理；因为父亲要与母亲亲密，便将孩子挤到外边的事，即使发现的话，也不是一般的发现，有如父权社会那样。梅兰内西亚的母亲和欧洲型式的母亲之间，第（二）点的不同就是：前者更较溺爱些。孩子的教训既不多，道德教育既几乎没有；又是所有的教育起始得很晚，且有旁人负责，用不着母亲负责，所以母亲几乎没有严厉的余地。这样没有母亲的惩戒，一方面固可免除我们社会里有时见到的母子之间严厉的离异情形；然在另一方面，也能减少孩子的许多兴趣，那就是求悦于母亲和求得母亲称许的愿望。这种愿望，必要记住，是在我们社会之间慕亲情绪的有力联结之一，且使以后建筑孩子对于母亲的恒久关系有很大的可能。

论到父的关系，则我见到，我们的社会里不论种别和社会阶级的分别，父亲还都保有父权制的地位。① 他是家庭的头目，血统的联络者，也是经济的供给者。因为他是家庭绝对的统治者，所以容易变成暴主；变成暴主以后，各式各样的冲突便发生在丈夫、妻子和子女之间。至于阻障的详情，则以社会组织为定。西洋文明的富有阶级里面，孩子是用所有的育婴布置以与父亲远离。孩子虽然常与看护在一起，然普通是为母亲所扶持，为母亲所制裁，所以母亲在孩子的情爱上几乎永远占有优制的地位。另一方面，父亲不常走进孩子的范围，即使走进，也不过是个旁观人，是个外人；在父亲之前，子女是要循规蹈矩，振刷精神，并且有所举动和表现的。父亲是权威的根源和责罚的由来，所以也就变成一个恶魔。通常说，父亲是个混杂化身；他是一个完美的人，为着他的利益，什么都得办；同时，他是孩子必须惧怕的"媚眼食人鬼"（ogre）；②孩子不久就可觉得，家室的安排是因父亲的舒服。亲爱而同情的父亲，很容易作到这个魔神的前部脚色。炫耀的、木僵的或无

----

① 这里又将近代的英美家庭举个例外，即父亲逐渐失掉了父权统治的地位。然而情况是在变动着的，所以在这里不能很明确地加以讨论。我想心灵分析不能希望将所说的"恋母情结"保留到后代；后代将要只知一个懦弱而怕老婆的父亲罢了。对于父亲，子女将要感到深厚的怜悯，感不到可恨和可怕。

② 在中国，对付小孩子的人，不管是母亲或奶妈，都常用"你爸爸来了"这类的话来恐吓小孩，以使他们不闹。小孩就这么在脑子里印上可怕的爸爸的印象。其实，这个爸爸，也许是很温婉的；不过社会给他的地位是末后的权威，所以常被抬来吓唬子女。使小孩不闹的另一种方法，就是说"妖精来了"，所以爸爸和妖精，常受同等的看待。而且中国的父亲，多数是"无术"的，所以是"媚眼食人鬼"的后部脚色，没有前部脚色的魔力，没有使人恋慕的魔力。——译者

术的父亲,不久也就赚到育婴室的怀疑,甚且赚到恨恶。在父亲与子女的关系上,母亲变成一个居间人;有时预备好,要将孩子控告到这个高等权威,然而同时又可调停缓刑。

在中欧和东欧的贫农或下层工人阶级当中,所谓家庭,不过一间屋,一铺床,光景自然不同,结果并不相异。父亲与孩子有着较为密切的接触,在稀有的情形之下,也能容许较大的情爱,然而通常都是引起更露骨更长久的冲突。当父亲工作疲乏以后或由市肆酒醉回家的时候,他自然要向家人发脾气,且要恫吓母亲和孩子。一个近代城市的贫穷处所或村庄之内,没有见不到纯粹父权制的虐待的。据我自己的记忆,就能征引多数实例,证明农夫父亲当着酒醉回家的时候,怎样纯为愉快而打孩子,或将孩子拽出房间,送到冷的夜里。

当着工人父亲回家的时候,顶好不过,也须孩子保持安静,停止喧闹的游戏,抑制天真孩气的活动。父亲也是贫穷家里无上责罚的源泉,母亲处着居间地位,往往分享孩子所得的待遇。费用供给者在贫穷家里所有的经济职务加上父亲身份得自社会的势力,也使家长得到更快更一致的承认,同着个人势力走到同一方向。

梅兰内西亚的父亲在此时期的职务,颇与欧洲的家长不同。我在第四章[i]已经简约地说明,在那里作丈夫和父亲的享有怎样不同的社会地位,并在家内又算作什么脚色。他不是一家之长,不能将统系传给子女;他也不是主要的食品供给者。这样一来,完全改变了他在法律上所有的权利和他对于妻子的个人态度。一个超卜连兹的男人,很少与妻子口角,几乎永远没有虐待她的意思,而且他也永远不能维持住他的虐主地位;就是性的同居,也在土人的法律和惯习上不被看作妻子的义务和丈夫的权利,像我们的社会那样。超卜连兹人的传统见解,以为丈夫享受妻子的性的劳役,应该感谢妻子,报偿妻子,且要值得享受妻子的优待。报偿妻子的方法之一(其实是主要的方法),就是对于她的子女尽心看顾,且对子女表示亲爱。许多的土语与民谚,都有这些原则。在孩子的婴儿期间,父亲已是温婉而亲爱的看护

---

[i] 原文如此,似应为第二章。——编者

人;成童初期以后,父亲也和孩子玩,抱着孩子,凡足引起玄想的娱人游戏和作业,他都教给孩子。

那么部落的法律、道德、风俗以及一切组织的势力,都联合起来,在男人的婚媾关系和父的职务上,给他一个完全不与父权家长相同的态度。这种原则虽说必用抽象方法来作界说,但并不是离开生活只管法律的空洞原则。它表现在日常生活的一切细节上面,它贯彻家庭以内的一切关系,它在家庭以内的种种情操上面都占优势。子女永远见不到母亲被父亲所屈服,被父亲所虐待,或卑微地依附在父亲的面前。就是平民女子嫁给酋长,女子也没有屈服的态度。子女永远感不到父亲的重手加到自己身上,父亲既不是子女的宗人,也不是子女的主人,更不是子女的恩人。父亲并没有权利或专权。然而他仍然像世界上常态的父亲一样,对于子女感到强烈爱情。父亲既爱子女,再有对于子女的传统义务,于是设法获得子女的爱情,保持住对于子女的影响。

将欧洲与梅兰内西亚的父性加以比较研究的时候,要谨记着生物学和社会学的两种事实。就生物学方面来说,寻常男人定然有个趋势对于自己的孩子发生亲爱而温婉的感情。然此趋势,似乎胜不过孩子给予父亲的许多困难。所以社会一经插进脚来,使欧洲人承认父亲是绝对的主人,孩子是因父亲的利益、欢娱、荣耀等才有存在的,便使父亲对于孩子两面同值的爱与憎的平衡状态失了平衡;因为父亲对于孩子既有自然的爱情,又嫌这样烦麻的东西很讨厌,不过通常还能保持美好的平衡,但自社会影响加入后,平衡便被破坏了。另一方面,梅兰内西亚的母系社会对于孩子不许父亲占有优势权利,所以父亲必用服务精神赚得子女的敬爱;这种不开化的社会使他在神经上、企图上、经济责任上,都少压迫,所以能够比较自由地沉溺在父亲的本能里面。因此,生理势力与社会势力二者间的适应在我们的社会里面虽然满足孩子的初期要求,以后即要欠缺谐和。梅兰内西亚的社会则是永远保持着和谐的关系。

父权,我们已经见到,大部份是家庭冲突的源泉,因为父权给予父亲的社会要求与专有权利,既不称合他的生物倾向,也不称合他在子女身上可以感受可以兴起的个人感情。

第五章　婴儿期的性欲

28　　我与傅罗易得及旁的心灵分析家的研究领域是一个，不过我是将性的题目分别处置，以便加重社会学的方面，且以避免母子依恋或"立别度"（libido）的性质如何这样聚讼理论的分别。然在这个时期，孩子既起始独立游戏，并对于四周的工作和人物发生了兴趣，性欲的出现[①]便可用社会学在外面观察，且可直接影响家庭的生活。一个仔细观察欧洲儿童的人，倘若还未

29　遗忘自己的童期，便不能不承认，早如三四岁的时候，就发生一种殊特的兴趣和好奇心。在合法的、常态的好的世界之外，开拓另一个世界，包含羞颜的欲望、私密的兴趣和潜伏的冲动。事物的两种范畴，"正的"和"邪的"，"洁的"和"秽的"，起始结晶，成了生命以内永久的范畴。有的民族完全将"邪的"压迫下去，将所谓庄正与正当的过度发展，变成净教徒[i]那样戕害生理的德性或者乡愿那样尤其使人难堪的伪善。或则"邪的"全被论淫文字所勉强窒塞，另一个范畴成了欲养难禁的状态，讨厌的程度，并不在伪善的"德性"以下。

我们现在讨论的儿童第二期，依照我的方案，大约由四岁至六岁；在这个时期，"邪的"常在排泄机能上发露，具有暴露主义和邪僻游戏的兴趣常与

---

①　对于婴期性欲和儿童心理有兴趣的读者，也当参考毛尔（A. Moll）(毛尔，1862—1939，德国精神科医生，现代性学的创始人之一。——编者)：《儿童的性生活》（Das Sexualleben des Kindes, 1908）；蔼理斯（H. Ellis）：《性的心理研究》（Studies in the Psychology of Sex），1912 年版，第 13 页以后，及第 1 卷；1910 年版，第 36 页以后和第 235 页以后，以及他处。其他的书如蒲牢斯和润兹（Ploss & Renz）(蒲牢斯，1819—1885，德国妇科医生、人类学家。润兹，1863—1955，德国民族学家、宗教学家。——编者)的《民族风俗习惯里的儿童》（Das Kind in Brauch und Sitte der Völker, Leipzig, 1911—1912）；蒲玉勒（Charlotte Bühler）(蒲玉勒，1893—1974，美国发展心理学家。——编者)的《青年的灵性生活》（Das Seelenleben des Jugendlichen, 1925）；司特恩（W. Stern）(司特恩，1871—1938，德国心理学家、哲学家。——编者)关于儿童心理等著作，也属重要。

i　现通译为清教徒（Puritan），是 16 世纪后期英格兰教会中主张改革的一派。他们认为应该清除教会中与罗马天主教相似的、无载于《圣经》的仪式和习俗。——编者

残酷相关。这时几乎不分性别,且在生殖行为上也少兴趣。凡曾久与农夫相处而且谂知农村儿童的人,都要承认,这种事态乃是当作常态的(虽不公开的)事自然存在着。工人阶级之间,事态也似相同。① 上层阶级之间,"邪僻"虽被压迫得厉害一些,情形也不大差。观察上层社会固较观察农民困难得多,但应为教育、道德、优生等理由积极进行,而且计划出相宜的检讨方法。我想,这种观察的结果,能将傅罗易得及其学派的某种理论大加证实。②

这项新兴的婴期性欲或婴期"邪僻",怎样影响孩子对于家庭的关系呢?在"正的"和"邪的"分别之间,父亲,特别是母亲,完全归在第一范畴;在孩子的心里永远不为"邪的"所污。"母亲或许觉知什么淫秽的儿童游戏",这个感觉,对于孩子极端难堪,且有一个强烈倾向,使他不要当着她或向着她述说任何关于性的事件;父亲既然也被严格地留在"邪的"范畴之外,所以更被看作道德的权威;于是这些思想和消遣,便也不能触犯于他;因为"邪的"永远具有一种罪意。③

傅氏和心灵分析学派已将母女之间和父子之间的性的敌竞大加注重。我们的意见以为母女之间的敌竞,并不起始在这么早的时期。无论怎样,我尚不曾察到母女敌竞的任何踪迹。父子的关系,更较复杂。男孩子对于母亲虽无自己觉着属乎"邪的"范畴的思想、欲望或冲动,如我已经说过的那

---

① 那位很尽心的社会学家左拉(Zola)(指的是法国作家埃米尔·左拉,马林诺夫斯基曾说左拉的小说《大地》与他的研究有一些类似的倾向。——编者)在此题目上已经供给好多完全与我自己的观察一致的材料。

② 傅氏的辩论,以为不到成熟期的性欲会有常态的发作;两性区分极少,后庭爱(analeroticism)和生殖的趣意都不存在;根据我的观察,都是对的。傅氏近在[《心灵分析杂志》(Zeitschrift für Psycho-Analyse)1923年]发表的一篇论文中有些改变他的见解;他不加辩论,遂行确说,此期的孩子到底已有"生殖的"(genital)趣意。这层,我却不能赞同。

③ 近代男人和妇人的态度正在迅速地变迁着。现在我们很刻苦地给我们的子女"开知识",且将"性"给他们准备得干净。然而我们要记住,第一,即在英美的"知识界",我们也是讲论着少数。第二,我到底尚不准知,这个待遇方法是否能将子女在性的事件上对于父母的害羞和不自然的态度能有丝毫的改变。即在成人之间,也似存在着一个普遍趋势,要在日常交往的安定关系上,免掉戏剧的、颠倒的和神秘的情绪质素。即在主要"不被抑塞的"超卜连意人之间,父母也永远不是性的事件上的心腹人。若与我们日常生活不太密切的朋友或熟悉人去作某种细微或可羞的倾吐,反倒比较容易好多,这真可以注意。

样,然而无疑地,一个幼小的机体对于母亲有着密切的肉体接触,就要发生性的反应。① 老生常谈给与农民社会的青年母亲一件谁都知道的忠告,就是三岁以上的男孩应与母亲分睡。婴儿阳起的事,这些地方社会谁都知道;男孩子拥附其母不与女孩子一样这个事实,也是如此。这等状况之下,父亲和男孩之间,大概会有性的敌竞的成分;即站在局外的社会学观察者,也可见到这层。不用说,心灵分析家更是绝对这么主张的。稍形富足的阶级之间,毫不客气的冲突即使发生,也属罕见;但是仍在想像里发生冲突。所取形式固然较为精细,可是暗藏的危机或许并不减少。

我们必须注意,在此时期,孩子一起始依着性去表现不同的品格和气质,父亲对于儿子和女儿的感情就要判别出来。父亲在孩子里面看到自己的继承者,那就是要在统系和家业上将他顶替。所以父亲更要采取批评的态度。这事,在两方面影响他的感情;倘若孩子显出精神或身体的缺陷来,倘他不及父亲所信的理想型式,就使父亲大失所望加以仇视。另一方面,此期已有某种程度的敌竞,父亲因为儿子将来会取而代之,并且感到自己的世代已要凋谢,所以免不了走到抑郁一途,也对于儿子加以仇视。这个两面被抑塞的仇视,使父亲对于儿子心肠冷硬,且由反动激起仇视的感情反应。母亲,在另一方面,则无消极情操的理由,且将儿子看作成人的雏形,觉着格外可以赞美。父亲对于女儿的感情,将女儿看成自己在女形里的化身,几乎不能不激起温柔情绪,慰媚自己的虚荣心理。② 社会因子与生物因子这么混在一起,使父亲亲近女儿比接近儿子更为温柔,且使母亲与此相反。然须注意,对于子女的引力,虽因异性,也不必是性的引力。

在梅兰内西亚,我们见到完全不同的孩子所发展的性的型式。生物的

---

① 这在 1921 年写了之后,我对这个题目已经变了见解。"一个幼小的机体对于母亲有着密切的肉体接触,就要发生性的反应"这个陈述,我已觉着谬妄。我既自己写了这个谬妄的陈述,我喜欢我能说它是谬妄。此处婴期心理的充分分析,已经写在本书第四编第九章。

② 中国人以儿子为自己的继身,对于女儿的态度,似不这样。富贵阶级的父亲,以女儿的美善,得到荣耀的满足原因不似"自己在女形里的化身",而似自己能力和财富的炫耀。第二个原因,女儿有时受优待,因为女儿不被看作自家人,多少有些客气。第三个原因,因为男女有别,父亲对于女儿也就有些回避,不似对于儿子那样密接过甚。至于贫苦阶级,则女儿较儿子多受虐待,因为她是"赔钱货"。——译者

冲动实际并不相异,似乎毫无疑惑。然我未能见到任何可以叫作婴期邪僻的痕迹,或下层世界的痕迹。所谓下层世界,原指儿童以排泄机能或暴露主义为中心而作隐秘消遣的世界。这个题目自然不易观察,因为我们难于亲近一个蛮野孩子。而且他们即使有一个邪的世界有如我们的邪的世界那样,也难对于通常的成年土人施行探询;困难的程度,就像在我们的社会里面探询一个旧脑筋的母亲、父亲或看护一样。然有一种情形,使在这些土人之间,事态完全不同,也使我们没有弄错的危险:那就是婴儿期的性欲在我们此刻所讨论的时期稍晚的时候——大约五岁或六岁——发觉了生殖趣意的性欲时,并不受抑窒,不受谴责,也没有道德上的罪念。这样一来,倘有任何早期的邪僻世界的话,当可容易观察,就像性的游戏在较后的时期所发现的生殖趣意那样可以观察了。

那么,我们怎样解答蛮野人没有傅氏叫作"前乎生殖的"(pre-genital),"后庭爱的"(anal-erotic)兴趣时期呢?我们讨论到儿童次一期的性欲时,就有较好的解答,那就是土著梅兰内西亚的孩子实际不与我们自己的孩子有相同的性欲。

第六章　生活的学徒期

34　　现在我们已到儿童第三期，它起始在五岁七岁之间。孩子在此时期起始感到独立，起始创造自己的游戏，起始寻求同年的伙伴，去到各处漫游，不为成人所限。这就是游戏起始渡到较为一定的职业和认真的人生趣益的时期。

试将此期接续比较。在欧洲，入学或（在无教育的阶级某种入于经济职业的）初步学徒都使孩子脱离家庭势力。男孩或女孩在某种程度上失掉对于母亲的绝对依恋。男孩常在此期将情操移给一个代庖的母亲，暂时对她感有在母亲身上所有的温婉情感（但无旁的情感）。这等转移，不要看成童子恋爱年长妇女的趋势，因为那是到少年期才有的现象。同着这等转移，孩

35　子脱离母亲趣意那样包有一切的亲密情形，发生一种独立的欲望，不再向母亲倾吐一切。农民和下层阶级之间，脱离母亲的过程，虽较上层阶级为早，但在一切主要的地方，都属相似。母亲若是深刻地依恋孩子（特别是男孩），则于此等脱离，易感某种程度的妒忌而施以阻碍。但此只是常使这等扭伤更加痛苦、更加剧烈罢了。

西太平洋珊瑚岸上的孩子，也表现出一种相似的趋势。这在那里表现得更清楚。因在此期没有强迫教育和严格的纪律，所以孩子本性的自然倾向更可自由活动。然在母亲方面，梅兰内西亚的母亲对于孩子新得的独立并无忌妒、回怨或烦念；因为母子之间，没有任何深切的教育趣益所有的影响。在此时期，超卜连兹群岛的孩子，在地方社会以内，起始形成小团体。他们结队漫游，游戏于远的海滨或森莽里独僻的地方，与邻村的小团体相结合；凡此一切，虽都服从他们的儿童领袖，然而于年长人的权威则几乎完全独立。父亲永不要将他们弄回来，或在任何地方干涉他们，或将他们束缚在任何例行的事务上面。起初，家庭自然仍旧保有好大的限制，然而解放过程，则以不加修饰而很自然的状态渐渐进行。

在此方面,欧洲和梅兰内西亚的情形事态,大不相同。欧洲的孩子常自家庭的亲切关系过渡到学校或旁的预习过程里的冷酷教练,梅兰内西亚所有的解放过程则是逐渐、自由而愉快的。

那么,此期的父亲怎样呢？在我们的社会里面——此处仍要将近代英美家庭生活的某方面除外——父亲仍然代表家庭以内的权威。在外,在学校,在作坊,或在农家孩子所常有的他种手工预习过程里面,掌权的不是父亲本身,就是父亲的代庖者。上层阶级里面,父亲的权威和故意形成父亲理想的重要过程,即在此期实现。孩子起始了解了以前所感受的东西,那就是父亲具有一家之长的权威和经济势力。他的永无不是,① 他的智慧、公正、武力等理想,常用不同的方法,不同的程度,被母亲或者看护在宗教和道德的教训上灌输给孩子。然一理想职务,永远不易担负;在日常生活的亲密关系之中保持着理想状态,真是很难很难,特别是一个有坏脾气,容易胡闹,未被任何纪律所限制的人。因此,不待父亲理想有所形成,便已起始分解。孩子起初对于父亲的坏脾气或弱点不过感到一个模糊的不舒服,怕他发怒,觉着有点委屈,或当父亲真正劣性暴发的时候,有些惭愧。但是不久,正宗的父亲情操形成了,充满了矛盾的情绪,成为虔敬和蔑视、亲爱和恨恶、温婉和恐惧等的混合体。孩子对于父亲的态度,着实感到家长制的社会势力的时候,就是这个时期。儿子和父亲中间所有的承接人和被代者那样的敌竞以及前节所述的相互忌妒,更清楚地成了形,致使父子关系的消极质素,比在父女之间更为显著。

下层阶级之间,使父亲理想化的过程较为粗疏,但并非较不重要。我已说过,父亲在一般的农家是个公然的虐主。母亲顺从他的霸权,且将这个服从态度灌输给子女;子女一面要虔敬,一面要惧怕父亲的强暴势力。这里也形成一个两面同值的(ambivalent)情绪所成的情操:但父亲对于女孩子则有显然的优待。

父亲的职务在梅兰内西亚是什么呢？在此时期,不需多说,他继续与他们作朋友,帮忙他们,教导他们,他们乐意什么就是什么,喜欢多少就是多

---

① 即中国人所谓"天下无不是的父母"的意思。——译者

少。孩子在此时期较不关心于他,这是诚然;因为他们都是通体上喜欢自己的小伙伴。然而父亲老在那里作着有裨益的顾问,一半是游戏的伙伴,一半是保护人。

但在此期,部落的法律和权威制度,尤其是禁止某种喜欢作的事务的那些,已经影响到女孩或男孩的生活。然而代表这类法律和约束的不是父亲,而是另一男人,那就是母舅,母权社会里的男家长。他是实际占有权势(the potestas)而且真正大用权势的人。

他的权威,虽与欧美社会的父权密切平行,但不全然一样。第一,他给儿童生活的影响,比欧洲晚得好多。第二,他永不走到家庭生活的亲密地步;他住在旁的茅屋,旁的村庄;因为超卜连兹的婚姻是父方的(partrilocal),母舅的姊妹和甥男甥女都得住在姐夫或妹夫的村里,因此,母舅的权势是遥遥相制的,在最讨厌的细事上,不能一一压迫。他将两种质素灌输到孩子的生活,不管是男孩或女孩;一种质素是义务、禁令和约束;另一种质素,特别是在男孩子的生活上,是野心、荣耀和社会价值。社会价值是将超卜连兹人的生命弄得值得活着的一半原料。儿童习得约束,是从母舅起始指导作业,需要儿童的某种劳役,且要教给他部落的法律和禁令的时候。其中好多,已被父母灌输给他,但"卡达"(kada 即母舅)乃是规律背后的真正权威。

一个六岁的童子,就被母舅劝勉"出门"①,去在园子里起始作些工作,助人搬运收割。他在母舅的村里同母系族中旁的分子这样操作的时候,知道是与母党的卜图拉(butura,译言荣誉)有所贡献;他起始感到这是自己的村,自己的人;他起始学习母党里的遗风、神话和传说。童子在此时期也常与父亲合作。我们试看对于两位长辈的不同态度,很有趣味。父亲仍是他的心腹人;他喜欢同他作工,帮助他,并且向他学习;但他觉得渐多,这种合作是以善意作基础,非以法律作基础的;由着这种合作所得的愉快,本身即是报酬,荣耀乃是属于外党的。童子见到,母亲接受母舅的命令和恩惠,用

---

① 用"出门"来译 expedition,并非出门作客,乃是随着族众出外去作团体的活动,如打猎、打仗或贸易之类。——译者

极大的虔敬对待母舅；母亲屈服于母舅，就像平民屈服于酋长那样。儿童逐渐了解，他是母舅的继承人，将来就是姊妹的统治人；对于自己的姊妹，他在此期已被社会的禁忌所隔离，不准发生任何亲密的关系。

母舅好像我们之间的父亲，是理想化给孩子的；他们教给孩子，那是他要得其欢心的人，且是将来所要仿效的标准。我们就是这样见到，使我们的社会里的父亲这么困难的质素，大多数（虽非全数）都在梅兰内西亚人之间交给母舅了。他是有权势的，他是理想化的，孩子和母亲都要服从他；父亲则完全解除了这些可恨的权柄和特点。然而母舅介绍给孩子某种新的质素，使其生活扩大更有趣味，更足留恋；那就是社会的野心，传统的光荣，系统上和宗亲上的荣耀，以及对于将来的财富、势力和社会地位等应许。

我们必须知道，欧洲孩子起始在复杂的社会关系里自寻蹊径的时候，梅兰内西亚的女孩或男孩也起始抓住宗亲的原则，那是社会制度的主要基础。这些原则，横截家庭生活的密切关系再为孩子重新摆布社会世界；孩子的社会世界，在此刻以前，只有家庭的扩大范围，即家庭、邻右和乡村社会。现在乃学得要在这些团体之上和交叉之间，分别两种主要范畴。其一包括他的真正宗人，他的哹么拉（veyola）。属于这种的，第一有他的母亲、他的兄弟姊妹、他的母舅和他们的一切宗人。这是与他同质或"同体"的人们；这是他必须服从，并在工作、战争和私人争吵上予以合作和襄助的人们。他对于母党或母系族（clan）和宗亲（kinship）妇女，在性交上都是严格禁忌的。其他的社会范畴，包括生人和外人（tomakava）。以此名见称的人，有一切不与母系相关的人或不属于同一母党的人。这一群人也包括父亲、父亲的男女亲属以及男孩子可以结婚或恋爱的女人。这些人，特别是父亲，与他站在密切的个人关系上，但与法律和道德完全不相干。所以，我们在一方面有出身和宗亲的意识，联络于社会野心和光荣事件，但也联络于约束和性的禁制上面；另一方面，在父亲及其亲属的关系上，有自由的友谊、自然的情操以及性的自由，但无个人的出身或传统的系结。

第七章　后期儿童性欲

现在我们再讨论第三期性生活的各项问题——我们可以将此期叫作儿童期,包括自由游戏和自由动作的时期,由五六岁到青春发动期为止。讨论前期儿童生活的时候,我都将性和社会影响分别讨论;我在这里,也要这样,以将机体和社会两种不同的贡献弄得清楚。

据傅罗易得说,近代欧洲在此时期有个很奇怪的现象,那就是性欲的抑窒;在这样抑窒的潜在期(a period of latency)以内,性的机能和冲动发育,都要暂时停歇。潜在期对于傅罗易得的神经病方案特别重要的地方,乃是相连而来的遗忘;此期的遗忘病,可以铲除婴期性欲的记忆,奇异得很,傅氏这种重要而有兴趣的说法,未被旁的学者所赞同。例如毛尔(Moll)在他的婴期性欲回想录(一个很彻底而有力的贡献)[①]里,就未提到性的发育里的任何暂停。反而,他的记载含有一个儿童性欲的缓渐增加,曲线继续上升,并无任何低落。也可注意,我们见到傅氏自己也是有时似乎动摇的。因此,儿童一切时期之中此期并未得到清楚显明的叙述。傅氏有一两处对于它的存在竟然不加争辩。[②] 然而,我若根据个人对于教育完好的学生所得的材料有所确说,则潜在期定在六岁左右出现,经过长达两年至四年的光景。在此时期以内,对于邪僻的兴趣变得萎靡,他们所曾有过的凄惨(然而尚有诱惑性的)颜色,变得凋谢,且被抑窒而遗忘了;新的事物,则起始提取兴趣和精力。

我们要怎样解答傅罗易得自己见解里的不一致和旁的性学家对于这种事实的忽视呢?

[①] 毛尔的《儿童的性生活》(*Das Sexualleben des Kindes*),1908年版。
[②] 潜在期是常被提到的,如《性说三贡献》(*Drei Abhaudluageu*)第五版,第40、44、64页;《讲义》(*Vorlesungen*)1922年版,第374页。然而在这些书里,没有任何讨论它的地方。我们更读到"潜在期也许不出现。性的趣意,不必定在性的活动上有所停歇。"《讲义》前引处。

第七章 后期儿童性欲

这是明显的,我们这里所讨论的现象,并不是在人类的生物结构里面根深蒂固的,乃是大部份(倘非全然)被社会因子所制定的。倘若比较社会里面不同的层级,我们不用费事就可见到,下层阶级之间,特别是农人之间,潜在期更不显著。为明了起见,让我们回观前期儿童前乎生殖的性欲,试看两者怎样勾结起来。我们在第五章里见到,不论上层社会或下层社会,儿童的早年都有一个关心"邪的"世界的强烈兴趣。但于农家儿童,出现较晚,性质亦稍不同。让我们再于上层和下层阶级的儿童之间,比较傅罗易得叫作"后庭爱"的根源。① 富家孩子的看护,对于自然的机能和排泄上的兴趣,起初都是加以奖励,后乃突然停止的。看护或母亲,在一个时间以前,都是设法奖励排泄举动,赞美迅速的排泄,表示满意的结果;但在某时便发现孩子太在排泄上发生兴趣,且也起始一种大人看来似乎不洁而在孩子则属完全自然的游戏了,于是乎看护的权威插进脚来,加以干涉,责打孩子,将这种游戏看成违犯的行为,于是此等兴趣突被抑窒。孩子长大,变得缄默、蹙额、矫伪;自然的机能乃被私秘的兴趣和神秘的诱惑所包围。

凡记得自己的童期,怎样强烈地感到这么一个暗示和默然领会(sous-entendus)的抑窒空气,并且意义都是怎样被孩子十分了解的,——凡是这样的人,都要承认"邪的"范畴乃被大人所创作。利用关于儿童的考察和自己的记忆,都不难寻得儿童怎样迅速地学得大人的矫伪态度,变成小小的自负者、道德家和势利徒。农民之间,情形颇不一样。孩子早年就已得到性的教育:他们不能见不到父母和旁的亲属的性交行为;他们仔细听了引用全套性的污秽和技艺的争吵。他们必须看顾家畜;家畜的繁殖是在一切细节上,都被全家关心而且讨论得自由详细的事。他们既被自然事物所浸润,所以用不着采取私秘的方法,去行可以公开举办公开享乐的事情,才算娱乐。工人阶级的孩子或者站在两个极端的中间,他们几乎不与动物接触,然在另一方面则得到更多的卧室表演和公所教训。

富有的儿童和无产的儿童之间,因有这些实际的异点,便产生怎样的结

---

① 我现在不欲再用这个丑恶的新语"后庭爱"(anal-eroticism),然当语词已有界说,则在讨论一个学理的时候,也似无妨引用。

果呢?第一,资产阶级的儿童因为抑窒了自然的好奇心,于是养成了"邪僻"世界;这在下层阶级较不显著,及至后来发现的时候,已是邪僻世界与生殖的性欲观念相联而来的时候了。至于上层阶级,邪僻的好奇心既有相当的存在,且因离弃了育婴室更发生新兴的趣益,所以性的潜在期,就在这时出现,而且儿童完全沉醉于新的趣益中,无暇他顾;有教育的儿童,通常都是缺乏生殖的知识的,所以生殖的趣意,不能像没有教育的儿童那样出现得那么早。

下层阶级对于生殖的知识与早起的好奇心同时出现;保有一种继续性;从初期至于成熟的春性发动期,稳健地发展着。

社会影响的性质与这些事实协作,在富有的儿童生活上,产生一个很大的裂罅。他在六岁以前的全部生命中,尚是专心娱乐,此刻必须突然从事学校作业。农家儿童已经帮助烹饪、看顾幼孩或与鹅羊等家畜相追逐,故到此期,没有裂罅。

因此,农家和无产阶级的儿童,既在早年得以开发邪僻的兴趣,可是所取型式不同,故其表现较不私秘,较不含有罪意,较不道德,较不"属于后庭爱",较多与性有关,容易渡到初期性的游戏;生活既是自然进展,没有突来的裂罅,潜在期便几乎完全不见,或无论怎样也不甚明显。这就解答了两个问题:一是因为什么心灵分析应付有精神病的富人才会发现这个潜在期,一是毛尔的普通医术观察并未侦知这样一个时期。

然于这些阶级间的差异事实与原因,倘有任何疑念,则当讨论梅兰内西亚的时候,便可取消。梅兰内西亚的社会定然不与欧美的知识阶级事态相同。第五章已经说过,初期性的邪僻,私秘游戏和兴趣,那里都不存在。实际可以说,对于这些儿童,邪和正、净和污等范畴并不存在。这种范畴在我们的农民之间比在资产阶级比较不甚重要的同一理由,都是更有力、更直接地运行于梅兰内西亚人之间,在梅兰内西亚,普遍而言,没有性的禁忌;自然的机能上没有任何蒙蔽,儿童身体上也没有任何蒙蔽。我们试行思量,这些儿童都赤着身体各处去跑,他们的排泄机能都公开地、自然地动作着,身体各部或全部的赤裸状态,都没有普通的禁忌;我们试再思量,三四岁的小儿已觉察到生殖的性欲的存在,并知那等东西不久就是他们的娱乐,恰如旁的儿童游戏一样——则我们可以见到,解答两种社会之间的异点,与其说是生理的因子,不如说是社会的因子。

现正描写的梅兰内西亚的时期——相当于我们的潜在期——是儿童独立时期;男女小儿,在一种儿童共和国里共同游戏。这些儿童的主要趣意之一,就是性的消遣。早年儿童相互调教,或者有时也被年岁稍长的伙伴调教入于性的练习。他们在这个时期自然不能将事办得正确,然而他们可以尽量玩弄各种游戏,大人是完全放任的,所以他们可以直接不加掩藏地满足他们的好奇心和性欲。

不用疑惑,在这等游戏里占到优势的兴趣是傅罗易得所说的"生殖的"兴趣;大部份是因为有个念头,要模仿较长的儿童或成人的行为和兴趣。欧洲上级的儿童生活几乎见不到这个时期;即使在农民和无产阶级之间,也只有小的限度。土人谈到这种儿童娱乐的时候,每每管它叫作"交媾的游戏"(*mwaygini kwayta*)。否则说,他们正在玩着结婚。

不要想像,一切游戏都是性的游戏。好多人一点也不作性的游戏。不过有些殊特的小儿消遣,性是很占优势的罢了。梅兰内西亚的儿童,喜欢"丈夫和妻子"的游戏。一个男孩和女孩制造一所藏身之处,叫作家室,即在里面伴行丈夫和妻子的职务,其中最重要的一件自然是性交。旁的时候,一群儿童去野餐,以吃、斗、求爱为事。不然,他们就仿效仪式的商务交易,末后以性的行为为收场。只有粗浅的肉体愉快,似乎不算满足;他们必在这种繁缛的游戏上面,加杂一些想像与罗曼的趣意。

关于这种儿童性欲,颇属重要的一点,就是长辈的态度。我们已经说过,父母一点也不以为那是可以谴责的,普遍都认为是自然的。他们最多也不过是互相笑谈,提及儿童世界的恋爱悲剧与喜剧罢了。他们作梦也不想干涉,或用蹙额来表示不满,只要儿童有相当的小心就够了;那就是,不在家里举行他们的恋爱游戏,而要走到丛莽的某处。

然在一切之上,儿童的恋爱事件是完全自由的。不但没有父母的干涉,就是成年男女对于儿童性欲有反常地关心的,也属稀罕,设若曾有这种关心的话;成年人定然不曾被人见过混在这种游戏里面。干犯儿童的事,不曾听见;一个与儿童做性的游戏的人,也属可笑可憎。

在儿童的性欲关系上，一个极端重要的特点，就是已经提过的兄弟姊妹的禁忌。一自早年女孩起始穿上草的短裙，同母的兄弟与姊妹即须互相离开，遵守严格的禁忌，不准在兄弟与姊妹之间有亲密的关系。即在为时更早，他们才能动转行走的时候，就要分群玩耍，不在一起。以后更永远不能自由交接；且比什么都要紧，永远不能涉及些微的嫌疑，以为某一方面关心另一方面的恋爱事件。儿童的游戏和语言虽是比较自由的，然而很小的男孩，就已不许同姊妹谈说性的故事，更不许在姊妹面前有任何性的暗示或性的笑话。这个习惯，贯彻一生；若向一个弟兄谈及他的姊妹的恋爱事件，或向后者谈及前者的同类故事，便是最坏不过的仪度。实施这种禁忌，能使家庭生活早期破裂，因为男女孩子为要互相回避，是必须离开父母的家，到旁处去的。凡此一切，都使我们见到，后期儿童性欲，在我们自己和梅兰内西亚人之间，是有重大的差异的。我们的知识阶级在这个当儿有性欲的裂罅，有遗忘病的潜在期；梅兰内西亚则因生殖趣意起始得极早，那里的性欲型式，在我们的社会是完全见不到的。梅兰内西亚人的性欲，自此时起，就慢慢发展起来，直到少年期（puberty）为止。社会以最严格、最完全地遵守一种禁忌为条件，除此以外，便给儿童性欲以完全自由。

第八章　少年期

　　因为风土种族的不同，为时或早或晚，约由 9 岁至 15 岁的时候，儿童便渡到少年期。少年期不是一个刹那或转点，乃是一个多少延长的发育期；在此期间，性的器官，内分泌的全体系统，和一般的机体，全都新塑一次。我们不能将少年期看作性的兴趣或性的行为的必要条件，因为未届婚期的女孩已能交媾，不成熟的男孩也有举阳和插进阳物（immissio penis）的事。然而无疑地，少年期必须应看作是个人性史的最重要的阶段。

　　此期的性与生活的旁的方面，勾结密切，我们不能不在本章将性和社会事件叙在一起；不像以前两期那样，分别讨论。在此比较梅兰内西亚的超卜连兹人和我们自己的社会，要注意的是，这些蛮野人在少年期没有正式加入社会的仪式。此层固使我们少了一条极端重要的讨论材料，但在另一方面，则使父系制和母系制比较得更清楚、更密切；因为大多数旁的蛮野社会都用入社会的仪式将此期蒙上面具或加以修改。

　　对于我们自己的社会，男孩和女孩必得分开来说，因在此时，两方面的性的事件完全不同，对于男人的生活，少年期的意义，是获得完满的心理能力和生理上的成熟，并且形成性的究竟品格。新丈夫气一出现，他对于生活全体，对于性的事件，对于家庭的地位等等关系，便都发生深刻的变化。对于家庭的关系有个极有趣味的现象，影响到他对于母亲、姊妹或旁的女性亲属的态度。代表欧美文明社会的童子，都在少年期对于母亲极端感觉失措，对于姊妹表示厌怒和某种程度的粗暴，并在同伴之前，羞见所有的女性亲属。我们谁不记得当他兴高采烈地与学伴同走时，突然遇到母亲、姨婶、姊妹或甚而堂表姊妹，且不得不施敬的时候，我们所感到的不可言说的羞愧痛苦呢？那时有强烈的犯罪之感和当场被获之感。有些童子对于这种恼人的邂逅佯作不见，更较勇敢的则面露红晕而后施以敬礼；但谁都感到那是自己在社会地位上的一片阴影，丈夫气和独立精神的凌辱。不必研究这种现象的心理，我们就可知道这里感受的羞愧和失措，是与所谓失仪现象联在一起的型式。

　　这种新得的丈夫气，深刻地影响童子对于世界的态度，那就是他的全称世界观（Weltanschauung）。他起始具有独立的意见，自己的人格，自己的名誉；并且起始维持他对于权威知识等领袖的地位。这是父子之间的新时期，父亲理想的新纪认与新试验；设若父亲被孩子看出是个愚夫或"鄙夫"（bounder），是个伪善者或"老腐败"，孩子对于父亲的理想便要低落。这样的父亲，通常是被终生放弃的，无论怎样，即使以后对于孩子再行合好的话，也算失掉了有效地影响孩子的机会了。反过来说，父亲若能担得住此期极其严酷的审察，他就具有很大的机会作为终生的理想。反过来说，父亲看孩子自然也是一样，因为父亲在此时期也同样锐利地考察他的儿子，同样仔细地批评，孩子是否配得上他自己所想像的模样，那就是他理想中的后嗣所应有的模样。

　　对于性的新态度，要在少年期重新结晶，于是影响童子的态度颇大；不但对于他的父亲，即对于他的母亲也是一样。有教育的童子，必到这个时期才会完全实际觉着父母与他自己具有那种生物学的关系。倘若他像通常那样，深切地爱并崇拜他的母亲，而且能够使他的父亲继续具有理想化的形象，则其肉体起源乃是由于父母的性交这个观察，纵然起初发生心理世界里的裂罅，究竟还有办法。倘若反过来厌怒他的父亲，纵如通常那样，并非公然地厌怒或怀恨，这个观念也要恒久地认为母亲受了羞辱，认为他最亲爱的事物受了秽污。

　　这种新的成人仪度，会在一切之上，影响童子的性欲观。心理方面，他可接受知识；生理方面，他有应用于生活的准备。通常他在此期受到性的初步教训，而以某种形式起始性的行动；大概不以常态正道，而以手淫或遗精起始性的行动。此期在许多方面都是童子的歧途。不是新兴的性的冲动借助于强烈的性情，浅易的道德，完全吞没了他，使他在过亢的性欲波浪里面失足终身；就是旁的趣意和道德有了力量，或是部份地或是完全地冲开性的冲动。只要他尚保存一个贞洁的理想并为理想而作战，他就尚有杠杆作用，会将性的冲动提到高等水平线。在此，自然是大部份要靠童子的社会环境和生活状态来制定试探的形势。在欧洲文明以内，一个地方社会的种族特点、法典和文化价值等,能够建立很大的异点。有些国度里面某层阶级的童子,通常都是屈服于性欲的解体势力。旁的阶级,就要靠着机会。更在旁处,则有社会定下严峻道德的法则,使他免卸好大责任。

他对于旁的异性,也在此期起始出现一种态度,就像他对于母亲和姊妹那样的态度,——那就是某种失措(embarrassment)与欢迎拒绝的两极端。凡能深切地影响他的女人,都足使他感到惊恐,使他充满疑心。在她里面,他感到一个危险——感到对于他的醒觉着的独立精神和丈夫气度所有的危险。

与末段少年期同来的温柔与性欲的掺和,也在此时将婴期记忆中的母性温柔与现在性欲的新的质素混在一起。想像,特别是加上梦想以后,能在童子的心理上面致成可怖的错乱,作弄奇怪的把戏。①

凡此一切,都是特别指着上层富有阶级的童子。我们若将农家或无产的青年与他相比,则见实质相同——虽或较少个人的变化而且一般的图像也许更较清明一些。

因此,也有一个时期,对于母亲和姊妹表现粗暴的感情。这在少年农人,特别容易见到。与父亲的争吵,通例是增进横暴的;因为童子现在切实觉到自己的力量和作承继人的地位,感到一项新起的贪心和一个新起的争权野心。长期争霸的情形,多于此时起始。在性的事件上,没有那么横暴的转机;所以反应在父母关系的,也就较不直接。然而大致则是一样的。

对于知识阶级的女孩子,初期月经是个转机。初期月经虽然侵犯了她的自由,错综她的生活,然也增加她的神秘引力,所以通常多是被她渴望着的。然而女子的青春发动期,较不是个社会上的转点;因她继续住在家里或住在学校里求学,她的一切职务和训练,都与日常的家庭生活相和谐(这里暂且不说近代专业的女子)。她在生活上的目的,是候着结婚。一个家庭关系上的重要质素,是常在此时发现的母女之间的敌竞。母女之间的敌竞,本不易说要用多少次决定的赤裸的形式出现,②然而显然是将一个背逆的质

---

① 这个概念,在后面第四编第九章,更要加以比较详细的说明。
② 如穆巴桑(Maupasant)(现通译为莫泊桑,法国作家。——编者)的《如死之强》(Fort comme la Mort)这部很有教育意义的小说有力描写出来的那样。

素引入通常家庭的模式关系里面。父女之间殊特温婉的关系，也是出现在这个时期，不能早过这个时期。父女的温婉关系与母女的敌竞关系联在一起，不是一件不常有的事故。这就是仇母情结（Electra complex）的构成，完全不与恋母情结（Œdipus complex）①的性质相同。一方面，我们放下妇女较大的歇斯的里亚ⁱ的（hysterical）趋势不管（因为我们这里只管常态的基础），则仇母情结较不常有，较少社会的重要，且于西洋文化上影响较小。另一方面，因为生物和社会的种种理由，它的影响出现的次数反倒较多；父女的乱伦，在实事上，似乎也比母子的乱伦，多至不可相比。然而我们在这里的趣意，主要既是情结的文化影响和社会影响，我们就不能详细比较这两种情结。我们也不能在上层阶级和下层阶级之间比较着说：前者抑室较强，歇斯的里亚较多，实际乱伦的发现较少；后者既因女子的性的趣意通常办理得较早，较为常态，所以她也较不易有歇斯的里亚的烦困，但多受到父亲的逼迫。③

现让我们转到超卜连兹群岛。少年期在那里比我们起始得早，然而同时，一经出现，童男童女即已起始他们的性欲活动。在个人的社会生活上，少年期并非突然的转点，不像有些蛮野社会，一切青年都需经过正式典礼才算正式的社会分子那样。当他逐渐向成人期过渡的时候，他起始在经济事业和部落职务上更形活动，被人看成青年男人（ulatile）；他在少年期终了的时候，就变成部落里的完具份子，可以结婚，可以享受权利，可以执行一切义务。女子在少年期的起始即由家庭获到较大的自由和独立。但也做事较多，享有比较意义深切的娱乐，并且执行成年妇女所应有的礼仪、经济、法律等义务。

然而我们最关心最重要的变迁，乃是青年男女停止住在父亲的家庭的

---

① 参看序文（注四）（即本书第 xiv 页注释①。——编者）书内译 Œdipus complex 为恋母情结，是取希腊神话俄底浦斯杀父娶母的故事；译 Electra complex 为仇母情结，是取希腊神话女脚色助弟惩母为父复仇的故事。——译者

ⁱ 现通译为"歇斯底里"。——编者

③ 农民以父亲谋女儿的，很属多见。在拉丁民族之间，似乎特别多见。我听说这样的乱伦在罗马尼亚（Rumania）是农民的常事，在意大利似乎也是这样。我自己在加那里群岛（Canary Islands）（在非洲的西北。——译者）上就知道几件父女乱伦的事，并不私秘着，而是公然长养子女。

（父女乱伦的事，在中国地方社会也不少例证。贫苦家庭，房屋逼狭，尤易染犯。大凡女儿年长不嫁，常与父亲吵嘴，多有乱伦试探为其底因。——译者）

时候,家庭所有的部份破裂。兄弟姊妹的回避既已早就起始,现在必须遵守一种极端严格的禁忌,以免从事性的追逐的时候会有任何接触的可能。免除这种危险,是用叫作布苦马图拉(bukumatula)的一种殊特制度。"布苦马图拉"是此期男女儿童的团体所用特别房屋的名称。童子达到少年期,即进这样一个房屋。房屋乃为成熟的青年或年轻的鳏夫所有。多数由三岁到六岁的儿童赁到布苦马图拉以后,即与爱人们住在那里。[1] 青年童子就这么完全离开父母的家——虽在结婚以前,还是时常回来取食,并且也在某种程度之下为家继续做工。女孩子不住在这个或那个布苦马图拉的夜间(那就是不常有的贞洁的夜间)也可回到家里去睡。

梅兰内西亚的男女儿童在此重要时期,对于母亲、父亲、姊妹或弟兄结成什么样的态度呢? 这层,我们见到,乃如近代欧洲的男童或女童一样;此时只有一个最末的陶铸机会,使以前的时期即已逐渐形成的东西团结起来。儿童由母亲来断乳——就断乳的最广意义来说——所以母亲仍然是一切宗亲和亲属的枢纽。童子在社会里的地位、义务和权利,都是根据她和她的亲属来决定。设若没有旁人供养她,他就必须供养她;她的家,就永远是他第二个家。社会义务所规定的亲爱依恋等关系,也在真实情操里保有深刻的根基;一个青年男人死亡了或遭不幸的时候,他的母亲是悲哀最切的人,伤悼时期也最久长。然在母子之间,并没有我们的社会那样个人的友谊,相互信赖和亲密的程度。离开母亲这件事,我们已经见到,每个时期都比我们进行得容易而且彻底,比我们较少成熟以前的扭伤和剧烈的压迫;其成就也更较为圆满,较为和谐。

父亲于此时期忍受暂时的晦暗。此时以前的童子,已是颇形独立,进到小的儿童共和国了。此时更在一方面获得布苦马图拉的附加自由,而在他方面因为对于卡达(母舅)有种种义务,受到较多的束缚,减少对于父亲所有的时间和趣益。嗣后与母舅发生阻障的时候,通例都是重新转向父亲,确定

---

[1] 这种奇异的制度,是在记载里所能见到的最似群婚(group-marriage)的东西。欲得更详细的描写和分析,可参看著者就要出版的《蛮野人的性生活》(*Sexual Life of Savages*)(已在1929年出版。——译者)。

父子之间毕生的友谊。然在此期,童子必须习练他的职务,接受社会的传统,研究他的巫术、艺术和手艺。母舅是他的师傅,所以对于母舅的趣意最大,与母舅的关系也最好。①

梅兰内西亚的一般童子和我们自己社会里有教育的童子,对于父母的感情,尚有另一项重要的差异。在我们,少年期和初次涉足社会的时候在眼前出现一个新的火热的意象;它的炫光将一个奇异的阴影射在从前对于父母的欲情上。他自己的性欲,离开他自己和父母的关系,使他们的关系感到困难,并且十分复杂错综。在母系社会,则不这样。那里没有早年的邪僻时期,没有反对父母权威的初始斗争;性欲一起始激动幼年的血液,即被逐渐公开地提拔出来。一切之上,父亲对于孩子的性欲采取仁爱旁观的态度,母亲完全(但逐渐地)退出童子的热烈感情以外,父亲微笑着表示赞许——凡此一切,都使少年期的性欲强烈化;对于父母的关系,没有直接影响。

然而在兄弟和姊妹之间,则有一种关系,凡是性欲加增一次,即受一次深切的影响——特别在少年期是这样。兄弟姊妹之间的禁忌,扩张到所有的自由交际;在两人的关系上,完全铲除性的动机;在两人的性欲观念上,发生普遍的影响。第一层,心中必须记着,这个禁忌是在男人生活里顶大的性欲藩篱,顶重的道德规范;越过这种藩篱,便算不法。第二,这样在儿期起始将兄弟姊妹隔离起来,并永远以这种隔离为要点的禁令,也扩展到同一母党一切旁的女性。童子的性欲世界,就这么分成两个婚群(moieties):②一个婚群包括他自己母党的妇人,是要禁忌的;另一个婚群包括三个母系族,是于他为合法的。

现在试将梅兰内西亚和欧洲弟兄姊妹之间的关系比较一下。在我们,

---

① 青年男人,父亲和母舅,三人之间的关系,实体上比我此处所能指明的更较复杂错综;关于宗亲和权威两不相容的原则所有的运行和冲突,在这里表现得十分有趣。此题将在即行出版讨论宗亲的书里去讨论。同时也可参阅《罪犯与风俗》(Crime and Custom,1926年版)。

② 按勾顿外兹尔(Goldenweiser)(勾顿外兹尔,1880—1940,美国人类学家、社会学家。——编者)说,Moiety 是真实族外婚(exogamy)的单位,母系族或母党(clan)的族外婚则是附从的(derivative)。证据是:不准个人在自己的氏族里结婚的法则,也应用于同一婚群的旁的母党。此处所说的,是四个母党,其一是自己的母党,属于一婚群;其三是旁的母党,属于第二个婚群。——译者

儿童的亲密程度逐渐冷掉,变得有些约束,使姊妹自然(但不完全)被社会、心理和生物等因子所驱使,与弟兄分离。在梅兰内西亚,则任何游戏或孩气的信赖一经起始亲密的时候,这种关系即被严格的禁忌所禁止。姊妹被弟兄保为神秘的东西,永远与她们密迩,但不与她们亲近。弟兄和姊妹被无形的(但万能的)传统命令的墙所分开,使这种禁忌逐渐变成个人道德的绝对命令。姊妹在弟兄的性欲天际线(horizon)里是唯一永久潜隐的一点。小孩所有的任何自然温柔的冲动,起初就受了有系统的抑室,有如我们的儿童在一切旁的自然冲动上所受的抑室那样;因此,姊妹就变成思想、趣意和感情等"邪僻"对象,恰如禁避事物对于我们的儿童一样。以后,个人逐渐发展性欲的经验,这项隐匿的屏障也就更形加厚,以使彼此隔离。只是彼此虽须恒常地互相回避,但因弟兄是姊妹的家室的供给者,也必须互将彼此恒常地放在思想和注意里面。这等不自然不成熟的抑室,是必有相当的结果的。这在傅罗易得派的心理学者,当然可以很容易地发出预言来。

　　凡此一切,我几乎专自男孩的眼光来说话。梅兰内西亚的女孩子对于家庭的态度,当在少年期结晶的时候,具有怎样的情形呢?粗粗地说,她的态度不像男孩子那样与欧洲大相差异。她的弟兄既被严禁,不准对于她的性欲事件(包括她的结婚)具有任何样的关心;她的母舅,也须远离此等事件。所以奇怪得很,在婚媾布置上,当她的保卫人的,乃是她的父亲;这使梅兰内西亚的父女关系,虽与我们的不一样,却很相似。因在我们之间,女孩子和父亲之间的阻力通常不大,所以比较近于超卜连兹的父亲与孩子的关系。另一方面,那里的女孩,我们要记着,并不被看作父亲的宗亲人。于是一个成年男人和一个青春期的女孩之间的亲密关系,便包含某种试探(诱惑)的因子。这个不为下面的事实所减轻,而为下面的事实所加重:即女儿虽不受族外婚的法律实际禁忌,但父女之间的性交,也是看成最该谴责的事——不过永远未被加上"族外婚的违犯"(suva-sova)这个名称罢了。这种父女之间的禁令,理由自然不过是:与与你同居的女人的女儿有性交,是不对的。我们既知父女之间的试探,则在以后探寻家庭分子之间那些代表态度所有的影响的时候,见到父女乱伦是实际出现的,就不会吃惊了;父女乱伦,虽然不是不可避免,且在民俗学里也无任何回声,却是实际出现的。

论到女孩子的母亲,她与她的关系,通体上说,虽比欧洲没有实质上的不同,也要更属自然一些。只有一点不与欧洲相同,即因女儿在青春发动期便离开父母的家庭,且在外面享有许多性的趣益,所以纵然不能避免父女的乱伦,也在正常状态之下避免母女的敌竞和忌妒等发展的机会。因此,除她对于弟兄的态度以外,广义地说,梅兰内西亚的女儿有与欧洲相似的情操。

第九章 母权情结

我们已在比较欧洲和梅兰内西亚两种不同的文明,我们见到彼此深刻不同的缘故,乃是因为社会借以范铸人类生物性质的某种力量有实际的不同。虽说每种文明都对于性的自由有一定的范围,对于性的本能也有某种程度的干涉和调节,然在每种文明里面,禁忌的投入和一定范围以内性的自由行为,都是完全不同的。家庭之内,权威的分布也颇不同,且有不同的宗亲纪认法与它相关联。我们已在两种社会里面追踪一般男孩和女孩在这些不同的部落法律和风俗之下所有的发育过程。我们已经见到,几乎每个步骤都有很大的差异,起自生物的冲动和社会的规则,有时彼此谐和,有时冲突,有时得到暂时的幸福,有时得到不平衡(然有将来发展的可能)的状态。在儿童生活史的末一期,已经达到成熟期以后,我们见到对于母亲、父亲、弟兄、姊妹(且在超卜连兹,也对于母舅)的感情,结晶成为情操系统,那就是每个社会里都有代表性质的系统。兹为适于心灵分析的术语起见,我们管这系统叫作"家庭情结"(family complex)或"核心情结"(nuclear complex)。

现容我们节约地重新叙述两种"情结"的要点。父母情结是我们父权社会里面特有的情操系统,形成于初始婴儿期,一部份是在第一、第二两期之间的过渡程途,一部份是在第二期。所以快到第二期的末尾,童子约当五六岁的时候,他的态度就已形成得差不多了——虽或尚未终于固定下来。这些态度所包含的质素,已有一些愤恨和被抑塞的欲望。我们在此点讨论的结果,我想不与心灵分析有怎样的不同。[①]

在这个时候的母系社会,儿童虽已对于父母发展了很一定的情操,然而被压抑的东西、消极的东西、受挫折的欲望,都非这些情操的一部。这个异

[①] 自我写完上面这点之后,已经着实感觉到,没有正统的或半正统的心灵分析家会来接受我对于"情结"所有的陈述或其理论的任何方面的。

点起自什么地方呢？我们已经见到超卜连兹母系制的社会安排，是与生物学的发育过程完全和谐的；我们的社会里的父权制度，则将多数自然的冲动和倾向加以阻遏和抑窒了。较为详细地说，对于母亲的热情依恋和凑紧的肉体欲望，都是在父权制度里面，不这样就那样被人打断或干涉的；我们的道德影响，也在诅咒儿童的性欲；父亲的粗暴（特别是在下层社会里面）以及对于母亲和儿童那样绝对权威的空气，更在上层社会里面发生细微而有力量的作用；而且妻子又随时悬心，怕丈夫有什么不快意——凡此一切影响，都将父母和子女强行分开。父亲和孩子既是互争母亲的注意力，则其敌竞即使减至最低度或零度的地方，也在第二期的父亲和孩子之间使其社会趣益发生显然的冲突。孩子对于父母是自由的重累和阻障，是年纪衰迈的纪念，儿子对于父亲特别又常有将来在社会上竞争的危险。因此，父子之间在性的冲突以上，还有社会阻力的余地。我故意说"孩子"，而不说"童子"，因为我们研究的结果，孩子的性的不同，不在此期有什么大的作用，且在父母之间，也尚未见比较密切的关系。

凡此一切的势力和影响，都在超卜连兹的母系社会没有存在。第一——这自然是与母系制无关的——没有对于性或性欲本身的诅咒，特别是在儿童性欲的观念上没有道德的骇怪和厌怒。儿童对于母亲所有的肉体拥挤，容许顺其自然，直到兴致使尽，转变成为旁的肉体趣意为止。父亲对于这两段初期的孩子所有的态度，是近友和帮助人的态度。当着我们的父亲最好乃是完全离开育儿室以便被人喜悦的时候，超卜连兹的父亲则是在起始为看护，在以后为伴侣了。

前乎性生活的发展，此时的欧洲也与梅兰内西亚不同：我们之间，特别是在上层阶级之间，育儿室里的抑窒养成一个趋势，对于邪僻的事物，特别是排泄机能和器官去作私秘的窥探；在蛮野人里面则找不到这种时期。儿童这样前乎生殖的邪僻观念，就在邪正和污洁之间，定下区分；邪的部份是父母见不到的部份，但使突然加在母子关系上的禁忌更为强烈，更为深刻；那就是能使孩子在成熟以前就被逐到她的床间以外和她的拥抱以外的力量。

所以在这里，我们社会的错综关系不为超卜连兹的儿童所分享。在性欲的次一期,我们见到一项与此一样有关系的差异。在欧洲,多少有个显然的潜在期,性的发育有所破裂;且按傅罗易得说,有一种作用加强我们的抑室,加强普通的遗忘病,并在性的常态发展上,创造许多危险。另一方面,也表示旁的文明和社会趣益战胜了性欲。此期的蛮野人之间,则有一种初始的生殖性欲——几乎是在我们之间见不到的形式——站在儿童趣益的最前列,永不再被推翻。这在许多方面,虽于文明有破坏性,但能帮助孩子渐渐和谐地脱离家庭的影响。

我们已同此期进到儿童发育的第二半,因为性欲潜在期是在我们的社会里面属于这一部份的。这有两个时期将它造成。我们计量这两个时期的时候,见到另一项深厚的差异。在我们悉母情结(对于父母的态度)在少年期的初期只是结晶的末一步了。在梅兰内西亚,任何情结的形成,主要是在第二期——实际几乎专在第二期;因为范铸孩子的性的抑室禁忌等系统,只在此期才使孩子屈服。他对于这等系统的反应,一部份由于适应,一部份由于多少被抑室了的敌势和欲望得到发展;因为人性不但有被动的展性,也是有自动的弹性的。

这种抑室的范铸势力,在梅兰内西亚是两层的势力——对于母权制的部落法律的屈服,还有族外婚的禁令。第一层,母舅激动孩子对于声誉、光荣和野心的意识,所以母舅在许多方面都站在可与我们之间的父亲相为伦比的关系上。另一方面,他对孩子要求的努力和孩子对他而有的承继权,两间的敌竞,也都引进忌妒和回怨等消极质素。所以"两面同值的"(ambivalent)态度,就这么形成起来了。在两面同值的态度里面,崇敬心理得到被人承认的优制地位;被抑室的恨怒心理,则不过得到间接的显现而已。

第二层乱伦的禁令,用性的神秘面罩将姊妹罩起,并限量较少地将母亲那面的女性亲属和母系族里的其他妇女统都罩起。这类妇女全体,要算姊妹是最要紧受到这种禁忌的代表。我们已经说过,这个使人分离的禁忌,既在婴期即已进到童子的生活,足使自然冲动对于姊妹所有的初步温柔的情感受到毁伤。这个禁忌既使性的事件偶然接触都成犯罪,也使弟兄对于姊妹永远念念不忘,但同时也永远受到一致的抑室。

将这两种家庭态度的系统简约地比较一下,我们所见的是:在父权社会，儿时的敌竞和以后的社会功用，使父子的态度，除了相互依恋以外，也有某种程度的回怨和憎恶。另一方面，儿时不成熟的分离则在母子之间留下深切未满的渴望；以后有了性的趣益，这原来未满的渴望就在记忆中与新的肉体渴望混在一起，常使恋爱性质借着睡梦和其他玄想来出现。在超卜连兹，则在父子之间并无阻力；一切儿童对于母亲的渴望都被容许渐以自然自动的办法发挥尽致，崇敬与憎恶这种两面同值的态度，乃是存在男孩和母舅之间；乱伦试探被抑窒的性的态度，则仅对于姊妹始能见到。若用一个简捷（虽然有些粗气）的公式，来描写两种社会，我们不妨说父权社会的悉母情结有杀父娶母的被抑窒的欲望；在超卜连兹的母系社会，则有杀母舅娶姊妹的欲望。

我们现在已将详细考察的结果加以结束，且将本书起始提出的第一问题给了答案。那就是，我们已将核心情结的变更同着家庭的组织研究过，并且已经指明情结依赖家庭生活和性的道德的某种特点。

我们应该感谢心灵分析：因为心灵分析在我们的社会里面发现了模式的情操系统的存在，且将这样一个情结必须存在的理由加以部份的解答（主要是关于性的解答）。我们在前面几页已将另一个社会所有的核心情结做出大纲，那是从前未被研究过的母系社会。我们见到，母系社会的核心情结主要不与父系制的核心情结相同。我们已经指明，因为什么必不相同，什么样的社会势力才会造成这样的不同。我们比较研究所取的材料，具有广阔的根基；既未忽略性的因子，且也系统地采取了旁的质素。这种结果很重要，因为历来尚未猜想过另一种型式的核心情结是会有存在的。我的分析证实了傅罗易得的理论，不但大致与人类心理相符，且与社会各种组织在人性上所有的变化密切一致。换句话说，我已在社会型式和该型式所有的核心情结之间，建立了深切的关联。这在一种意义上，固然证实了傅罗易得派的心理学的主要理论，然也可以强迫我们修正该理论的某点——或无宁说，使该理论的某种公式较有伸缩余地。具体地说，似需更系统地提出生物影响和社会影响的联带关系来；不要假定悉母情结有普遍的存在，而要在研究每种文明的型式的时候，都建立特别属于该型式的殊特情结。

第二编 传统的镜影

第一章　母权社会的情结和神话

现在是要研究本书第一编所提出的第二问题的时候了。母系的情结既在发生和性质上完全不与恋母情结相同,是否也在传统和社会组织上具有一个不同的影响呢?这些土人的社会生活以及民俗信仰里面是不是也有不会看错的殊特抑室显示出来呢?凡为僵硬的禁忌、风俗、法律、刑罚等自然拘于传统范围里的欲情,一旦要因犯罪、反常、差变或有时震撼蛮野地方社会的干燥生活的戏剧之一而行越狱的时候——这些欲情就要显示对于母舅具有母权制的恨怒,对于姊妹具有乱伦的诱惑。梅兰内西亚人的民俗信仰,也映有母系情结的镜影。对于神话、童话、传说等加以研究,就要指明:通常戴上因袭的虔敬友善的面具,并且受到抑室的反对母舅的恨怒,都要借着画梦的模样和抑室的渴念所指定的故事表现出来。

特有趣味的,就是土人的恋爱及其相关的神话。一切性的引力,一切诱惑势力,都是相信藏在恋爱巫术里面。一项兄妹乱伦的有奇异悲剧的神话所说的故事,在土人看来是一件古代的戏剧的故事,也是这个巫术。故叙述家庭以内的社会关系与分析宗亲所建立的理论,也可因着研究梅兰内西亚人的文化,得到独立的表演。

第二章　疾病和反常

本编所用的证据不甚一致。有些地方我固然具有充分的知识；然在旁的地方，我则不能不自认不知，或仅有不完全的知识。于是在我不知或知得不完全的地方，就只是指出问题，不去解答。这是一部份由于缺乏精神病的专门知识，一部份由于我已见到，用正统的技术去将土人加以心灵分析，乃是不可能的；另一部份则由于材料上不可避免的不整齐，特别是在旁的部落比超卜连兹居时较短、工作较不便利的地方所采集的材料。

现即用我的材料里最弱的几件来起始吧。这里最先见着的，是神经病和精神病等问题。我们在我们之间和超卜连兹人之间比较儿童的发育的时候，已经见到，母系的情结是在儿童生活里形成得较晚，而且形成在家庭范围的密切关系以外；它含有较少的震惊，设若究竟有震惊的话；它主要是由于敌竞作用；恋爱所受的挫折，也达不到儿童性欲的本根。因为是这样，所以傅罗易得的神经病学说，可使我们意料那些因为儿期的创伤而有的传染神经病（Übertragungneurosen）流行很少。一个能干的精神病学者在与我们相同的状况之下未能考察超卜连兹人，真属可惜。我想他若考察了，一定能在心灵分析的假定上射些有趣的侧光。

一个人文志家研究超卜连兹人的时候，去将他们与欧人相比较，没有用处；因我们欧人有不可胜数的旁的因子，去使情形错综，助成精神疾病。然在超卜连兹之南，约30英里左右，有哀木弗莱特群岛（Amphlett Islands）。那里的居民，在种族、风俗、言语上，都实质相似。然在社会组织上，则颇不相同，且有严格的性的道德，不赞成结婚以前的性交，没有制度赞助性的自由，家庭生活也更比较亲近固定。他们虽属母系，然有更形发展的父权制的权威；这与性的抑室力相合，制成一个更与我们自己的儿期相似的图样。①

---

① 欲得哀木弗莱特群岛土人文化上某种风俗和特点的记述，可参看著者《西太平洋的仪式贸易人》(Argonauts of the Western Pacific)第十一章。

我在这个题目上虽然知识有限,也对于土人的神经病的僻性得了颇属相同的印像。我在超卜连兹虽然除了好多点头之交以外,还熟识几十位土人,但不能举出一个患歇斯的里亚(hysterical)或甚而神经衰弱病(neurasthenic)的男人或女人来。神经的局部痉挛,不自由的动作,抑制不下的观念,都是看不到的。土人病理学的原则自然是以黑巫术作基础,然也多与病征情理相投。在这原则上,精神错乱有两种范畴——一种是那勾洼(nagowa),相当于痴呆(cretinism),白痴(idiocy),包括有语言缺陷的人;一种是各韦路洼(gwayluwa),相当于癫狂(mania),包括惯发的暴动和失调的行为。超卜连兹人很知道(而且承认)邻岛哀木弗莱特和当特雷嘎宾(d'Entrecasteaux)有旁的样子的模式的黑巫术。那种巫术对于心灵的影响,与他们自己的不同。它的征候,依他们的说法,是不自由的动作,神经的局部痉挛,各种制止不住的心理作用。我在哀木弗莱特居留数月,第一个强有力的印像就是以为这是患神经衰弱症的地方。超卜连兹那样坦白、愉快、诚实可近的人群,到一个怀疑生人,不耐工作,言谈倨傲,且是一经稍为认真的攻击即易胆小的那样神经过敏的地方社会,真是出乎意料。我一在他们的村间登陆,女人们就跑了;除少数的老媪以外,在我居留的全期,都继续隐藏着。这样的一般情形以外,还立刻就遇到一些神经过敏的患者,使我不能用作报告人;因为他们不是因某种恐怖而说诳,就是因为稍微详细的追问而亢奋或生气。真是特别,超卜连兹人,即使是作灵媒的,也是精神中道的人,不是变态的人;且在超卜连兹,黑巫术是以"科学的"方法来实行的,并不表示乞灵于超自然的方法。然在超卜连兹南边的群岛,则有初见之下即给变态印像的"飞巫"了;那里的巫术,若到旁处则只是半寓言的巫婆才去实行的。

我在另一个地方,正在度着人文志学的学徒期,所以研究的方法和认识的程度,都不如我对于超卜连兹人那样;那里的情形,较哀木弗莱特群岛,更有抑窒力。住在新几内亚南海滨的麦卢人(the Mailu),是父系的,家庭以内有显著的父权,对于性的道德也有严格有抑窒力的法典。① 我见这些土

---

① 参看著者在《澳洲皇家学会纪录》(Proceedings of the Royal Society of Australia)1915年,第 39 卷的单行本《麦卢土著》(The Natives of Mailu)。那里没有精神病的记载。我曾希望再回该处,所以那篇论文,未能包括一切所知所记的东西,只是当作预备的记录发表出来,打算以后可以较充分地再版。

人之间好多患神经衰弱症,不能用作报告人。

然此一切尝试的讨论,虽非纯然是猜想,也只是用来引起问题,指出什么样的答案比较最有把握。所以问题就是:研究一些在一样的文化水平面的母系社会和父权社会,记载性的抑窒和家庭组织等多变形式,并一方面在性的抑窒等度量及另一方面在歇斯的里亚和不自由等神经病之间,举出关联梅兰内西亚的情形以外,左近就有完全不同的地方社会,似是天然为此试验目的而安排好的机会。

可以佐证傅罗易得派解答这个问题的另一点,就是性的反常与性的抑窒所有的关联。傅氏已经指明,儿期性欲的程途和后期生活的反常事件,当中有深切的关联。依此学说,完全放纵的地方社会,像超卜连兹社会那样不干涉儿期性欲的自由发展的,反常限度应该最低。这一点,在超卜连兹得到圆满证实。旁的部落所有的同性爱,都被超卜连兹人看作污秽可笑的事。只有白人的影响,特别是有了白人的道德影响,才在超卜连兹发现同性恋爱的行为。有传道会的地方的男孩和女孩,因被拘在严格隔离的房间,很拥挤地挤着,不能不尽量自求方便——任何超卜连兹人都看作应有的权利乃被传道会所否认,哪能不自求方便呢?根据很谨慎的探询,既探询传道会的土著,也探询非教会的土著,我们知道凡是白人的道德这么无理性不科学地勉强输入的地方,通例都以同性爱为方便法门。无论如何,也有一些例子,"做恶事者"当场破获之后,被人不名誉地从上帝的面前逐回村间,还是续"做恶事",但因当地道德表现厌怒和讥蔑,便不得不放弃恶习了。也有理由可以设想,超卜连兹南边的哀木弗莱特和当特雷嘎宾等群岛更多流行反常行为;然于这个重要题目未能详细研究,殊觉可惜。

第三章　梦想和行事

我们现在应该研究超卜连兹的母系家庭整个的情操在土人的文化和社会组织里怎样表现出来的。我们倘若将这个问题过深地钻研起来，我们便真要引用这等眼光，将他们部落生活的每种表现，都实际详细考察一过。所以我们不能不有选择，举出最关切、最显著的事实。这些事实，可以分成两个范畴：(1)自由的玄想，和(2)民俗信仰的材料。属于第一类的个人想像的产物，如梦，个人欲望和理想之类，都是来自个人生活而为内部心灵势力所形成的。可以列在此类者，不但有玄想表现在思想和梦里，也有它们表现在行事上。法律和道德的抑室势力一旦被欲情冲破便发生破坏舆论和正道标准的犯法（crime）、罪犯（sin）或旁的行为。我们在这种行事上可以测量理想的力量和欲情的深度。我们现在就说第一类的梦和行事。在那里，个人暂时振脱风俗的桎梏，表现被抑室的质素，与抑室势力相冲突。

在超卜连兹的梅兰内西亚人之间研究梦和画梦，不是一个容易的题目。这些土人一个显著的特点，似乎不与旁的蛮野人一样：他们显然作梦不多，他们很不关心梦，极少自动讲述的时候，不将梦看作任何预言的或旁的重要的事，也没有任何解梦的象征典则。我常直接进攻此题，并问我的报告人有梦与否；如有，是怎样的。当我这么询问的时候，除了稀有的例外，答语通常是否定的。（对于这些例外，将来尚有讨论。）这样梦的缺乏，或无宁说对于梦的兴趣的缺乏，是不是因为我们对付着一个无抑室的社会，一个性本身不受任何拘束的社会呢？是不是因为他们的"情结"弱，出现得晚，且少婴期的质素呢？这个"自由梦"的稀少，强烈影响的不见，以及相因而来的记忆的不见，都指出同于神经病的不见的结论，那就是在大体上表示了傅罗易得派的正确。这派的学说确实地说，梦的主要原因是未满足的性欲，特别是在儿期那种受到剧烈抑室的性的或似乎性的冲动。对于这个问题欲得圆满的答案，唯一的方法，就是在文化和生活等方法都相似，但在抑室力则不相同的两种地方社会里,采集丰富的比较材料。

我用了"自由梦"这个说法,因为有一类的梦很不容易排列,不管是用自由的或固定的玄想,都是遵循传统所预定的轨道,而且可以叫作"官式梦"(offical dreams)。例如领导一种企业或进行某种事务的人,以为要在某种条件之下梦见企业的对象。渔队的领袖梦着气候,梦着鱼群可以出现的地方,梦着出发的最好日期,且即因以发出命令和训示。管领叫作苦拉(kula)的海外出发队的人,常以为梦与他们的仪式行商的胜利有关。特别是术士,常有关于举行巫术的梦。更有一种旁的关于巫术的模式的或传统的梦,就是直接被一种魔力或仪式产生的梦。所以,仪式的海外贸易,都有某种魔力,直接影响伙伴的心灵,使他作梦,梦更使他要求交易。大多数的恋爱巫术都以为可以产生一个刺激恋爱欲望的梦。所以,这些土人很奇怪地颠倒了傅罗易得派的梦的学说;因为对于这些土人,梦是欲望的原因。[①] 其实,这类传统的梦也很在傅派学说的范围以内。恋爱巫术的被术者,在梦里感到一种辛痒,一种渴望,与施术者心情一样。"苦拉"的伙伴,在巫术的势力之下,以为要做交易的繁华景象的梦;那就是在施术者的欲望里十分显著的同一意象。

这类的梦,也不是徒然说说,或只是以为存在的。很多的时候,术士自己走向我说,因为梦见很好的渔获,所以打算依着梦的力量组织一个出发队;或则一位园巫述说一个关于旱的梦,因而吩咐举办某种事物。在周年祭祖的宴席上,我两次有过认识土人的梦的机会。两次的梦,都是关于举行祭祀的;其中一次,作梦的人说在梦中曾与不满意的鬼魂交谈。另一类模式的梦,是关于婴儿的降生。在这些梦里,预期生产的母亲,由她的已死亲属之一,得到一个类于梦中宣示的消息。[②]

模式的或官式的梦,其中之一,就是性的梦,那是我们此处特别关心的。一个男人可以梦见一个女人在夜间访他去;他在梦中与她交合,醒而见到席上的遗精。这,他要瞒着他的妻子,但要设法在实际生活上使梦实现,起始

[①] 参考著者《西太平洋的仪式贸易人》论巫术的一章和书中对于仪式及符咒的详细记述。
[②] "巴娄马"(Baloma)——《皇家人类学会会报》1916 年的一篇。

与那女子私通。因为这个梦的意义是：访他的女人已经举行恋爱巫术，她是想着他的。

关于这等梦，我有一些个人私谈，且有男人梦后怎样努力与梦客设法私通的故事。

我一听到土人述说他们恋爱的梦，自然立刻探询乱伦的梦。对于"你曾这么梦着你的母亲吗？"这个问话的回答，是一个安静不惊的否认。"母亲是在禁的——只有一个头那勾瓦（tonagowa，近于白痴的人）才会梦见那样的事呢。她是一个老年妇人，那样的事，不会有的。"然一问到姊妹，答话就很不同，且有强烈的感情反应。自然我已知道永不直向男人询问这样的话，也不在人多的时候讨论这个题目。就问"旁人"能否有这样的梦，反应也是愤怒。有时完全没有回答；经过一个失措的停歇以后，报告人就"顾左而言他"。而且，有些人要认真地否认，有些人要暴躁地、愤怒地否认。然而将此问题同我们最好的报告人一点一点婉转剖解起来，真相到底出现了；我见到实情不同，实际很知道"旁人"有这样的梦——"一个男人是在沮丧、羞愧并脾气不好。为什么呢？因为他梦着与姊妹发生关系了。"这样的人就要说："这个使我感到羞愧。"我见到这是一种实际知道存在的模式梦，且是发现频繁，缠扰梦者。这是这样，我们可以见到，实被旁的材料所证实，特别是在神话和传说里的材料。

弟兄姊妹的乱伦是违犯族外婚律中最该惩罚的形式——族外婚的制度，是认定一切与同母系族的任何女人发生关系为非法的。然而，弟兄姊妹的乱伦，虽被看作最属可骇；可是违犯母系族的族外婚制，竟是一件又漂亮、又如意的事，因为进行那样的事是特别有困难的。因此，常有母系族乱伦的梦。将不同的乱伦梦的型式加以比较，我们有一切理由可以假定：母亲几乎永远不在这类的梦里出现；即使出现，也无深刻的印象；更较疏远的女性亲属，常会梦见，留下愉快的印象；对于姊妹乱伦的梦，有所发现即要留下深刻的痛苦记忆。这是我们应该料到的事，因为我们寻窥他们的性欲发展的时候，已经见到：对于母亲，没有试探；对于姊妹，有猛烈地、强硬地被抑室的试探；对于氏族女人，则有一个有特味（spicy）而不甚被人抑室的禁令。

弟兄姊妹的乱伦，是被土人看得那么可怕的，所以纵然熟习观察他们的生活的人,起初也要自信地否认它的存在——虽然这在傅罗易得派是会有疑念的。这些疑念,倘更密切地检讨起来,就可见是全有根据的了。弟兄姊妹之间的乱伦,即在古时,已经存在,且有某家玷辱的谈话,特别是关于马拉西(Malasi)的统治族。晚近以来,古代的道德和制度既在虚伪的基督教的道德之下渐形崩毁,白人所谓法律和制度一被输入,便将部落传统所已抑窒的热情,更较猛烈地、公开地透露出来了。① 我在记录上有三四个例子都表明舆论定然(虽然小声地)非难一个与姊妹有乱伦关系的弟兄。其一最属特出,因为那是一个常期的私通;因其大胆,英雄和"英雌"又很彰著,更附会上玷辱的故事,所以是特别出名的。

　　欧口蒲口蒲(Okopukopu)的毛卡打于(Mocadayu),是个有名的歌者。像他一切的专业那样,他对于女人的成功,也是同等地著名。"因为,"土人们说,"喉咙是像味拉(wila,译言女阴)那样的长口,而且两者是互相吸引的。"一个有美音的男人,必很喜欢女人,而且她也必喜欢他。许多故事都说他怎样与欧里夫雷夫(Olivilevi)的酋长的一切女人同睡,说他怎样一个一个地诱惑已婚的女人。毛卡打于有个时期曾有灵媒的煊赫顺利的事业,在茅屋里面显现非常的现象,特别是使许多贵重物品失掉物质性质入到灵界里去。然而他被揭穿了,失掉物质性的物品,不过存在他自己的手里罢了。

　　这事揭穿的同时,更发现他与姊妹有乱伦的恋爱这样戏剧似的案情。她是一个很美的少女,而且因为是个超卜连兹人,自然有着许多爱人。突然间她收回了一切惠予,变得贞洁了。村里的青年互相实述了被她摈弃的事实以后,决意要调查事实的真相。不久就见出来了,不管这个被优待的情敌是谁,行事的地点定在她父母的家里。有一晚间,当父母都外出的时候,茅舍里被钻了一个孔,这些被摈弃的爱人们,由孔见到一个深受震惊的情景;结果是弟兄和姊妹被人当场破获。一个可怕的秽闻,在村中传闻起来。若在昔日,必以两名犯人的自杀为结局;然在现状之下,他们仍能英勇地干下去,度着数月的乱伦生活,直到她结婚以后离村为止。

　　实际弟兄姊妹的乱伦以外,我已说过,尚有一个叫作苏法梭法(*suvasova*)

---

① 中国自与西洋接触以来,何尝不是这样情形? ——译者

的族外婚律的违犯。同一母系族的女人,是被禁的:违犯她的男人,要受羞辱和满身生疮的刑罚。消除第二种祸殃的方法,有一种巫术;据许多报告人用自满的巧笑告诉我说,那绝对有效。这类事件的道德羞耻,实际并不很大,且与旁的官式道德的律令一样,违犯它的就是漂亮人物。一个青年男人,倘若是个真正的旦圆(约翰公子)(Don Juan),①且颇自信的话,就要厌怒未嫁的女人,永要设法私通已婚的女人,特别是酋长的女人,否则也要违犯苏法梭法。"苏法梭法约苦(savasova yoku)"("你这族外婚律的破坏者呀!")这样的话,讲去就像"你这色鬼呀!"(英文直译为"你这快活狗哇!")那样,是个戏谑的贺语。

为使真相圆满起见,也将消极的例子叙在这里:母子乱伦的事,一个单例也举不出来,就是那样的疑惑也没有,虽然这种禁忌的吹嘘和严厉的程度是丝毫也不像对于弟兄姊妹的乱伦那么大。以前归结超卜连兹人模式的家庭情操的时候,我已说过,这里父女之间的关系是与父权社会里同一基调的唯一关系。所以可以意料,父女乱伦,实际并非罕见。毫无疑义的例子,我记录了两三件。其中之一,是关于一个女孩子。她不但与父亲有染,而且是一个当时为我供事的男子的爱人。他乐意娶她,求我在金钱上和精神上帮忙;所以我知道这个乱伦故事的详细情节,使我对于那种关系所有的长久时间丝毫没有疑点。

这些话都是关于性的禁忌和被抑窒的欲望怎样要穿破藩篱,要借着梦、欲情、犯法行为等自求表现的。但与抑窒的犯法欲望有联带关系者,尚有另一方面,那就是对于母权长,对于母舅的。关于梦,有一件有趣的事实可以记在这里:有个信仰,凡作梦预言死兆的人永远是个咈么拉(veyola,译言真正宗人);通例都是外甥预梦母舅的死亡。另一件重要的事实,属于行为范围而不属于梦的,则与巫术有关。凡习得疾病的黑巫术的男人,必在他亲近的母系亲属之间,选择初次牺牲者。很多的时候,据说是选择自己的母舅

---

① 传说中很有名的放纵人物。在西班牙的传统中,他是一个贵族,因为调戏妇女,在角斗中杀死她的父亲。以后拜访死者的坟墓,戏请石像晚餐,石像应约而至,结果将东道主拽入地狱。——译者(现通译为唐璜。——编者)

的。所以任何人以学习巫法见知的时候,他的真正宗人(那就是他的母系亲属)永远都起惶恐,预防个人的危险。

实际犯法的年录上,也有几件例子,关系着我们的问题,可在这里说说。其一,发现于欧撒剖拉(Osapola)村,与我当时的住所相距半点钟,犯人是我所熟知的。三个弟兄中长兄是瞎子,季弟常在槟榔成熟以前进行收获,剥夺瞎子应得之份。一天瞎子大怒,持着斧头,要去伤害季弟。二哥于是乎拿了一个矛,刺杀瞎子。他被白人居留官判了 12 个月的监禁。土人将此判词看作一件极其悖理的事。在土人看来,一个弟兄杀死旁的弟兄,纯是家庭以内的事;那自然是一件可怕的刑犯,极坏的悲剧,但与外界是毫不相干的;外界只能旁观,表示害怕和怜惜而已。我的记录尚有旁的例子,那就是在母系家庭以内强烈的争斗和一二件旁的凶杀。

另一方面,关于杀老事件,一个单例也不能引。然而我已说过,对于土人,杀父并非殊特的悲剧,不过是私下与父亲的母系族讲和的事件罢了。

震撼部落安宁,影响到部落基础本身的戏剧似的事件、刑犯和悲剧以外,尚有小的事件,指出显然固定安静的表面以下,尚有热情的沸腾。因为我们已经见到,社会建设了传统法则和理想,更要树立羁绊和樊笼,以保障这些法则和理想。然而羁绊和樊笼,结果更要激起情绪的反动。

我在社会学的检讨过程上最觉惊异的就是逐渐见到欲望倾向的潜流非常厉害地逆着因袭、法律、道德等趋势走。传统的命令所制定的原则,使母权(就是宗亲的单体)只能存于母系,专享所有的亲爱,所有的义务与忠心。然在实际对于父亲的友谊和亲爱,与父亲共有的个人趣益和欲望,再加一种欲望要摆脱母系族族外婚制的羁绊——都是来自个人倾向和生活经验的活动势力。这些势力,都将弟兄姊妹之间和母舅外甥之间永远存在的敌火大加煽动。所以真正的个人感情里面,是有母系制的传统原则的社会学的消极质素的。①

---

① 此点著者已在《刑犯和风俗》(1926 年版)里详细讨论过。

第四章　猥亵和神话

我们现在要讨论民俗信仰与母系家庭所有的模式情操的关系,因以走到心灵分析和人类学的疆界上耕耘得最好的田地了。我们久已承认,认真讲到祖先时代的故事和为娱乐而讲的笑话,都因某种缘故与人间流行的欲望互相一致。傅罗易得派特别要说：童话和传说是借以满足被抑室的欲望的东西；谚语、型式的笑话、言谈和刻板式的辱骂方法,也都是这种东西。

我们先说后一种。它们对于"无意识"的关系,不要解成是在满足被辱骂者(或甚而辱骂者)被抑室的渴望。例如,通行于东方民族和许多蛮野人之间"吃粪"①这句话,还有拉丁民族之间那样稍微改变的形式,并不直接满足任何人——辱骂者和被辱骂者,不过间接表示对于被骂者的毁谤和厌怒而已。每种辱骂方式都包含某种提议带着强烈情绪的可能。有的表现厌怒和羞耻的情绪；有的使人注意和指责某种在社会上看作可憎的行为,伤及听者的感情。亵渎即属于这里。"在神的头上放粪！"(Me cago en Dios!)②这句话在欧洲有无量数的变形,所以这类亵渎在欧洲文化完成了繁复的极点；凡听到响亮的西班牙的话的地方,都有这类亵渎的繁殖情形。属于这里的,也有一切援用社会地位、下贱职业、刑犯习惯之类的多数詈语。凡此一切,都很有社会学的趣味,因为每种文化最属低下足以贬抑人的东西,是可以这般指示出来的。

用乱伦型式来咒人,使听者与被禁的亲属(普通是母亲)发生关系,在欧洲是斯拉夫民族的特性；该族之中,俄罗斯人又容易居于领袖地位："Yob

---

① 南方(最少是福建和广东)多将"吃粪"用作骂人的话,使人比于猪狗。北方不见常说,虽有"狗吃粪"的说法,也是当着有人跌倒,嘴唇及地的时候所说的笑话,不是故意骂人。——译者

② 中国也有"在佛头上放粪"的话。不过不是骂人,只说不知好歹的人作错了事,或好东西上有了污点而已。如雀鸟有时在佛头上放粪,并非故意,是出于无知,那就是不知好歹。更如一篇好文章的前面作了一篇坏序,那序就可以说是在佛头上放粪。——译者

twayu mat"（"弄你的妈去吧"）这话具有多种变化。这种詈语最使我们关心，一则因为它的题目是这样，二则因为它在超卜连兹人之间是活动力很大的。那里的土人有三种乱伦的说法："*Kwoy inam*"（"与你的妈去睡"）；"*Kwoy lumuta*"（"与你的姊妹去睡"）；和"*Kwoy um'kwava*"（"与你的妻去睡"）。这三种说法的掺和法，本身就是奇怪的，因为我们见到最合法的性交和最不合法的性交，相提并论，都是用来达到伤人或气人的同一目的的。三种骂人方法的分寸，更属奇特：使人对于母亲乱伦，不过是缓和的话，用来戏谑，有如我们说"滚蛋吧"〔英文直译是"往耶里哥（Jericho）去"〕；若以姊妹乱伦来骂人，就是最严重的触犯，非在真正发怒的时候不会引用。然而最坏的侮辱，乃是命人与妻去睡；我见到严重地用过的，最多不过两次，其一竟是上述杀兄案的原因之一。这个说法的坏的程度致我不知它的存在，直到寄居超卜连兹很久以后才始发现；土人之间，只敢用小声去说，没有人敢将那种非礼的辱骂当作戏谑。

　　这种分寸，表现什么心理呢？显然与行为的非法或不快，并无明确的关系。母的乱伦是绝对没有的事，所以是最不吃紧的辱骂。行为的刑犯性，也不是咒人的分量不同的原因，因为最不犯罪的行为（实际是最合法的关系）被人归予的时候，竟是最触犯人的话。真正原因，乃是行为的外表和真体，以及推翻礼防，赤露真情所引起的羞怒和社会上的贬损。夫妻间的性的亲密，实被最坚强的礼节所遮蔽；自然不如弟兄姊妹之间那么严格，然而直接目的乃是要免除任何带有暗示色彩的行为状态。性的戏语和邪僻，必定不准在夫妇面前去说。用粗直的话暴露这种私人的直接性欲，对于超卜连兹人的感受性，是致死的触犯。这种心理，极端有趣，因为这种心理表示着辱骂的主要势力之一，即在欲望（或行为）的实体和外表以及因袭的抑室之间所有的关系。

　　用母的乱伦来骂和用姊妹的乱伦来骂所有的关系，也用同一心理表示清楚。骂人的分量，测验这个分量的主要标准，是看归与的话与实际行为上彼此一致的程度。母亲乱伦的观念，招致土人的反感，并不减于姊妹乱伦，且许更较厉害。然而我们已经见到，恰因母子关系和性生活的发展全程，都使母的乱伦试探，几于不见，而于姊妹的禁忌，则为暴力勉强加到，为强力勉强维持,故有甚较实际的真正倾向,要干犯这种强力的禁忌,所以这个辱骂伤人更快。

关于超卜连兹的谚语,没有什么话可说,因为他们没有谚语。至于模式的说话和旁的语言用法,则在这里应该提及"路古塔"(*luguta*)的重要事实。"路古塔"是说"我的姊妹",在巫术里表示不相容和互拒的意思。

我们现在来说神话和传统,那就是解说事物、制度、风俗等为严重目的而述说的故事。为迅速清楚地解说这项广泛丰富的材料起见,我们将这些故事分成三个范畴:(1)关于人类和一般社会制度的起源的神话,特别是关于图腾分界和社会品级;(2)关于文化变迁和成就的神话,有的关于英雄事迹,有的关于风俗、文化特点和社会制度等建设;(3)与一定巫术相关的神话。①

这种文化的母系性质,立刻就在第一类神话见到;那是关于人类和社会制度的起源的神话,特别是关于酋长和图腾分界的起源,多种母系族及其分族的起源的。这些神话,数目很多(因为每个地方都有自己的传说或变形),形成一种接连的套数,都说人类是自地下由孔隙钻出来的。每个分族都有自己钻出来的地方;在这种吃紧的时候发生的什么事故,有时就规定了该分族的特权或残缺情形。最使我们发生趣味的是:神话所述的始祖群永远都是借着妇人出现;她有时被弟兄伴着,有时被图腾兽伴着,未尝被丈夫伴着。有些神话显明地描写初始女祖传种的方法。她最初传嗣的方法,是不小心地赤露于雨中,或在山洞里仰卧着,被石钟乳穿伤;或在水中浴身,被鱼咬破。她既这么被大自然"开发"了之后,一个魂灵小孩就要钻到她的子宫,使她受孕。② 因此,神话所显示的,不是父亲的创造能力,乃是女祖自然的生

---

① 参看《西太平洋的仪式贸易人》神话学一章,特别是第 304 页以后。
② 傅罗易得必要关心伏在这些神话底下的象征心理。我们要注意,土人丝毫没有观念,知道卵子因男精而受精的作用。但他们知道,童贞女不会受孕,非像他们所说被"开发"(这在中国,叫作"开胞"。——译者)了不可。这事,在村中日常生活,乃自幼年便用相宜的器具来作。首代女祖的神话,既已除外丈夫或任何性欲上可以及格的男性伴侣[女儿国的故事,女人不用男人,只要临井一照,就可受孕。旁的传说,如履大人迹而受孕(周后稷,名弃,其母有邰氏女,曰姜源,为帝喾元妃。姜原出野,见巨人迹,心忻然悦,欲践之,践之而身动如孕者,居期而生子)或因旁的方法而受孕,无非是种种假说,是在"只知有母,不知有父"的社会里,解释女子生产的现象。——译者],所选择的开发物是鱼或石钟乳。欲知此项题目的较多材料,可参看我在 1923 年 10 月份《心灵杂志》(*Psyche*)的论文。该文已在 1927 年重印,名为《原始心理与父性》(*The Father in Primitive Psychology*)。

育能力。

即在旁的职务,也没有父亲出现。实际上,他永远未被提及,他在神话世界的任何部份,都不存在。这些地道神话的大多数都以很粗始的形式留传下来,有的只包含一件事或一件对于权利和特权的实证。凡包含一件冲突或一件戏剧似的事(那就是未被改变的神话的主要质素)的神话。一定描写母系家庭和母系家庭里的情节。两个弟兄之间有了争吵,便彼此分离,各携姊妹而去。旁的神话有两个姊妹。神话所叙述的是她们的出发、不和、分离,而且创立两个不同的地方社会。

还有一个神话或者可以列在这里。它说到人类失掉永生(或更确切一点,失掉永享青春)的原因;在那里说,致成这个灾殃的,是祖母和孙女之间的一顿争吵。母系(在后嗣以女性来纪认这个事实上)和母权制的宗亲形态(在弟兄的不和上)——或简捷地说,母系家庭的模式,在此类神话的结构上,很属显然。讲述起源的神话,没有一个讲到父亲有任何职务的——简直没有提到他,他连出现也不出现。神话情节的母系性质与家庭以内的母系抑室有密切的联络,这一点用不着再多论证,心灵分析家便可信服。

现让我们转到第二类的神话,那就是关于英雄事迹和因重要冒险而有的文化上的伟大成就的神话。这类神话,比较不甚粗拙,含有长的套数,发展了戏剧的情节。这里最重要的一套,是土达瓦(Tudava)的神话叙述一个被石钟乳激破的童贞女产生的英雄。这位英雄的事迹受到许多神话的赞美,因神话的所在地而微有不同。农业的兴办及多数风俗和道德规律等制度的创设,都是归功于这位英雄的,虽说关于他自己的德性方面并未说得怎样出色。这位英雄的主要事迹,各处都知道,成为一切神话的基石,那就是杀掉一个吃人怪的故事:——

人类在超卜连兹群岛海上过着快乐的生活。突然间,一个叫作刀口泥坎(Dokonikan)的可怕的吃人怪,出现于群岛东部。他以吃人为生,逐渐吃完这个地方,又吃那个地方。岛的西北端,腊八义(Laba'i)村那时住着一个家庭,包有一个姊妹和几个弟兄。刀口泥坎离得腊八义愈来愈近的时候,这一家就决计逃跑。然这位姊妹,适在当时伤了脚部,不能行动。因此,她就被弟兄们丢下了。他们将她和她的小儿留在腊八义海滨的一个石洞里,就乘独木舟向着西南行驶。以后男孩被母亲抚养大了。她起初教他选择良木制做强矛的方法,再教他盗走人的灵知力的克瓦嘎帕尼(*Kwoygapani*)巫术。这位英雄奋勇前进,用"克瓦嘎帕尼"巫术迷住刀口泥坎之后,将他杀死,割下头来。他和母亲备制芋糕(芋布丁,taro pudding),将吃人怪的头藏在里面,用炉烘好。土达瓦有了这种可怕的粿粮,便解舟去寻母舅。寻得之后,就将芋糕给他,他乃骇怖仓皇地看见刀口泥坎的头。母舅又是害怕,又是懊悔,遂将各式各样的礼物献给他的外甥,以赎先前将他和他的母亲抛给吃人怪的罪愆。英雄什么也不要,只在娶了母舅的女儿之后,才算罢休。此后他便外出,举行了许多文化事业,那是不与我们这里相干的事了。

　　这个神话里面,使戏情活动者,有两个冲突:第一是吃人怪的吃人欲望,第二是母亲和儿子被母舅所抛弃。这第二个冲突,是个模式的母系情节,且与自然趋势分明一致;自然趋势,是被部落道德和风俗所抑窒,已在分析超卜连兹的母系家庭的时候见到了。母舅是被社会任命为她和她的家庭的保卫人。然而这个义务,在两方面,都是对于他负累很重不常被他们感激愉快地接受的。所以这里有个特色,神话起始叙述最重要的英雄戏情的时候,第一就是说母权长忽视他的义务这种大罪。

　　母权长的第二个冲突,也与第一个有关系。刀口泥坎被杀之后,他的头是放在木盘呈献给母舅的。设若目的只在用妖怪来恐怖他,便用不着将头藏在芋糕里面。而且刀口泥坎既是人类的共同仇敌,他的头应使母舅见着充满喜悦。这段情节的圆满布景和其下面的情绪,只有我们假定吃人怪和母舅之间有着某种联络或阴纵,方可得到意义。那么,将一个吃人怪给旁的吃人怪吃掉,乃是适当的刑罚。这个故事即在实体上包有一个坏人,激起两次波澜,重复于两人之身。因此我们见到,土达瓦的传说,以一个模式的戏情为其枢纽,作到逻辑的结论。所以,我在举出那些不容辩驳地清楚地含在事实本身的要点,就满足止步,不再加以详细解释,以免惹起某种历史的和神话的假说。然而我乐意提议,以为刀口泥坎与母权长有关系不能将它完全解说清楚;他也许是由着父权制的文化传到母权制的人物;那样,他就可以代表父亲和丈夫。倘若真是如此,则眼下的传说,就极端有趣了;因它表明流行的文化模型怎样会将人物和形势,化成适合自己的社会结构的东西。

神话的另一情节,我在这里也要指示出来,那就是故事末尾说到英雄和舅家表姊妹结婚的事。这在土人现在的宗亲制度上,虽然不是实际乱伦,也是显然不算正当的。

另外一套的传说,说到一件兄弟互争田园的故事(像实际生活所常发生的那样),结果,哥哥杀了弟弟。神话并未叙述对于此事的追悔,只详细地描写了追悔的反面滋味。哥哥在地上掘了一个坑,取来石头、树叶、木柴等,就像新杀了一个猪或提出一个大鱼那样,将弟弟在土灶里加以烘烤,他于是用烘过的肉沿村叫卖。何时气味难闻,何时就再烘烤一下。凡拒绝买用的地方,以后都不吃人;凡不拒绝的,以后都是肉食的。吃人之事,就这么归源于杀弟的行为以及是否接受这样来自犯罪行为的食物。不必说,这个只是不吃人的部落的神话。吃人与不吃人这项差异还有德布(Dobu)的吃人土人和当特雷嘎宾群岛(d'Entrecasteaux Islands),那种吃人的地方所有的解说,那就是吃人定然不算不愉快那种故事。然而,那种故事也是两个弟兄和两个姊妹之间的不一致,设若不是实际上的争吵的话。① 这些神话使我们主要关心的地方是在兄弟二人的争闹上所有的母系痕迹。

火的起源的神话,也简单地提到日月的起源,描写两姊妹之间的离异。这里也可进一步说,火在这种神话里,乃是起源于女性的生殖器官的。

读者倘若熟习心灵分析对于神话的解释及普通心理学与人类学关于这个问题的文字,可以知道我的一切诊断都是特别简单,并无诡辩的。凡在这里说的话,都清楚地摆在神话的表面,并未经我加上任何繁难象征的解释。然而,解释是故意避免的。因在这里申论的题旨,说母权社会的神话具有母系性质的特别冲突,倒以引用不可争辩的事实不加任何解释为好。而且,倘若我们的意见是对的,倘若我们社会学的眼光,真使我们近于正确的神话见解,则我们显然不用将事实转弯或加以象征的解释,自然可以心平气和地让事实自己去说话。任何细心的读者,都可显然见到,好多由于母系情结直接产生的情形,都可经过矫造象征的摆布使其与父权制的眼光相一致。母舅和外甥之间,因为母舅是自然的保护人,永远与外甥共同努力,但在实际上,

---

① 这些神话已经叙在《西太平洋的仪式贸易人》论神话的一章,第 321、331、332 页。

常如吃人怪那样彼此看待。所以他们的冲突，还有被部落法形成一体的弟兄彼此之间的冲突以及吃人制度的强暴行为，凡此一切，都与父权制的家庭以内所有的冲突，大体一致。使母权制的神话不与父权制的神话相同的去处，不过是脚色不同，戏剧的型式不同而已（使这悲剧不同的，乃是社会学的眼光）。心灵分析解释神话的基础，我们并未加以撼动，不过矫正了这类解释的社会学罢了。然而这项矫正极端重要，且于基本的心理问题大有影响，我相信已经充分清楚地表明出来了。

现在我们再谈第三类的神话，那就是我们在文化的成就和巫术的基调上见到的神话。巫术，在土人所做的一切事务上，都有极端重要的功用。他们遇到极其重要的事务或不能完全信赖自己的力量时，都用巫术来帮忙。土人举行巫术是要制服风和气候，避免行船的危险，并且成功地进行恋爱仪式的贸易或跳舞。黑巫术和健康巫术，在他们的社会生活上执行重要的职务。即在重要的经济活动和企业上，如园艺、渔获、制造独木舟之类，巫术也是重要的质素。巫术和神话之间，存有密切的关系。神话英雄所表现的超乎常态的能力，大多数都是因为具有巫术的知识。现在的人类不与过去的伟大神秘的英雄相同的地方，就是现代失掉最有效力的巫术。强有力的符箓和仪式，倘能重新发现，则人类可以升在空中，可以返老还童，获到长生，可以将人杀死，使其复活，可以永远美丽，永远成功，永远被人爱恋、被人赞美。

不但巫术帮忙神话，神话也帮忙巫术。各种符咒和仪式几乎都有神话的基础。土人讲说故事，是要解说巫术怎样传到人间，是要保证巫术的效力。神话所有的社会学的主要影响，或者就在这里。神话既然活在巫术里面，巫术既已形成且维持了许多的社会制度，神话自要影响这些制度了。

现让我们举出几件巫术神话的具体例子来。顶好先举一个详例来讨论。那么，我说选择已经充分发表过的飞行独木舟的神话吧。[①] 这个神话，是土人要与造舟的巫术联带着说的。一个长的故事说，有过一个时候，制造独木舟与巫术同时举行，可使独木舟飞在空中。故事里的英雄，是举行这项巫术的最后的一个人——也似乎是最首初的一个人——他作船匠和巫师的

---

① 参看前所引书第 421 页以后。

职务,那里都有记载。我们听到,他怎样指导着制造了一个独木舟;出发南海的时候怎样飞在空中超过一切行在水面的同伙帆船,怎样使舟主在出发队得到出类拔萃的胜利。这是故事的快乐的起始。然后就是悲剧了。地方社会里的一切人,都忌妒这位英雄,怀恨这位英雄。另件情节就这样发生了。这位英雄除了飞行独木舟的巫术以外,也有一项成功的园艺巫术,可以伤害他的邻右。普遍荒旱的时光,只有他的园子照常发达。于是乎地方社会的一切人都决定将他杀掉。他的弟弟已经由他学得舟的巫术和园的巫术。所以没人以为杀了这位哥哥便会失掉巫术。罪行是作了,不是任何外人作的,乃是这位弟弟作的。有一种说法,说英雄被他的弟弟和外甥合力所杀。另一种说法,说弟弟杀了哥哥之后,怎样为他组织丧葬宴会。故事的意义是,凶事作了之后,弟弟试着在独木舟上应用巫术,不觉失望地发现出来,他所保有的不是圆满的巫术,乃是较弱的部份。人类就这么永远失落了飞行巫术。这个神话有母系的情结强有力地表现在前面。英雄义务,按着部落的律法,应将巫术传给弟弟和外甥。然而他欺骗了他们,假装着传给他们所有的符录和仪式,实际则只放松一点不重要的部份而已。另一方面,弟弟的义务是保护他的哥哥,为哥哥报仇雪恨,分享哥哥的一切趣益的;然而,我们却见着他站在同谋的首位,手上染了杀兄的血。

我们如将这个神话的情形和社会的实况相比较,就见出很奇异的一致来,每个男人除了某种物质所有物和经济仪式不计外,他的义务都是将家庭的遗业传给外甥和弟弟,如家庭神话、家庭巫术和家庭歌唱之类。巫术的递传,显然非在年长人活着的时候不可。产业和特权等的让与,也常在死前举行。然而有趣的是,人由母舅和哥哥这等合法地承继财产的行为,永远非有一种叫作泡卡拉(pokala)的代价不可,而且常例是很重的代价。更要加紧注意的是,父亲若以某种财产送给儿子,永远不求代价,都是纯然因为爱情的。实际生活里面,神话所说的哥哥欺骗弟弟的事,也是无独有偶的。两人之间,永远有一种不可靠的感想,彼此怀疑;虽然在部落的律法上是应该有共同的趣益、互惠的义务、一体的情爱的。我时常察觉,土人由母舅或哥哥得到巫术的时候,会怀疑是否得到全部,是否未被欺骗。若是由父亲的惠赠而得巫术,则永远没有这等疑念。观察现在那些保有重要巫术的系统的人们,也见到著名的青年巫师,过半都是由着父的赠予得到能力,不是由着母系的遗产。

所以,实际生活里面就像神话一样,我们见到与情结相当的情势,那就是一个被抑窒的情操,完全与部落的律法和因袭的部落理想相反。依照律法和道德,弟兄和弟兄或母舅和外甥应该是朋友,应该联盟,共有一切感情和趣益。至于实际生活,则在某种程度上(并在神话里很公开地),他们是仇敌,彼此相欺,彼此相杀,彼此得到的是怀疑,是仇视,不是友爱合作。

独木舟的神话值得我们注意的,尚有一点:我在结尾听到,英雄的三个姊妹对于这个弟弟发怒,因他杀掉乃兄并未学到巫术。她们已经学得巫术,但因她们是女人,不能制造飞舟或驾驶飞舟,所以飞行空中,成为飞行巫婆。凶事行过之后,她们各自逃奔他乡,居在不同的地方。我们在这种事件上见到女人在母系社会里的殊特去处;她们是先比男人获得巫术的。这些姊妹们的出现,也是以母系族的道德保管者的资格;不过她们发怒,不是反对凶杀罪,而是反对族产的损伤;倘在弟弟已在杀兄之前知道巫术,三姊妹就要永远快乐地同住了。

已经发表过的另个片段的神话,也值得我们注意,①那就是船破的时候救船巫术的起源。两个弟兄,哥哥是个人,弟弟是个狗,有一天哥哥捕鱼,不允许弟弟同去。这位狗弟弟已由父亲学得安全游泳的巫术,乃在水底下跟着哥哥。至于捕鱼,狗更易成功。为要报复哥哥的非礼待遇,狗竟换了他的族系,将巫术传给他所投入的族系。这个神话的情节,第一在乎母亲偏爱次子(一个分明的母系特点);母亲在这里直接分派她的恩惠,不要欺骗父亲,像在《圣经》里那个更较被人习知的故事那样,——那就是以扫和雅各的母亲的故事。② 第二在乎模式的母系的争闹,哥哥欺弟弟,弟弟复仇。

一个更较重要的故事,必须述在这里。关于恋爱巫术的起源的传说,是

---

① 参看前所引书第 262—264 页。
② 他们的母亲是利百加(Rebecca)。以扫是哥哥,雅各是弟弟,为双生弟兄。母亲偏爱弟弟,在父亲以撒(Issac)临死以前要祝福以扫的时候,她命雅各装作哥哥的样子得到父亲的祝福。等到父亲知道错了,说的话已不能收回。以扫怨恨雅各,打算杀了他;母亲又预先知道了,救了雅各。故事见《创世记》第 25、27 两章。——译者

母系情结的影响一项最动听闻的证据。在这些多情的人们之间,诱惑、取悦、感印异性的艺术,都是导人炫示美丽、勇武和艺术才能的。善于跳舞的,善于歌唱的,以及战士等名称,都具有着性的方面:虽说野心本身也有强大的势力,然而有些野心总要牺牲在恋爱的祭坛上面。然在一切旁的诱惑方法之上,粗拙无文地举行巫术的艺术,都被人广泛地用着获到无上的敬仰。部落的旦圆①所要夸示的,与其说是任何个人的才能,无宁说是他的巫术。较不成功的情人望着巫术叹息道:"只要我知道真正的卡娄易窝(Kayroi-wo)呀!"便是他那伤了的心的重负。土人指出老、丑、跛脚的人们,说是时常因为巫术度着恋爱生活。

恋爱巫术并不简单。一套动作,每件动作都有殊特的公式和仪式,必得一一举行,才在所求的爱人身上发生一种魔力。少女施行巫术以感致赞美者,与少男引用巫术来征服情人,是一样地应用着。

这样初行的咒术是与海浴仪式联在一起的。土人洗浴,用海绵状的叶子当作手巾,擦干皮肤,将咒术诵在叶子上面。浴者用巫术的叶子擦身而后,就将叶子抛入海波。一些叶子既在上下飘荡着,爱人的内部也就那样被热情所激动了。有时这个咒术已够;倘若不够的话,被拒的爱人更用较强的咒术。第二个咒术在槟榔子上唪诵,再将槟榔子咀嚼细碎,喷在爱人的方向。倘若这个也不灵验,第三个咒术,比以前两项都强的,可以在某种美味上唪诵,如槟榔或烟叶之类,然后再将这宗可口的东西送给意中人去吃、去咀咬或当烟来吸。比这个更为猛烈的方法,就是将巫术在两个开张的手掌上咒诵,然后再设法将两手压在爱人的胸脯上面。

最末也是最强的方法,用不着强牵比附,就可说是属于心灵分析的。实际,早在傅罗易得发现梦的优势的恋爱性质以前,相似的理论久已风行于西北梅兰内西亚的棕色蛮野人之间了。他们以为某种巫术可以产生梦。在梦里发生的欲望,会浸润到醒觉的生活,将梦想变成现实。这正是倒转过来的傅罗易得学说;然而哪一种的理论是对的,哪一种是不对的,我不一定要下判断的。关于恋爱的巫术,有个方法是将某种香草浸酿在蔻蔻油里,唪诵一

---

① 参看本编第三章注四。——译者(即本书第63页注释①。——编者)

种咒术,使草得到引梦的强烈能力。倘将这项酿作物的气味使爱人的鼻孔吸进去,他便一定被她梦见。她在梦中有的意象和经验一定要在醒的时候去求实际生活上的实现。

恋爱巫术最重要的形式是苏鲁木窝牙(sulumwoya)。这种巫术被人赋与了强大的效能。可是求得这种巫术所需的代价也不小:设若土人要买这种咒术和仪式,或要使人为他举行这种咒术时,用费都是很大的。这个巫术集中在两个地方,(1)一个中心点在大岛的东岸。(2)从珊瑚沙的美洁海滨,西眺大海,超过流苏礁的白沫,可在晴天看见远远隆起的珊瑚岩的阴相。阴相之间,有伊哇(Iwa)岛,那就是恋爱巫术的第二中心。(1)主岛上的一点,苦米拉伯瓦嘎(Kumlalbwaga)①村的海滨用作洗浴和撑船的地方,对于土人几乎就是恋爱的圣庙。那个地方,超过繁荣的植物边缘在白石灰石里,就是首代悲剧当作舞台的石洞;洞底两边有两个泉源,现仍保存利用仪式以灵感恋爱的能力。

兼有巫术和恋爱的美丽神话,将这隔海相望的两块灵境联在一起。这个神话最有趣味的方面之一,就是恋爱巫术的存在乃因一件可怕可悲的事件,那就是姊妹和弟兄之间的乱伦行为。这个故事表现着某种近似,近似吹斯坦(Tristan)和伊琐珥德(Isolde)的传说,②兰斯落(Lancelot)和吉尼维珥(Guinevere)的传说,③西格满(Sigmund)和细格林德(Sigelinde)的传说,④以及蛮野社会里好多相似的故事。

苦米拉伯瓦嘎住着一个马拉西(Malasi)母系族的女人,还有她的一儿一女。一天母亲正在裁剪她的草维短裙的时候,儿子就在草上作了某种巫术。他作这个,为的是获得一个女人的爱。他将一些辛辣的克瓦牙瓦嘎

---

① 参看附图第三;以次在正文以内的释注,都可看附图三,解说系根据著者《西北梅兰内西亚蛮野人的性生活》(*The Sexual Life of Savages in North-Western Melanesla*)。——译者

② 吹斯坦被乃舅马可(Mark of Cornwall)派遣,向伊琐珥德(爱尔兰公主)求爱,借返不列颠作后。吹依命而去,不幸误中恋爱魔力与伊结不解情。以后二人同时并死,马可宽宏,使之合葬。——译者

③ 兰斯落为阿德尔王(King Arthur)所有的武士之一,热烈地恋上了王后吉尼维珥。——译者

④ 西格满为乌丹(Wotan)的儿子,娶其妹细格林德,生子西格夫列德(Siegfried)。卜朗细尔德(Brünnehilde)因助西格满与细格林德的丈夫混丁(Hunding)战,被乌丹所惩。——译者

(kwayawaga)叶子和香气的苏鲁木窝牙(sulumwoya,译言薄荷)放在澄明的椰子油里面,烧沸以后,诵上咒术;更将油灌到用香蕉叶做的盛器里面,放在茅屋,然后到海水里去浴身。同时,他的姊妹也正准备了用椰子壳做的罐子去到水口灌水。她走过放油的地方,头发扫着盛器,有些油滴在身上。她用手指刮开,用鼻嗅了嗅。当她取水回来的时候,就问她的母亲:"那人在哪里?我的弟兄在哪里?"这在土人的道德观念上,是一件可怕的事;因为没有女子可以询及她的弟兄,也不应该将他看作成年男人。母亲猜着发生了什么事,便对自己说道:"呀!我的孩子发疯了。"

这位姊妹去寻她的弟兄。她找着他在岸边洗浴。他没有配着他的护阴叶。她脱掉她的草维短裙便要赤着身凑向前去。他见光景不好,吓得沿岸便跑,跑到巉岩[迦低拉瓦路(Kadilawolu)——译者]阻住去路[在北面断切包卡雷瓦塔(Bokaraywata)海滨]。转过方向,跑到旁的岩石[欧拉迦瓦(Olakawo)——译者],又在南端耸峭不可登援。他们就这样在浓密的树阴下沿岸跑了三遍,直到男的惫疲不胜,乃容他的姊妹将他捉住,二人跌落(而且拥抱)在那抚慰人心的浅水波里。于是乎满怀羞耻和悔恨,但尚燃着恋爱的火,他们走到包卡雷瓦塔的石洞,避在里面,没有吃,没有喝,而且没有睡。他们终于死在那里,四臂互相抱着;他们连在一起的身体就生出土产薄荷(sulumwoya)那种香气植物来。

伊哇(Iwa)岛上的一个男人,梦着吉利撒拉(kirisala),那就是这个悲剧事件的巫术梦。他在眼前见了异象。醒后说道:"两人死在包卡雷瓦塔的石洞,苏鲁木窝牙正由他们的身上长起来了,我必须去。"他乘上独木舟;渡过自己的岛和吉他发(Kitava)岛之间的海,由吉他发再到主岛,登在发生悲剧的岸上。看见暗礁苍鹭盘旋在石洞的上方,他走到里面,又看见苏鲁木窝牙在两爱人的胸上生着。他走进村庄,经那位母亲证实了家门的丑事,且将巫术的公式传教给他。他在心里记诵好了之后,将巫力的一部份带回伊哇,一部份留在苦米拉伯瓦嘎。他由石洞里采下些薄荷来,带在身边,回到伊哇,回到他自己的岛上住下。他说:"我已将巫术的尖头带到这里;它的根子尚在苦米拉伯瓦嘎。根子要保留在那里,联结卡丢撒瓦撒(Kadiusawasa)的浴口和包卡雷瓦塔的水流。一个泉[包卡雷瓦塔(Bokaraywata)——译者]里必须男人洗浴,另一泉[毛姆吉他发(Momkitava)——译者]里必须女人洗浴。"(洗错了,便变得丑恶。——译者)这伊哇人,于是乎立下巫术的禁忌,定下正确的仪式和规矩:一宗着实的代价必须交给伊哇人和苦米拉伯瓦嘎人,当着旁人要用他们的巫术或圣地的时候。对于岸上举行巫术的人,也有一个传统的奇迹,或最少也有一个预兆。这在神话里以为是那位伊哇人所作:当着举行巫术可以预见佳果的时候,就有两条小鱼在岸边的浅水里面共同游玩。

我在这里,不过简约地叙述了神话的末一部份,因为神话的字面形式包含腻烦的、退化成夸大的社会学的要求;关于奇迹质素的纪述,通常都引用最近的记忆;仪式的细节,也引申成专技;禁忌的清单,更申引成开列方剂的训辞了。末段对于土著的叙述人有实效可试,常含有个人趣益的部份,或比旁的部份更为重要;人类学者所要学习的,也多于以前的戏剧故事。这项社会学的要求,包含在神话里面,因它所指的巫术,是私人的财产;递嬗之间,必须完全由着一个应有的所有者,传给一个合法的获得人。巫术的一切力量,都在乎正确的传统。现在行这巫术的人必用直接方法来与传授祖师相联结起来。这个事实,极其重要,所以历来的关系必须历数一遍,他们相信一切仪式和魔力都与原本的模样绝对一致;这个信念,是不可或少的信念。神话是无上的根源,是这种倒退级序上最末后的模式。更是继承巫术的敕书,累代谱系的起点。

我们在这里必须连带着说几句关于巫术神话等社会布景的话。巫术的某种形式并不地域化,如邪法、恋爱巫术、美丽巫术、苦拉($Kula$)巫术等就是这样。这些形式里面,虽非宗亲的联结,也有同样要紧的联结。巫术的旁的形式,联结于一定的地域,联络于一种地方的当地实业,联络于某种极高的绝对权利,存在酋长或酋长的首村以内。所有的园艺巫术都是这一类——园艺巫术,必须产自土地,所以必在当地才有效。猎鲨鱼和旁的有地道性的鱼的巫术以及某种独木舟的巫术(那就是用红壳作饰的)也都属于这一类。在一切之上,这里更有维吉吉($waygigi$)这样雨和阳光的无上巫术,那就是欧马拉卡那(Omarakana)的极高的酋长所专有的特别权利。

这些地域巫术的型式里面,语言的密能与居在村里的群体和掌理巫的人受同样地域的限制。所以语言的巫术在母系宗亲的群体里面不但是地道的,而且是专有的、遗传的。在这种情形之下,巫术的神话必与地方起源的神话相提并论,看作一种实际社会学的势力,将群众缔结在一起,帮忙制造统一的情操,赋与群众以共同文化的价值。

另一质素特别表现在上述故事的末尾的,也见于大多数旁的巫术神话,就是历数凶兆、预征和奇迹。我还可以说,地域神话既用先后来制定群体的权利,巫术神话也用奇迹来显证这样的权利。巫术以信仰某种殊特能力为基础,永远都是存在活人里面,得自传统里面的。① 这种能力的效能,受到神话的保障,然而也需要人类认为是最后的证据的唯一东西来证实,那就是需要实际的效果来证实。"凭着他们的果子,就可以认出他们来。"原始的人类并不比近代的科学家不要实验的事实去证实自己的信念。信仰的实验主义,不管是蛮野的或文明的,都是靠着奇迹的。而且活着的信仰,也永远都会产生奇迹出来。文明的宗教没有不讲圣真和魔鬼的,没有不讲彻悟和征兆的,也没有不讲上帝降临到信徒的地方社会的。凡是新创的信条和宗教,不管所取的形式是唯灵论(Spiritualism),神智学(Theosophy)②或基督教科学(Christian Science),没有不能引用坚实的超自然的表演来证明自己是嫡系相承渊源的。蛮野人也有自己的奇术学(thaumatology),在超卜连兹那样以巫术来占一切超自然主义的优势之处,就是巫术的奇术学。每种巫术的周围,都有多数小奇迹凑成川流不息的根源;有时涨成更大、更显眼的超自然的证据的河流,有时又会涓涓细流,证据不显——然而没有绝对停止的时候。

例如恋爱巫术即因不断地夸张胜利,经过几件奇异的例案,如很丑的丑汉引起著名美人的热情之类,便达到奇迹能力的顶峰,有如上述的近来著名的乱伦事件了。这项罪状,常常被人解说成偶然事件,即类于神话上苦米拉伯瓦嘎的弟兄姊妹彼此相恋的偶然事件。所以神话形成现在一切奇迹的背

---

① 参看前所引书"巫术"和"巫术里的语言能力"两章,并欧格顿(C. K. Ogden)和吕嘉慈(L. A. Richards)合著的《意义的意义》,第二章。(译者曾参考前书与旁的书的理论利用中国的材料,作《语言的魔力》一小册,北平友联社出版,可供检阅。——译者)

② 伍廷芳译为"证道学"的便是。——译者

景,作为奇迹的模型和标准。我也可用旁的故事证明相似的关系保存在神话的原本奇迹和信仰的现今奇迹之间。凡读过《西太平洋的仪式贸易人》的人,当能记得仪式的贸易,所有的神话会在近代的风俗行为上照射阴影的。雨和气候的巫术,园艺和渔获的巫术,都有一种强烈的趋势,将巫术能力所有的显著奇异的证据,看成原来的奇迹淡淡地重复表演的东西。

最后,大多数的神话到了末了,都详列训言的质素,并将仪式、禁忌、社会则例等加以记载。某种巫术的神话,若由执行巫术的人来叙述,自然要说,他自己的职务是因神话的结果的。他相信自己是与首创巫术的人合为一体。我们在恋爱的神话里面已经见到首代悲剧所发生的地域,以及石洞、海岸、水泉等等都变成重要的神座,而且是充满了巫术的能力的。当地的人已不专有巫术的利益,但与当地相联的某种特权还是对于他们极有价值。与当地联在一起的一部份仪式,自然也使他们注意。欧马拉卡那(Omarakana)地方雨和阳光的巫术,是使酋长有能力的柱石之一;缠绕在一二件当地特点的神话,也在现今的仪式里面具有地位。

一切性的引力,一切足以诱惑人的能力,都是相信存在恋爱巫术里面的。

鲨鱼和卡拉拉(kalala)等获鱼事业,也有地域质素的地位。即巫术不与地域联在一起的故事,也有仪式的长篇叙述,或作故事的全体,或借戏情脚色的嘴以表现出来。神话有开列方剂的性质,是表示神话本质有实用的功能,表示神话与仪式、信仰和活的文化等有密切的联结。神话常被心灵分析的作家看成"种族的人间梦"。这个公式,若以适才证明的神话的实用性质来看,即看作近似的话,也是不对的。这里只有略微提到这项题目的需要,因为我们已在旁处更较详细地讨论过了。[①]

本书利用亲身调查实际得到的材料,研究母系情结对于文化的影响,虽然只限于一种文化,但其结果颇有较广的应用范围;因为弟兄姊妹之间乱伦的神话是母系民族之间时常见到的,特别是在太平洋;而且弟兄之间(或甥舅之间)所有的仇恨和敌对情形,更是全世界的民俗学的一个特点。

---

① "心灵杂志小丛书",1926年,《原始心理里的神话》。

第三编　心灵分析和人类学

第一章　心灵分析和社会科学之间的裂口

心灵分析的恋母情结说,起初弄得完全不与社会或文化的布景相干。这是自然的,因为心灵分析的起始是以观察病房以内的治疗技术为根据,以后才展拓成对于神经病的一般记述;更以后才成了一般心理过程的学说;最后乃成一个系统,要解说身体、心灵、社会、文化等大多数的现象的。不过这等抱负,显然太野心了;即使希望部份的实现,也非凭着心灵分析的专家和许多旁的专家聪明诚意地合作不可。旁的专家或可熟练心灵分析的原理,导入新的作业门径;同样,或也可以贡献专门知识和方法,以供心灵分析家的采择。

不幸,这种新的学理并未得到聪明宽惠的接纳;反而,大多数的专家,对于心灵分析,不是不理,就是攻击。结果,一方面是将心灵分析弄得有些固执,于是秘退地孤立着,另一方面是使心理学忽视一项毫无可疑的贡献。

这本书是希望在人类学和心灵分析之间共同协力的尝试。几种相似的协力,也在心灵分析那一边有了尝试了;其中一例,就是冏斯博士(Dr. Jones)一篇有趣味的文章。① 举出这个例子,是特别有关系的,因为那是对于本书的第一编在 1924 年以两篇文章来发表的时候② 所有的批评。冏斯博士的论文是个代表性的例证,使我们看出人类学者和心灵分析的学者在应付原始社会问题所有的方法上具有某种差异。这个例证在这一点上,特别相宜;因为冏斯博士对于梅兰内西亚的母权所有的解释,对于那里的法律、制度、宗亲组织等所有的多方面的了解,都足证明已经对于人类学的困

---

① "蛮野人的母权和性的无知"(Mother-Right and Sexual Ignorance of Savages),1925 年,《心灵分析国际杂志》,第Ⅵ卷,第 2 编,第 109—300 页。
② "心灵分析和人类学",《心灵杂志》(*Psyche*)第Ⅳ卷。

难问题是确有把握的。

我在这里若将冏斯博士的见解举出简短的纲要来,当很方便。他的论文的目的,是用心灵分析来解说某种原始民族之间所有的母权制度和不识父性等现象。据心灵分析家说,这两种现象,不能只看表面价值。所以,蛮野人谈论对于生育的见解的时候,表示正确的象征主义,"至于最少也指出对于真相的无意识的认识"。对于父性的事实这项被抑室的认识与母权的特点有极密切的关系,因为两者都是被同一的动机所鼓动——要使发育着的男孩对于父亲所感受的恨怒扭转方向,不致直接曝露的。

因欲证实这种假说,所以冏斯博士大用超卜连兹群岛所供给的材料,然而与我的结论并不相同,特别是关于中心题旨的结论不同——那就是说核心家庭情结要用那里的殊特文化的社会结构来制定它的形式。冏斯博士仅依傅罗易得的恋母情结说作为基本的现象——实际是原始的现象。他以为,组成核心情结的两种质素,一种是对于母亲的爱,一种是对于父亲的恨,后者对于抑室影响最为重要。这里的出路,只是否认父亲的生育行为,"否认父亲在性交和生育上的职务,以便软化(并且扭转)对于父亲的恨怒"(第122页)。然而父亲尚未被人放掉。"与父亲的偶像不可分开的赞惧、惶骇、恭畏以及被压抑的仇视等态度"〔生自"蛮野人不可禁遏的两面同值的态度(ambivalence)"〕,仍非应付不可;所以母舅就好像被人选来当作替罪羊(scapegoat),担负掌权的年长男人的一切罪孽;父亲则可继续在家室以内友谊而愉快地生活着。因此,我们有个"最初的父亲的分解,一面是和善温仁的实际父亲,另一方面是严酷道德的母舅"(第125页)。换句话说,母亲与不识父职相组合,便保障父子二人脱离对于母亲的互竞关系和彼此的仇视态度。所以冏斯博士以为恋母情结是基本的;"母系制度所有的母舅情结一经兴起,即成抵御原始的恋母趋势的守备"(第128页)。

凡此见解,对于本书前两编的读者都不完全陌生,且在一切要点上都觉得正确。

我尚没有准备可以无条件地保证冏斯博士的主要论点,说母权和不识父性这两种现象的产生"都使发育着的男孩对于父亲所感受的恨怒可以扭转过来"(第120页)。这个陈述,我以为需要人类学好多的区域里面更充分的试验。然此见解，在我看来，似乎是完全合乎我在梅兰内西亚所已发现的一切事实和由记载看见过的任何他种宗亲制度。冏斯博士的假说，倘被后来的检讨所证实（像我以为而且希望的那样），则我自己的贡献，显然是要大加提高的。因为那样，我就不仅引人注意到偶尔的星座，乃是有了幸运，发现了关乎宇宙演化及其发生的主要现象。在某一方面，我看冏斯博士的假说，似乎是将我的结论大胆而独创地推广起来了；它说，家庭情结，在母权社会必与恋母情结不同；母系条件之下，恨怒情绪是离开父亲加到母舅的；任何乱伦的试探都是对于姊妹，不是对于母亲的。

然而冏斯博士，不但取了更为包罗的眼光（那个眼光我有跟从的准备），他更加上玄学的穷因究底的注重，将情结看成原因，将全盘社会结构看成结果。冏斯博士的论文与大多数的心灵分析对于民俗信仰、风俗、制度等所有的解释一样，是假定恋母情结有普遍的发现，好像恋母情结独立存在着，与文化的型式、社会的组织以及伴随的观念，都不相干。凡在民俗信仰里见到两个男人之间有了恨怒情绪，就说一个象征着父亲，一个象征着儿子，而不管那个社会是否有父子冲突的机会。而且，一切神话的悲剧里面时常见到的被抑室的（或不合法的）热情，也都看成母子之间的乱伦恋爱，即使能够证明这种试探已经因为那个社会组织的通行形式免掉存在，也非那么假定不可。所以冏斯博士在上面所引的论文里说：我的成绩虽"在纯粹的纪叙方面"可算不错，但在社会学和心理学之间所坚持的关联，则属"极端可疑"（第127页）。"倘在社会学的方面注意材料"，我的见解或"显着是个很正大甚或可以赞美的建议"，只因我"在问题的发生方面没有完具的注意"，所以"缺乏……有容量的通体布景，那就是亲切认识这个无意识然后建立的价值意识"（第128页）。冏斯博士所得的结论，有些使我吃惊。他说："马林橘斯基的想法的反面是较近真相的。"（同页）

这些话所指的过激不一致的程度，在心灵分析的学理或有经验的人类学或社会学之间都似没有存在。我不愿意看着心灵分析与经验的文化科学分了家，也不愿意人类学的纪叙工作失掉心灵分析的帮助。我更不承认犯了过分地加重社会学的质素的罪来求人宽恕。我曾试着将这些因子引到核心情结的公式里面，但我并未减小生物因子、心理因子或无意识因子等重要地位。

第二章　一个"被抑窒的情结"

114　　我的主要论点,已被囵斯博士结束得正确充足:我的"见解是,核心的情结,要与任何地方社会里的家庭组织相与为变。据他(马林懦斯基)说,母系家庭的系统,起自未知的社会原因和经济原因;被抑窒的核心情结,包括姊妹弟兄之间的引力和外甥母舅之间的恨怒;然而这个系统,一被父系系统所取代,则核心情结就要变成日常看见的烝母情结了"(第127和128页)。凡此一切,都是对于我的见解完全正确的解释,虽说囵斯博士已经超过我在当时发表出来的结论了。我的实际调查以及整篇论文全都保持"在纯粹的纪叙方面";现在这一编,我要趁着机会,写出我对于发生学的见解。

　　困难的中心,我已提到,是在这个事实:在囵斯博士和旁的心灵分析家看来,烝母情结是绝对的东西,是元始的根源;用他自己的话来说,是各事各
115 物的泉源(*fons et origo*)。在我看来,核心的家庭情结,是靠着社会结构和文化的机能形体的。核心情结的形成要看地方社会怎样范铸性地约束,怎样分配权威。若将情结看成各事各物的初因,看成文化、组织、信仰等独一无二的根源,我真不能设想。我更不能将它看成玄学的实体,不能以为它是创造的,不是被造的;不能以为它是先于一切旁的东西,而不被任何旁的东西所形成的。

　　容我再由囵斯博士的论文,引些显著的句子,以便指出我所提及的晦暗和矛盾。那些例子要表明正统的心灵分析在讨论蛮野风俗的时候所有的论断型。

　　"元始的烝母趋势"即在实际并不存在的地方,如梅兰内西亚的母系社会之类,依然还是说它伏在背后的:"表面被禁,但无意识地被爱的姊妹,不过是母亲的替身,有如母舅显然是父亲的替身。"(第128页)换句话说,烝母情结,不过是被旁的情结所笼罩,或被旁的情结稍微不同的颜色涂盖一下罢了。实际上,囵斯博士甚至采用更强的语法,说到"这个情结的抑窒",说到

第二章 一个"被抑窒的情结" 87

致成这个抑窒,维持"这个抑窒的许多繁复的方法"(第120页)。这就是第一个晦暗。我历来都以为情结是态度和情操的实际复体,一部份外显,一部份被抑窒,但实际存在"无意识"里面;这样的情结,永远可以凭着心灵分析的实际方法,凭着研究神话、民俗学和无意识的旁的文化表现,被人实在地见到。倘像冏斯博士似乎完全承认的那样,烝母情结的模式态度,在意识里面或在无意识里面都不能看见;倘像已经证明的那样,不管是在超卜连兹的民俗信仰里面,梦和异象里面,或旁的征候里面,不管什么地方都没有这个情结的踪迹;倘若一切这样的表现里面都是旁的情结,——那么,我们要在什么地方去找这被抑窒的烝母情结呢?是在实际的"无意识"底下,有个"下无意识"(sub-unconscious)吗?那么,一个被抑窒的抑窒又是什么意义呢?凡此一切,一定都已超乎心灵分析的寻常学说,走到某种不可知的境地——我疑心那是玄学的境地!

现容我们转到致成这个情结的抑窒的方法。据冏斯博士说,这些方法即在有个趋势,惯于否认实际的生育所以分离了亲属和社会宗亲,并且制定仪式的生育,故意不识父性。我欲即时声明:我在这里与冏斯博士的见解很一致,虽在细目上是可以不一致的。我不知道我自己是否要说"故意否认生理上的父性",因我坚信,不认识父性这样繁复的生理过程,颇属直接自然;它的程度,就像不认识消化过程、分泌过程、身体的新陈代谢等过程(或简直说,发现人身一切的现象)那样。我不知道因为什么我要假定,文化水平很低的民族,对于一切自然科学和因果关系还几乎一无所知的民族,会在胚胎学的方面,得到很早的启示,知道生理上的父性。然而,生理关系在文化下面的分家(或最少也是部份的自主)是在原始社会极关重要的事;这层我也即刻就要稍微详细地表示一下。

然在不识父性这件事故上,冏斯博士的见解似乎微有矛盾。在一个地方,我们听说,"一面不识父亲的造育作用,一面存着母权制度;二者之间,有顶密切的两面关系。我的见解以为,两种现象都被同一动机所致成;至于两者相距的年代关系,则属完全另一问题,容我以后再说。依着这个见解来说,两面的动机,都是要使发育着的男孩对于父亲所感受的恨怒扭转方向"(第120页)。论点是严厉的,但冏斯博士自己,并未觉得十分清楚。因在另一地方,我们听他说,没有"理由去设想,蛮野人不识(或无宁说抑窒)父的造育作用定要伴随着母权,虽它显然必是对于以上所讨论的动机(制定母权制的动机)很有价值的佐助"(第130页)。这在两个地方所说的话,当中有什么关系,是不很清楚的;而且,后段的话虽不很对,前段的话必更明显,设若我们知道著者在"顶密切的两面关系"上究有什么意义的话。这意义是不是说,不识父性和母权制度,都是烝母情结这项主要原因的必要结果,或是两者(不识父性和母权制度)都松动地与烝母情结相联结呢? 如果是的,则因掩藏烝母情结而有母权制度和不识父性的条件,是什么呢? 冏斯博士的学说若无这样具体的证据,便不比一个空洞的建议强多少。

我们既考察了方法,再看一看"元始的原因"(primordial cause)。这个,我们知道,是用绝对的、超越发生学的态度来理解烝母情结的。我们倘若越过冏斯博士的论文来谈心灵分析对于人类学一般的贡献,则知烝母情结的起始发生是被这样想像的:首代集群有了有名的图腾刑犯,于是产生了烝母情结。

第三章 "文化的元始原因"

傅罗易得的学说以图腾制①和禁忌、族外婚和献祭等起始,在一切心灵分析所有的人类学的作品当中都是关系重大的。凡如本文这样,要将心灵分析的见解与人类学的结论调谐起来的,都不能忽略这一点。所以我就趁着这个机会将它详细批评一下。

傅氏在所著《图腾和禁忌》(*Totem and Taboo*)里面指明恋母情结怎样可以用来解述图腾制和岳母回避,祖先崇拜和乱伦厉禁,以及人与图腾兽合而为一和上帝父(God Father)等观念。② 的确,我们知道恋母情结必被心灵分析家看作文化的根源,看作文化的萌芽以前即已发生了的东西。傅氏正好借着那本书给我们假说,描写恋母情结怎样实际出现。

傅氏在那本书里拾起两位著名前辈的绪余;一位是达尔文,一位是罗贝特孙·司密斯(Robertson Smith)[i]。傅氏借用达尔文的"原群"(primal horde)或经爱蒂金参(Atkinson)[ii]改名叫作"庞大的家庭"(the Cyclopean family)等概念。根据这等概念,家庭或社会生活的初始形态,是多数小群

---

① 图腾(totem)一词来自美印第安人阿尔衮琴(Algonquins)的奥支薄瓦(Ojibwa)和邻近的话 ototeman,意思是"他的弟兄姊妹等亲属"。主要字根是 ote,意思是同胞的亲属或过继成的同胞亲属;在同胞亲属之间,彼此不能结婚。

图腾制是一种社会制度与宗教制度。据哈蒂兰德(E. S. Hartland)在《宗教伦理百科全书》(James Hastings 编)里所说,这样的社会有五种特征:(1)一群以真的宗亲或假的宗亲结在一起的系族,常比一个地方的部落大一点;(2)系族的名乃是起自某种动物或植物,或在稀有状况之下起自天然现象如日与雨之类;(3)以为这样的物与系族及系族里的每一个人都有神秘关系,时常以为是来自这样的动物;每个这样的物都是属于这个系统;(4)这样的物常例被系族的人所崇敬,发生宗教的情绪,于是视为禁忌,不得戕害;(5)这样的社会,患难相共,禁止内婚,只能与旁的系族结婚。

这样被崇拜的物若是动物,即叫作图腾兽;若是那个图腾社会的主要食品,必在戕杀的时候举行典礼,要求赦免。——译者

② 傅氏的《图腾和禁忌》(*Totem and Taboo*),1918 年在纽约出版。凡在这里引证的话,都指这美国版。

[i] 司密斯(William Robertson Smith,1846—1894),苏格兰东方学家、神学教授、牧师。——编者

[ii] 爱蒂金参(James Atkinson,1844—1899),苏格兰作家。——编者

被一个成年男人所领袖、所统治，多数女人或孩子，则是屈服在他的手里。傅氏由着另一个伟大学者罗贝特孙·司密斯，得到关于图腾宴的重要提示。司密斯以为，最初的宗教行为，乃是共餐，乃是母系族的人用仪式的方法吃掉图腾兽。几乎普遍的献祭行为定然也是最重要的宗教行为，即因图腾宴的后步发展得到起始。圣餐的消极方面，就是有个禁忌，不准在平时吃图腾种的食物。在这两种假说之上，傅罗易得加上自己的假说：人与图腾兽合而为一，是心理的特质，是儿童、原始人以及神经病的患者同具的特质。这种特质的根基，是因一种趋势要使父亲与某项不愉快的动物合而为一。

我们在这里主要关心的，是社会学的方面。所以不妨将傅氏所根据的达氏全文，引在这里。达尔文说："我们的确可以根据我们所知道的一切四足牡兽（它们好多都有殊特的武器，以与敌方相战）的忌妒而得结论，说天然状态之下，性的杂交，极端不易实现……所以我们倘若返观古代，溯得够远，再由人类现在生存的社会习惯下判断，则最可能的见解应该是：人类本来生存在小的地方社会里面；男人有一个妻，倘有势力，就有数个妻；妻的数目或多或少，他都忌妒地守卫着，不令一切旁的男人进前。他或许不是社会动物，然与数妻同居，就像大猩猩（gorilla）那样；因为所有的土人都说，只是成熟的男性才看见有群；幼的男性一长大，争为雄长的斗争就出现；最强的或将旁的杀掉，或将他们逐走，自己成为地方社会的首领［撒卫志博士（Dr. Savage）引在《波士顿自然史学报》（*Boston Journal of Natural History*），第Ⅴ卷，第1845—1847页］。这么被逐出来自己漫游的幼年男性，一旦成功，找着伴侣，也要避免家庭范围以内发生太形密接的内婚。"①

我立刻可以指出，达尔文在这段文字中是将人和大猩猩混在一起的。我们人类学者没有理由责难他的混含——因为我们的科学所能做的事，最少也要铲除我们对于人猿弟兄的虚骄心理！只是在哲学上，人与猿的差异纵属不关重要；至于人类学，则在类人猿见到的家庭和在人类见到的有组织的家庭，颇有极端重要的区别。人类学者不得不清楚地区分天然

---

① 《图腾和禁忌》，1918年版，第207—208页，引自达尔文的《人类起源》（*The Descent of Man*），第2卷，第10章，第603—604页。

状态里面的动物生活和文化里面的人类生活。在达尔文，正是申述人类学的论断，攻击杂交的假说，所以这种区分没有关系。倘若他是应付着文化的起源，要界定文化的生产时刻，则对于自然和文化的区分就要万般重要了。傅罗易得，我们就要见到，是打算实际捉住并且叙述"文化借以起始的重大事件"的，所以没有看清这个区分便完全失败了；因为他是将文化放到按着假说就不能存在的条件里去的。而且达尔文所说的，只是关系集群的首领的几个妻，不是关于任何旁的女人。他也说，被逐出的幼年男性，终于成功，找着伴侣，不再关心父母的家庭。在这两点上，傅罗易得都着实改变了达尔文的假说。

容我引全这位首创心灵分析的大家的话，以便证实我的批评。傅氏说："达尔文对于初始集群的见解，自然不容图腾制的萌芽。在他看来，只有一个强暴忌妒的父亲，占有一切女性，逐走一切正在发育着的儿子们。"（第 233 页）有如我们所见，老年男性是说得独占一切女性的，被逐出的儿子们，则成群结队地在附近徘徊着，准备傅氏假想的事件。的确，刑犯就谋誓在我们的眼前，使人心悸的程度，与假想的程度相等；然而，这在心灵分析的历史上，则是极关重要的，设若不是在人类历史上极关重要的话！据傅氏说，这件刑犯定要产生所有的将来文明。那是"文化借以发生的重大事件，历来未曾使人得过安宁的"；那是"首初的行事"；那是"社会组织、道德约束、宗教……等等借以起始的可纪念的刑犯行为"（第 224、239、265 页）。再让我们听听一切文化的元始原因吧。

"一天，被逐出的弟兄们，统一了势力，杀了父亲，然后将他吃掉，覆没了父亲的集群。他们在一起，胆敢成就了单个不敢作不能作的事。或许某种文化上的进步（如使用新的武器之类）使他们有了超越之感。这些吃人的蛮野人，自然吃掉他们的牺牲品。这个强暴的首代父亲，一定已是每个弟兄羡忌畏惧的模型。现在，他们凭着将他吃掉，与他合而为一，每人都获得他的力量的一部份。这个图腾宴，或者是人类第一个喜庆，因为成就了这件可纪念的……行动……的演习或纪念。"（第 234 页）

这是人类文化的原本行动，然在叙述的中间，著者竟已谈及"某种文化上的进步"，谈及"使用新的武器"，于是供给那些前乎文化的动物一项着实的文化物品和宝库。我们难以想像物质文化的存在，倘若没有组织、道德、宗教等与它共同存在的话。我不久就要证明，这不是徒然的戏语，乃是事实中心的实话。我们可以见到傅罗易得和冏斯是凭着一种隐含文化的先前存在的程序，解说文化的起源，所以陷入打圈子的辩论。批评这种论断，自然会使我们实际分析文化过程和文化在生物学上的基础的。

第四章　杀老的结果

然而在我们详细批评这个学说之前,我们应该耐烦地听听傅罗易得在这件事上所要说的一切——他的话,是永远值得听的。"……弟兄们结在一起的群,重要的感情就是对于父亲所有的矛盾感情;那是,我们可以表证,存于一切儿童和神经病的患者当中那种父亲情结的两面同值的内容。他们恨父亲,因为他这么有力地阻碍了他们的情欲要求和权势欲望,但是他们也能爱他羡他。以后,他们既因铲除了他,满足了所有的恨怒,实现了与他印为一体的欲望,于是被压迫的温柔冲动,就不能不表现出来。这个表现所取的形式是懊悔;它所形成的犯罪之感,在这里与通常所感受的懊悔相同。死去的人,现在比活着变得更强,有如我们在今日观察人的命运那样。① 凡父亲活着的时候不能办的东西,现在都因'后继的服从'心理加以厉禁,这是我们由心灵分析知得熟习的。他们宣告禁杀父亲的替身(图腾),以图借着这个注销他们已犯的凶行;他们对于父亲被杀而得解放的妇女不去占有,以图借着这个规避凶事应有的惩罚。因此,由着儿子的犯罪之感,创造了图腾制的两宗基本禁忌;且因这个缘故,不能不相当于忝母情结两宗被抑窒的欲望。凡不服从的都算犯了扰害原始社会的两件唯有的罪犯。"(第235—236页)

我们就这样见到弑父的儿子们,紧接凶行之后,忙着制作法律宗教等禁忌,建设社会组织的形式。在这个地方,我们又遇到迷途:文化的原料,已经存在了吗?——如果这样,则这"重大事件"不会创造了文化,像傅罗易得所想的那样;否则文化在行事的时候尚未存在吗?——如果这样,则儿子们不会制定了圣礼,编制了法律,传递了风俗。

傅氏并未完全忽略此点,虽然他是好像没有觉到严厉重要的程度的。

---

① 那就是活着被人看轻、死后被人崇拜的普遍现象。崇拜不已,起了神化作用;就是生前一定不能作到的才能,也因积累作用,被人归到死人的身上。——译者

他预期到首代罪犯对于历代人类的耐久影响是否可能的问题。为应付任何可能的反对起见,傅罗易得引用了另一个假说:"……谁也要注意到,我们是将一切东西建立在对于群众心理的一项假定上面;心理过程在那里发现,与在个人心理生活里发现一样。"(第259页)然而这集合灵魂的假定,并不算够。我们不得不将这个包罗的实体,也赋与一个几于不可限量的记忆。"……我们使这项有罪之感,留传几千年,即在当初事件上毫无所知的世代,也都保持有效。我们容许一项情绪过程(如历代儿子都因父亲虐待而发生的那样)继续到已经免除父亲,已经逃脱这种待遇的新世代。"(第259页)

傅罗易得对于这项假定的确实程度,本来心中有些不安,然而依人臆造的辞辩(argumentum ad hominem)是现成的。于是傅罗易得劝我们说,他的假说,无论怎样胆敢,"……我们自己也用不着担负完全责任"(第260页)。不但这样,著者还为人类学者和社会学者定下了一条普通的规律:"倘不假定一个群众心理,或假定人类情绪生活有个持续作用,以使我们能够不理心理行动因为个人越轨而有的阻断,则社会心理学便完全不能存在。假使一代的心理过程,不在下代持续着,假使各代都须重新习得自己对于生命的态度,必然没有进步,并且几乎没有发展。"(第260页)在此处,我们接触到很重要的一点:那就是在方法论上需要虚构一个集合灵魂。依事实来说,没有有本领的人类学者,现在采用任何这样的假定了,不管是假定"群众心灵",习成的"心灵癖性"的遗传,或任何超越个人身心的限制的"心灵持续"作用。① 另一方面,人类学者能够清楚地指出历代贮藏经验传给后代的媒

---

① 例如傅罗易得所依据的安住郎(Lang),克老莱(Crawley),马莱特(Marett)(安住郎,1844—1912,苏格兰诗人、小说家,出版了很多民俗著作。克老莱,1867—1924,英国性学家、人类学家。马莱特,1866—1943,英国民俗学家、文化人类学家。——编者)等人类学的权威,没有一次在分析风俗、信仰、制度上用过这样或相似的概念的。傅雷兹尔(Frazer)(现通译为弗雷泽,1854—1941,苏格兰社会人类学家、民俗学家。——编者)更在一切人之上,有意识地、严格地摈斥这个概念到他的著作以外(此意得自私人交谈)。杜尔干(Durkheim)(现通译为涂尔干,1858—1917,法国社会学家。——编者)因为临近这个玄学的谬误,最新的人类学者已经有所批评了。领袖的社会学者,如哈蒲浩斯(Hobhouse),魏斯特马克(Westermark),杜威(Dewey),和社会人类学者如路义(Lowie),克娄伯(Kroeber),薄欧(Boas)(现通译为博厄斯,1858—1942,美国人类学家。——编者),都已一致避免引用"集合的知觉机制"(the collective sensorium)。关于社会学上对于"群众心理"的应用,可参看一项广博而且反对的批评,那就是金斯堡(M. Ginsberg)的《社会心理学》(The Psychology of Society),1921年版。

介是什么。那就是我们叫作文化的物质条件、传统以及铸成刻板的心理过程等总体。这个媒介是超个人的,不是心理的。它为人所范铸,也反过来范铸人。那是人类表现任何创造冲动而且对于人类价值的共同仓库有所贡献的唯一媒介。那是个人要为自己的利益利用旁的人的经验的时候唯一可以提取的贮藏室。我们即刻就要较为详细地分析文化,显示出创造文化、维持文化、传递文化的工具来。那个分析,也要指给我们,情结是文化出现的自然副产物。

  凡读过冏斯博士的论文的人,都可显然见到,他完全采取傅罗易得对于人类文化的起源的假说。由着前面所引的文句看来,烝母情结对于他,显然是各事各物的起源。所以烝母情结必须前乎文化即已形成冏斯博士在下文里面,更较明显地限于傅氏的学说:"考虑这个题目,不像马林糯斯基那样,不但不要放弃或修正傅罗易得的'原群'(爱特金森的'庞大的家庭');反而,在我看来,这个概念,供给我们刻下讨论的繁杂问题以最满意的解说。"(第120页)冏斯博士也完全同意原本罪犯的种族记忆;他曾谈到"起自原群的冲动所有的遗传"(第121页)。

第五章　对于起初杀老的分析

现容我们一点一点地考察傅罗易得和冏斯的假说。"原群"这个假说的本身,没有可使人类学者反对的东西。我们知道,人类和前于人类的宗亲初型,是以一个或一个以上的女人结婚为基础的家庭。心灵分析在接受达尔文的宗亲见解上,已经摒弃了原始杂交、群婚、公妻等假说;这一点是会受到有本领的人类学者的圆满赞同的。然而我们已经见到,达尔文在动物和人类地位上没有显明的区分;傅罗易得一经改造达氏的论断,竟将他的纪叙中任何内含的区分,完全抹杀了。所以我们不得不探究家庭组织在人类发展的水平线上类人猿那一端所有的情形。我们要问:在家变成人类家庭以前和以后,家内的系结是什么?动物宗亲和人类宗亲,天然状态之下的人猿的家和文化条件之下的人类的家所有的初型,当中的差别都是什么?

前于人类的人猿的家具有本能的或先天的系结,是被个人的经验所修改,不被传统所影响的,因为动物没有语言,没有法律,没有制度。天然状态之下,牝牡相交,被有选择力的性欲冲动所驱策,是在游牝期发生作用,且只在游牝期才发生作用的。牝性怀妊以后,一种新的冲动引着她建立共同生活,牡性则是保护者,看顾妊娠的过程。同着生育的行为,在牝性出现的,有哺乳、拥抱、看顾子息等冲动;牡性则反应新的形势,履行供食和守护的职务;倘若必需,便去冒险奋斗,捍卫家室。设想个体在人猿之间是要延长其发育,迟缓其成熟的,所以族类为不可少的条件乃是:牝牡两者都要发生父母的爱,且在生育以后支持几时,直到个体能够自顾为止。他一成熟,立刻就没有生物学的需要将家维持在一起。我们就要见到,这个需要是起自文化的;文化要合作,故家庭的分子必须继续联合;文化递传传统,故新代必须与前代继续接触。然而在前于人类的庞大家里,男女小孩一经独立,自然就要离开集群,去觅独立生活。

这是我们经验地在每个猿的族类所见到的情形。这种情形供应了族类的趣益,所以必须采作普通的原则。这与我们由动物本能的一般认识所能推测的一切,也相一致。我们也在最高等哺乳动物之间见到老的男性一过精力丰富的时期,就要离开群体,给幼年保卫者让出地位。这是有功于族类的事,因为动物与人一样,脾气不因年岁而改善;老的首领是较不中用、较易引起冲突的。凡此一切,我们都能看到,本能在天然状态之下的运行,都没有余地来作殊特的纠纷、内部的冲突、中悬的情绪事件或悲剧事件。

因此,最高等的动物族类的家庭生活乃被先天的情绪态度所固结、所管理。在有生物需要的时候,也有相当的心理反应来出现。需要一经停止,情绪态度也就取消。我们若给本能下一个界说,说是直接反应一种情势的行为型,一种伴有快感的反应——则我们可以说,动物的家是被本能联结的一串锁链所制定,那就是求爱、求配、共同生活,父母对于婴孩的温柔和交互作用等。这些链钩,每一个都与旁的相联,完全得到发泄,因为本能反应的连环所有的特点是:每种新的情势,都需要新的行为型,新的情绪态度。在心理学上,我们很要切实觉到,每件新的反应都要代替并且抹杀旧的情绪态度;前有的情绪痕迹,不能带到新的里边。懊悔、精神的冲突、两面同值的情绪——这些都是文化的(那就是人类的)反应,不是动物的反应。本能的运行,本能的级序和展示,成功的程度或多或少,伴随的阻力也许不一致,然而都不为"内部心灵的悲剧"留有余地。

凡此一切,对于首代刑犯这个假说,都有什么重要呢?我已屡次指出,"这个壮大悲剧"已被傅罗易得放到文化的门限,作为文化的开幕行为。放下傅罗易得和囧斯的几点直接引语(这是容易加添的),要紧的是要知道,这个假定是他们的学说必不可缺的假定:他们所有的假说都要坍塌,设若我们不使文化起自"图腾杀老"的话。对于心灵分析家,我们知道,恋母情结是一切文化的基础。恋母情结对于他们的意义,不但是情结统治所有的文化现象,且也暂时先于一切文化现象。这种情结是图腾制所自产生的泉源,是法律的第一质素,仪式和母权制度的起始;实际上,是一般人类学者和心灵分析家看作文化的第一质素的一切。囧斯博士所以反对我追踪恋母情结的任何文化原因,正是因为这个情结是被假定先于一切文化的。然而显然,倘若这个情结先于一切文化现象,则为情结之源的图腾犯罪,便应放得更远。

这样规定了必须发生在文化之前,我们又遇着迷途的另一端:图腾犯罪能够发生在天然状态之下吗?能在传统和文化里面留下痕迹吗?(既是按着假说就不会那时已有存在的)如在上边所已指示的那样,我们不得不假定,猿类已凭集合杀老那件行动,获得文化,变成人类了。或者可以说,他们凭着那件同一行动,获得所谓种族记忆,一个新的超于动物的赋与了。

现容我们再来详细地分析这个。前于人类的人猿家中,本能的锁链,每节链环,都在功用停止之后,立刻发泄出去。过去的本能态度,留不下活泼的痕迹;无论是冲突或是复杂的态度,都不可能。这些说法,我承认,应由动物心理学者再加实验,然已包含我们现在对于这项题目所知的一切了。即使如此,我们也不能不反驳傅罗易得对于庞大家族所假设的大前提。设若儿子们一到不用父母的保护即自然本能地有离开家族的倾向,为什么父亲必须驱逐他们呢?设若旁的群体和自己本群里面成熟的异性孩子都要出来,他们为什么必要缺乏女性呢?为什么幼年男性要徘徊于父母集群的旁边呢?他们为什么要恨父亲,甚至于恨之欲其死呢?据我们所知道的是:他们乐于自由,没有返回父母集群的愿望。他们只要乐意加入集群,就可只凭等候老年男性的退休,自由出入;为什么终于试着或实际凶杀老年的男性去做这样笨拙不愉快的事呢?

这些问话,每一个都驳难傅罗易得的假说所隐含的没有根据的假定的一个。傅氏实际将他所说的庞大家族加上了许多趋势、习惯、精神态度等重负(那是对于任何动物族类都成致命的赋与的)。这样一个见解,是显然不能在生物学的根据上有所存在的。我们不能假定,天然状态之下,有个人猿族类,最重要的传种行为乃被一套与族类的任何趣益都相仇视的本能所制定。我们很易见到,这样的原群已被假定具有欧洲中级阶级家庭的一切偏见、失谐及坏脾气了;于是得在史前的森林中放肆大闹,即按最足引人的(但玄怪的)假说去大闹。

然而,我们姑且投降在傅罗易得那样诱人的玄想里面,且为辩论起见,承认首代犯罪实有其事吧,不过就是这样,我们在接受他的结论的时候,还有胜不过去的困难。我们已经见到,要求我们相信的是:图腾犯罪产生懊悔,懊悔一方面表现在具有吃人意味的图腾宴里面,一方面表现在性的禁忌制度里面。这种含意是说杀老的儿子们具有良心。但良心是文化强加到人类的最不自然的心理特质。还有一部份含意是说他们有立法的可能,有设置道德价值、宗教仪式、社会系结等可能。凡此一切;又都没法使人假定或想像,因为理由很简单:按着假说,这些事件是发生在前乎文化的组织里面,可是文化,我们要记着,是不能在一刹那一件行动里创造出来的。

由天然状态实际过渡到文化状态,不是一跳就成的;那不是迅速的过程,完全不是敏捷的过渡。我们必须想像,文化的首初质素——语言、传统、物质的发明以及概念的思想——首初的发展,是个很吃力、很迟缓的过程,必用无限多与无限小的步骤,在极长的时间累积着,然后才成就结果的。这个过程,我们没有方法一条一条地重新叙述出来,但是可以说出有关系的变迁因子,可以分析早期人类文化的情形,可以在一定限度以内,指出致成文化的机制来。

总结我们的批评分析,我们已经见到:图腾犯罪必已放到文化本身的起源;必被弄成文化的初因,倘若到底能有任何意义的话。这就是说,我们必须假定犯罪和犯罪的结果仍然发生在天然状态之下;但这样一个假定,要将我们陷在许多矛盾里面。我们实际见到,完全没有杀老的动机,因为本能的运行,在动物状态之下,颇与状态适应;本能可以引起冲突,但引不起被抑窒的心理状态;儿子们具体集群之后,没有恨父的理由。第二层我们已经见到,天然状态之下,完全没有任何媒介能使图腾犯罪的结果固定在文化制度里面;完全没有任何文化媒介,去包含仪式、法律和道德。

这两种反驳,可以归结成一个定案:若去假定,文化的起源是件创造行为,这件使文化充足地武装起来的创造行为乃因一项犯罪激变或反叛,一跳而生,——若去这样假定,便是没有可能。

我们批评的时候,曾将注意集中在傅氏的假说里面似乎最属根本且可反驳的一点,那就是关乎文化和文化过程的本质的反驳。几件旁的反驳细目,也可记来反对这个假说,那就是克娄伯教授(Prof. Kroeber)一篇佳文的贡献。这个假说不一致的去处(人类学的以及心灵分析的)都在那篇文章里面明显地使人信服地举出来了。①

---

① "图腾和禁忌,一个人文学的心灵分析"在《美国人类学杂志》(*American Anthropologist*),1920年,第38页以后。

然尚有个重大困难是心灵分析因为玄想图腾起源而有的困难。倘若烝母情结和烝母情结所附带的文化，真正原因都必在杀老行为所有的生育创伤里面去追寻；倘若情结仅仅留传在"人类的种族记忆"里面——则此情结，显然应与时间一同老废。按傅氏的假说来推，烝母情结应在起始是一件可怕的实体，以后是一件恼人的记忆，但在最高的文化里面，应该趋于消灭。

这个推论，似乎无所逃避，但也无需乎辩证地穷究到底，因为冏斯博士已在他的论文里面表现得圆满显明了。据他说，父权制，这最高文化的社会组织，的确标记一个快的解决，解决了一切由于首代犯罪的困难。

"父权制，我们知道，兆示父的主权的承认，兆示一种能力，会用情爱接受这项主权，不用乞灵于一个系统，不管是母权的系统或是繁复的禁忌系统。父权制的意义是人类的驯服，是烝母情结的逐渐同化。男人到底是能够会见真父，与他同住的。傅罗易得很可以说，承认父亲在家庭里面的地位，是文化发展上最为重要的进步。"①

这样，冏斯博士（并因冏斯博士的权威而使傅氏自己）便实际采取这种不可避免的结论了。他们承认在他们的方案以内，父权制的文化——与情结的初途相距最远的文化——也是"烝母情结"逐渐同化所已成就的。这与《图腾和禁忌》的方案完全相适应。然与心灵分析的一般方案究竟怎样适应呢？究竟怎样担当人类学的光线呢？

论及第一问题，烝母情结不是在我们的近代父权制的社会里面才发现出来的吗？这个情结不是天天在近代父权制无数的个人心灵分析里面重新发现的吗？否定这些问话的，无疑要以心灵分析家为最末烝母情结，完全不像已经"同化了"这么好。即使承认好多过实的话头存在心灵分析的成绩里面，我们也有普通社会学的观察在此点上证明心灵分析的断言。然而，心灵分析不能站在两面，不能打算将家庭失调拔出下意识，以医治个人心中和社会里面大多数的病患，又要同时欣然地保证给我们说，"父亲的主权已在我们的社会完全被人承认了"。实际上，父亲权势走到极端父权的制度，是型式的家庭失调的真正沃壤。心灵分析家已在忙着将这一点证明给我们，根

---

① 冏斯前所引书，第 130 页。

据莎士比亚、《圣经》、罗马史、希腊神话等证明给我们了。这种情结所以得名的英雄,[①]不就住在显著的父权制的社会吗?他的悲剧不是根据父亲的忌妒和迷信的恐惧[②]吗?——那么,附带着说,不就是模式的社会动机吗?除非我们感到父权制的命运支配着不能自主的父子关系,这个神话或悲剧能在我们的面前摆上同一有力的致命的影响吗?

大多数的神经病,病人的梦,印度欧罗巴民族的神话,我们的文学和父权制的信条,都曾用过忞母情结加以解释——那就是用一种假定来解释,说儿子在显明的父权里面永不承认"父亲在家庭里的地位",不乐意"会见真父",不能安然"与他同居"。心灵分析在理论和实行两方面定然要与这项辩解的真伪为起落,那就是我们的近代文化在忞母情结之下所有的失调现象。

上段所引的那种乐观见解,人类学有什么可说呢?倘若父权制的时代是忞母情结的快乐解决,是男子可以会见真父的时代,——则这种情结未同化的形式,到底存在哪里呢?这种情结在母权之下所有的"扭转",已在本书前两编证明过,且被冏斯博士自己也重行单独证明了。忞母情结的全盛时期,在最后由这种眼光实验研究过的文化里面是否存在,乃是一句空话。本书的目的,有一部份就是要鼓舞实地调查家,更去进行检讨。这样的实地研究所要显示的是什么,所不显示的又是什么,先说我自己就不试行预言。但在我看,否认这个问题,用显然不圆满的假定将它盖上,并且尽力抹杀解决这个问题所已走过的步骤,似乎对于人类学或心灵分析都不是一件功劳。

我用冏斯博士有趣味的贡献作主要的题材,已在心灵分析研究这个问题的方法上指出一串矛盾和晦暗。那就是:第一,观念上有个"被抑窒的情结";第二,断言母权和不识父性是相关而且独立的;第三,以为父权制既为忞母情结的快活解决,又为它的原因。凡此一切的龃龉,依我的意见,都集中在下面的学说上面:忞母情结是社会现象和文化现象的真正原因,不是结果;它起自首代的犯罪,持续在种族的记忆里面,成为一种遗传的、集合的多

---

① 那就是爱迪帕斯(Œdipus)参看第一编第八章注三。——译者(即本书第 44 页注释①。——编者)

② 爱迪帕斯一降生,父即占于庙。占语不祥,谓爱迪帕斯长大而后,杀父娶母。父惧,欲置之死地。然竟未死,果如占语所言。——译者

数趋势的统系。

还有最末的一点。若将首代犯罪当作一件真实的历史事实，一件必须放在时间、空间和具体状况里面的事实，则于原始杀老，究要怎样去想像呢？我们必须假定古来一个时候，有一超然集群，在一块地方，作了一件犯罪吗？于是乎这种犯罪创造了文化，凭着首代的散布，传播于全世，到了什么地方就将什么地方的猿猴变成人类吗？这个假定，乍一作出，即行跌倒了。旁的一面，也是同样不易想像的：那是一种在全世界发生的杀老传染，每个集群都是起初与庞大家长的虐政相委蛇，继乃暴发成犯罪于是成为文化。我们愈具体地看这假说，愈要申论它，便愈觉得不必将它看成怎么一回事，除非是个"就是这样的故事"(Just-so story)，像克娄伯教授所说的那样（那是不为傅罗易得所不喜欢的名称）。①

---

① 参看傅罗易得的《群众心理和自我的分析》(*Group Psychology and the Analysis of the Ego*)，1922 年，第 90 页。克娄伯教授(Prof. Kroeber)的名字误拼写"克娄哲"(Kroeger)，继出的几版，也都完全错下去。有人可以根据《日常生活的精神病理学》(*The Psychopathology of Everyday Life*)所阐发的"没有错误没有动机"的原则，质问这种错误有什么心灵分析的原因。一位美国的领袖学者的名字竟被这等误印，而且带到翻译傅氏著作的美国译本里去，几乎是不可宽恕的。

第六章 情结呢？情操呢？

一直到这个地方我都用"情结"表示对于家庭分子的模式态度。我甚而也将"情结"重新制链在核心家庭情结(the nuclear family complex)的新名词里面,作为烝母情结应用在不同的文化的普遍名称;我主张烝母情结只用在雅利安人那样父权的社会。但为科学术语的便利起见,我不得不牺牲这个新的复成词(核心家庭情结),因为不但不介绍新词为好的做法,即清除任何术语在科学里的侵入也永远是件可嘉的事,设若能够证明那是践踏既成的主张的做法。我相信,"情结"这个名词带有某种全不合适的含义,除非当作科学的俗语——那就是德国人叫作 Schlagwort(译言口头禅)的东西。最少我们也要弄清我们给它的意义是什么。

"情结"这个名词起自心灵分析的一个时期,那就是心灵分析尚与治疗学密接在一起的时候,实际不过是一种应付神经病的方法的时候。"情结"是病人的病源被抑窒的情绪态度。然而现在已成疑问普通心理学是否能将人对人的态度里面被抑窒的部份弄得隔离孤立,且将不被抑窒的因子分别讨论。在我们的研究里面,已经见到,组成对于某人的态度的许多情绪,密切地连结互扭的程度,是形成密结、有机、不可分解的系统的。因此,关于对于父亲的关系,那些制成虔敬和理想化的感情,实际都是与反映那些感情的不喜欢、恨恶、厌怒等联结在一起的。这些消极的感情,有些部份实际是对于父亲过分提高所有的反动,那就是本不理想的父亲因着太耀眼的理想化投入无意识里面的阴影。如欲截清阴影属于"前意识"(foreconscious)的部份和属于无意识的部份,乃是不可能的事;因为那些部份都是不可分解地结在一起的。心灵分析家在诊病室里或者可以忽略那些不与病情相关而是公开显然的态度质素;可以单分被抑窒的质素,并将这些质素看作实体,叫作情结。然一离开神经病的患者,带着一般的心理学说走到讲室,也应同样觉到这等情结并不存在,——定然不在无意识里面独立存在,只是有机体的一部而已；至于全体的主要成分，则一点也不是被抑窒的。

我以社会学者的资格，不在这里关心病理学者的结论，只关心常态的普通基础。我虽候到现在才举这样理论的分析，以便用事实将它证实，但在讨论家庭影响的全程里面，已经清楚指出"前意识的"和无意识的质素来了。心灵分析的优点，就是证明对于父母的模式情操既已包括积极的质素，也包括着消极的质素；既有浮在意识表面的部份，也有被抑窒的部份。然此必不要使我们遗忘：两部份都是同等重要的。

我们见到假定孤立被抑窒的态度在社会学里没有用处，所以我们必须设法看清，我们以前叫作"核心家庭情结"的东西，除"无意识的"质素以外，也包含显明的质素；我们必须看清使它普遍化的方法，知道利用什么心理学说。我已明确指出，近代心理学某种新的趋势与心灵分析有殊特的密缘。这自然是说，我们的情绪生活是因单德(A. F. Shand)创始的情操说和司套蒂(Stout)[i]、魏斯特马克、麦克独孤(McDougall)[ii]，以及旁的少数学者所阐发的重要学说，乃更被人认识。单德君首先觉到，情绪不能看成弛放的质素，说它不连结，无组织地浮在我们的精神媒介里面，有时弄个偶然孤立的照面。他的学说以及一切新的情绪著作，都以他自己首创的原则作根据。那就是说，我们的情绪生活，一定协调于环境；许多的人和许多的物都在要求我们的情绪反应。这些情绪组成一定的系统，绕在个人或对象的四周，那就是我们对于父母、国家或一生事业的爱护、恨怒、忠荩等心理系统。这样一个有组织的情绪系统，单德叫作情操。凡心理系结将我们约束在自己的家庭分子上面，以及爱国、真理、正义、尽忠于科学者，都是情操。各个人的生活，都为这样有限度的几种情操加以优制。情操学说，首先被单德用一两种短文提出纲要(那是我们必须看作开辟新纪元的文章)，继乃阐发成为一本巨著。[①] 单德的著作假定少数系统如爱憎之类有个先天的预向；每件系统里面都有数个情绪。在单德看来，每个情绪又是对于一定情势的复杂型

---

[i] 司套蒂(George Stout，1860—1944)，英国哲学家、心理学家。——编者
[ii] 现通译为麦独孤(William McDougall，1871—1938)，英国心理学家。——编者
① "性格和情绪"在杂志《心》(Mind)，新编，第 1 卷；和《性格的基础》(The Foundations of Character)，第一版，1917 年。

的心理反应,所以每个情绪都驱使着数个本能反应。单德君的情操学说,永要对于社会学者保有无上的重要,因为社会的系结和文化的价值都是传统和文化影响之下取得标准的情操。我们研究家庭的时候,已经按着情操在两种不同的文明里面的发展,给单德的原理一个具体的应用;那就是应用情操学说来研究一定的社会问题。我们已见儿童对于环境几件最重要的事物所有的态度,是怎样慢慢形成的,并且考察了形成这些态度的势力。心灵分析使我们对于单德的学说有所校正和增加,乃是考虑情操被抑室的质素。然而这些被抑室的质素,不能隔离在盛水不漏的密室里面;既已成为"情结",便不能认作什么与"情操"不同而有区分的东西。所以我们见到,为使研究的结果得到正确的理论根据,成为可以依靠的学说起见,我们应该采用单德的情操学说,与其说"核心的情结",不如说特别出现在一种社会的家庭情操或宗亲系结。

对于父母、姊妹、弟兄等所有的多数态度或情操,并非生来孤立、互不依附的。家庭的有机不可分解的单一性,足使对于家庭分子所有的情操融化成彼此相联的系统。这是我们研究的结果显明证实了的。因此,"核心家庭情结"的说法,等于情操所协调的系统,或简单地说,等于特别出现在某种父权社会或母权社会里的多数情操的结晶。

第四编　本能与文化

第一章　由天然过渡到文化

本书前部主要讨论某种心灵分析的见解，大部结果是批评的：我们曾试着建树一项原理，说文化以前的状态之下，没有媒介物铸成社会制度、道德、宗教等；也没有记忆手段，保持传延已经成立的制度。文化不是能用一个动作或一刻时间创造出来的东西，尚未脱离天然状态的动物，不管戏法变得多么好，不能将制度、道德、宗教等，说变就变得成——凡真正了解这种事实的人，或都以为前面所有的结论没有驳辩的余地了。自然我们不能仅以否定为满足，也要肯定证明。我们不仅指出错误，也要说明实际的过程。为要达到这个目的起见，我们不得不将文化和天然两种过程的关系分析一下。

文化下面的人类行为与天然状态之下的动物行为有实质上的不同之点。不管文化怎样简单，人都支配着一套物质的家具、武器和家用动产；人在社会结构里活动着，一面受社会结构的帮助，一面受社会结构的制裁；人用语言与人交通，借以发展合乎理性，带着宗教巫术等性质的概念。所以人就这样支配一套物质所有物，生活在一种社会组织里面，用语言与人交通，被许多灵性价值的系统所牵动。这些或者就是我们通常区分人类文化成绩的四大纲目。所以文化显现给我们的，是成就了的事实。我们现在也清清楚楚地承认永远不能考察正在发生状态的文化。若为"产生文化的原本事件"制造假说，也完全没有益处。那么，打算对于人类文化的萌芽加以思考，或者说，打算不用任何荒杳的假说或不可靠的武断来研究文化的萌芽，则要怎样办呢？有一件要紧的事要作，那就是指出许多发展文化的因子在发展过程上所作的事，是哪一部份；这些因子在人类天赋的心理状态上，有什么变化；非心理的质素又能怎样影响这类赋与？发展文化的因子是互相扭结的，是实际互相依赖的。对于发展先后，我们纵然没有认识，没有表征；对于萌芽的一切玄想，纵然时间质素完全逃在我们的智力制裁之外，可是我们究竟还能研究因子的关联，得到很多的启示。我们不得不在发展圆满的文化里面研究这些关系，但可追溯到逐渐原始的形式。我们若能这么达到固定的依赖关系的方案,若在一切文化现象里面都有某种关联出现,我们就可以说,任何与这些定律相反背的假说都该判为无效。不但这样,一切文化过程定律若都表明某种因子有无上的影响,则我们必须认定这些因子也曾支配着文化的起源。在这种意义之下,起源的概念才不含着在时间上居先或在造因上有效的意义,不过指出:某种活动因子普遍地发现在一切发展过程,所以也必发现在萌芽的起点。

现让我们及早承认,文化的主要范畴必没有发生的次第,不能放到任何暂时序次的系统里面。例如人类能依传统的技术使用器具以前,必不会发生物质文化,因为我们知道,依照传统的技术使用器具,需要知识的存在。知识和传统若没有概念的思想和语言,便不可能。语言、思想、物质文化等就这样互相关联着,在每段发展的程序上都必得如此,所以在文化的萌芽时期也必得如此。再如生活的物质安排,如住所、家具、日常生活的工具之类,也都是实际关联物,都是社会组织的预备条件,炉旁和门限,不但象征地代表家庭生活,且在形成宗亲的结合上成为真实的社会因子。道德制造出一种力量,没有这种力量,人便不会与自己的冲动战斗,就是超过本能的禀赋都不可能;然而征服冲动乃是人在文化下面必须时刻去作的事,即用最简单的技术活动也罢。我们在这里所最关心的,是本能禀赋里的变化,因在这里接触的问题是受抑窒的天然驱策,受修改的冲动趋势,那就是"无意识"的领域。我要说,忽略研究人类本能在文化之下所起的变化,就是创设玄怪的假说解释烝母情结(Œdipus complex)的原因。我的目的乃在证明文化的萌芽就已包含本能的抑窒;烝母情结或任何旁的"情结"所有的要件,都是文化逐渐形成的过程必然发生的副产物。

为要达到这个目的起见,我该证明文化条件之下人类的亲子关系必要引起乱伦的试探(诱惑),这在直接受本能支配的动物的家是不易发生的情形。我也要证明,这些试探(temptations)不得不被人类尽量抑窒,因为乱伦与有组织的家庭生活是两不相能的。况且说,文化包含着不加强迫不能施行的教育。这种强迫的权威,在人类社会里面出现于家庭的就是父,于是父子之间的态度便引起被抑窒的仇恨及旁的情结质素。

第二章　家庭
——发生机的文化摇篮

本能反应的机械所有的根本改变，不能不按着我们现在追求的主旨加以研究，那就是家庭生活的原始形式和动物家庭过渡到人类家庭的过程。一切心灵分析的趣益都以人类家庭为焦点，著者所属的人类学派也以家庭为原始社会里面最重要的群体。① 下面即将动物社会和人类社会不同的求爱、交配、婚姻关系、亲子关系等比较一下；证明家庭在什么意义之下必要看作社会的细胞，看作一切人类组织的起点。

尚有一点，必须先行解决，以使我们的诊断得以便利进行。人类学家常要假定人类乃自一种好群的猴类发展出来，即由这等动物祖先传得即所谓的"类聚本能"(herd instincts)。② 然而这种假说完全不与这里的见解相容纳；因为这里说，共同的社会性乃因家庭系结扩张发展而来，没有任何旁的出处。尚未证明先于文化的类聚假说毫无根据以前，尚未证明文化所成就的人类社会性和天然禀赋的动物类聚性彼此大不相同的地方以前，即欲证明社会组织怎样由原始的宗亲群体发展而来，总算是白费事的。所以与其

---

① 这里和全书的意思一样，我以为人类家庭的范型形式，是建设在一夫一妻的单婚制度之上；这个意思是很清楚的。路义博士(Dr. Lowie)在所著《原始社会》(*Primitive Society*)（特别参考第 3 章）也相信单婚制广遍地推行在所有的人类社会里面。对于这项问题有个很有趣益而且关系重要的贡献，就是皮特-黎夫尔斯(Pitt-Rivers)在 1927 年出版的《种族的接触和文化的冲突》(*Contact of Races and Clash of Culture*)（特别参考第八章一、二、三各节；第十一章，第一节）。皮特-黎夫尔斯主张：在文化的低级，一夫一妻制有生物学和社会学的重要。我虽不完全采取他的见解，也承认这个问题不得不从他的观点重新讨论一番。不过我仍然以为，一夫多妻制的重要，乃是在乎能将上流阶级自下流阶级里面判分出来；多妻能使首领得到经济政治的优势，成为品级超越的基础。

② herd instinct 与 gregarious instinct 有人译作乌合性或好群。但，"乌合"两字已与"乌合之众"联想得很密切，乍离乍合，不类群居动物长时聚居的情形。"好群"两字，嫌在"好"字上引起有意识的心理状态，因为群居动物所以群居，并非因心理上的爱好，乃是莫知其然而然地度着群体生活。那么，"类聚"两字是比较合适的了，因为动物因类而聚，既非乍离乍合，也非故意集聚。——译者

论断的时候常常遇到"类聚本能",常常需要证明这个说法的不充分,不如先将错误见解讨论一番。

我以为讨论纯粹属于动物学的问题,看看先于人类的祖先是否大群聚居,禀赋了必要的内在趋向,能以动物的群体彼此合作,或者看看他们是否住在单纯的家庭,乃是闲得没话可说了。我们所要回答的问题,乃是社会组织的任何形式能否源于动物式的集聚;那就是,有组织的行为是否可以溯到动物好群的任何形式或"类聚本能"。

149　　现让我们首先讨论动物的类聚。因为组织的关系,多种动物都不能不多少有一些群体生活且用天赋的合作形式解决主要的生存问题;这是事实。对于这等动物,我们能说它们有殊特的"类聚"或"群居"本能吗?一切充分的定义必都以为本能是固定的行为样式与机体需求所要关联的某种体格上的构造互相凑凑,在全体种类里面都表示普遍一律的形态。动物几种借以求食与取得营养的殊特方法、交配、生育、教养子嗣等本能系统,几种运行发动的布置,原始攻守的手段——这些都是本能。我们在每种行为形式里面都能将本能关联到体格器官,关联到生理机械和殊特目的,说他在单独生存和种族生存等生物学的过程里面有普遍的运行。全种类的动物只要个体的机能和外界的境域能使本能发动,则每个个体的行动都有一致的姿态。

"类聚"到底是怎样的呢?分工,活动的总体制裁,团体生活的普遍结合,在昆虫或珊瑚虫之类较为下等的生活里面乃最显著,真是有趣的事〔参看著者"本能与文化"一文,刊印于 1924 年 7 月 19 日《自然》(Nature)杂志〕。只是不论在社会的昆虫里面或在群居的哺乳动物里面,我们都找不到体格上的一套器官辅助任何殊特的"类聚"行为。动物的团体行动,受到一切过程的帮助,包括一切本能,但不是殊特的本能。我们可以将动物的团体行动叫作内在的组合,看作普遍地修改一切本能的结果,以使同种的动物合150　作在最关重要的事务上。一切动物的团体行动都因内在的适应去合作,不是受社会组织的支配的,因为社会组织乃为人类所独有,——注意到这一层,颇为重要。上面所举的文章,已将这层说得更为圆满了。

由此看来,人类是不会承受类聚本能的遗传的,因为所谓类聚本能是什么动物都没有的;动物所有的,仅是散漫的"类聚性"罢了。倘若说人类承受的遗传也是这个散漫的类聚性，则显然就是说人类一种普遍的趋势就是用团体行为，不用单独行为，来进行某种适应；然而这种假定，对于任何具体的人类学的问题都没有多大帮助。就是假定类聚的趋向，也是完全错误的。因为，人到底真有任何趋向共同进行一切重要的行为吗？真有任何规定好的"类聚的"活动型吗？人固然能够无穷地发展合作能力，驾御数目日增的同辈去从事文化事业。然不管设想什么样的活动型，人也能够孤立进行工作，只要文化条件和文化型有了那样的要求就成。营养的过程和满足肉体欲望的过程包含各种活动，那就是觅食、打渔、耕稼等；或成群去作，或单独去作，既用个人的努力，也用集合的劳动。在种族的延续过程上，人也能够发展集合的性竞形式；群的许可与严格的个人求爱，是同时并有的。用集合方法来养育子息，最少也见于昆虫之间；然在人类社会里面，这种育儿方法，便不能找出同一的例证来了，因为人类社会是用个人亲父母的关心来照顾个人的孩童的。宗教和巫术等仪式，固有许多是共同举行的，然而单个青年加入社会的典礼，独寂的经验，个人的启示等等，也在宗教里面，是与集合的礼拜形式同样重要的。类聚的趋势，不但在人类文化型的旁的方面找不出痕迹来，即在神圣界也是找不出来的。① 由此看来，考究文化活动显示给我们的，并无任何种色的类聚趋势。实际上，我们越向上溯，越见单独活动有势力——最少是在经济工作上这样。这并不是说，那是很孤寂的活动；依我看，某位经济学家所说的"个人求食"期，② 乃是杜撰；即在低下的水平上，也是有组织的活动与个人的势力同时并进的。然而没有疑义，文化一经进步，个人的活动就在经济界里渐渐消减，被大规模的集合生产所代替。这就很易见出"本能"要与文化并进的说法，已是山穷水尽不能存在的了！

讨论所说的"类聚本能"的另一种方法，就是考究结合人类成为社会群

---

① 此点，著者已在另一种出版物说得详细，那就是倪待姆（J. Needham）于1925年所编各家选著的《科学宗教与实体》（*Science, Religion and Reality*）中的一章，为"巫术宗教与科学"（Magic, Religion and Science）。

② 此处所指，当系德人（Carl Bücher）所著《工业演化》（*Industrial Evolution*）一书，有 S. Morley Wickett 英译本。第一章"原始经济状态"，描写经济生活以前采取天然食物，饱则弃余的阶段。他说，既是每个小孩子都要有一个名字的，那么，我们就管这个时期叫作个人求食期吧。——译者

体的束缚性质怎么样。这些束缚,不管是政治的、法律的、语言的、风俗的,都是后天习得的;其实,那里很容易见到完全没有先天的质素。就说言语就将居在各种文化的水平线上的民族群体结合起来,与不能用嘴传达思想的人们显然不同。然而,语言完全是后天习得的机体习惯。语言并不根据任何先天的工具,乃是完全依赖部落文化和传统,那就是依赖同一族姓以内的质素的,所以不是殊特的天赋。还有很清楚的一点,我们不会由着祖先承受了"语言本能",因为他们永远不曾用过因袭的符号来彼此传达意见。

不管拿起怎样有组织的合作形式来,只要加以简捷的考察,都可见到根据文化的意匠和受制于因袭的则例的。经济的活动系用器具去作,依照传统的方法去作,所以联结经济合作的社会束缚,乃根据一套完全属于文化的间架。至于为战争而有的组织,以及为宗教仪式和执行公道等所有的组织,也都是这样。天然不会赋与人类以殊特的反应来应付意匠的事故,传统的典则,和象征的音声;因为理由很简单,这些对象都是在天然范围之外的。将社会组织的形式和势力加于人类社会的,是文化,不是天然。我们没有开火车头使机关枪的先天趋势,只是因为这些东西不曾为天然状况预测得到,可是人类属于生物学的结构,已形成于天然状况之下了。

人类一切有组织的行为,永远都是受任和天赋以外的质素的制裁的。在心理上说,人类组织是以情操为基础;情操就是复成的态度,不是先天的趋势。由技术上说,人与人的会合,永远都是与意匠、家具、工具、武器、物质施设等相关联的;这些,也都扩展到机械作用的天然禀赋之外。人类社会性,永远是一件混化物,是法律、政治、文化作用等交错物。这样的社会性,不仅是感情冲动的一致,相似地反应同一刺激,乃是依赖人为条件的存在的后天习惯。到后边讨论家庭由先天的趋势形成了社会束缚的时候,这一点当更显得明白了。

总结起来,我们可以说,人类显然不能不有共同行为;人类有组织的行为,就是文化的基石之一。动物的共同行为虽由先天的禀赋,可是人类的共同行为则由逐渐制成的习惯。人的社会性(sociality)是由文化创造出来的;倘若从前不过是类聚性(gregariousness),那就应该缩减,最少也要保持常量。事实上,文化的主要基础,乃在深刻地改变先天的禀赋,使大多数的本能都归消减,都被形成文化反应的那种可变而有制裁的趋势所替代。将这些反应加以社会的统结,就是这等过程的重要部份;然而社会统结的可能,乃是由于本能的一般的可变性,不是由于任何殊特的类聚趋势!

如此,我们就可说一句结束的话,没有任何人类组织可以说是起自类聚的趋势的,更不能说是起自任何殊特的"类聚本能"。我们也可证明,这项原理所必至的推论就是说家庭为人类直接取自动物的唯一群体型。然而在传递的过程当中,家庭已根本改变了原有的性质和成分,——虽说形式还是很可注意地保持着原样的。父母子女的团体、系统的永固、父子的关系,在人类文化的机体上,都与高等动物显示很易注目的类比。然而家庭在文化质素的制裁之下继续过渡着,人类以前的猴类绝对控制家庭的本能质素就变成一种东西——变成人类以前未尝存在过的东西了,那就是社会组织的文化束缚。我们现在所要研究的,就是本能反应成为文化行为的变迁过程。

第三章　动物游牝期和交配期与人类之比较

154　　试将动物成功求爱、结婚、家居等本能反应与相当的人类制度比较一下。试将类人猿的求爱和家庭生活每段所有的链结，逐段审察一番，看看人类有什么相当的去处。

　　猿类之间，求爱乃是起自牝性机体的变动；这种变动起自生理的因子，
155 能够自然发动牝性的性欲反应，①使牝性按着该种类所通行的有选择力的求爱型式去求爱。凡在影响范畴以内的牝性，都参加求爱行为，因为都被牝性的变化状态不可制止地引诱起来了。交尾期给牡性以自炫的机会，给牝性以选择的机会。凡在这个时期规定动物行动的因子，都为全种以内一切个体所共有。同种以内的个体，行动一致，使动物学家只用一套记录即可代表全种动物，但在另一方面，同类动物的异种所有的行动，则相差很远，必得用新的叙述代表每一种色。然而在同种之间，不管是单独的或不是单独的，彼此相差的程度，都微小无关；动物学家不加注意，也没有什么要紧。

　　人类学家也能将人类求爱交配等手段制成同样的公式吗？这是显然不可能的。打开任何关于人类性的生活的书籍，不管是蔼理斯、魏斯特马克、傅雷兹尔等卓越的著作，或是克老莱（Crawley）的《神秘的玫瑰》（Mystic Rose）里面精美的叙述，都可看见：求爱和结婚有不可胜数的形式，挑战和取悦的方式也是各式各样，而以不同的文化为转变的。对于动物学家，以种色为单位；对于人类学家，则以文化为单位。换句话说，就是动物学家所研究

---

① 此处著者颇欲介绍读者蔼理斯（Havelock Ellis）的《性的心理学之研究》（Studies in the Psychology of Sex，六本）。那个著作未曾忽略性的本能在文化下面属于生物学的调制，且用动物社会和人类社会之间的平行事件作重要的解说原理。关于达尔文的性择理论，如欲得到一种有趣益的评论，可由第3卷第22页看起（1919年版）。读者在这一卷也可找到关于性欲冲动的许多学说的通体批评。第4卷讨论性择作用；第6卷研究社会学一方面的性择问题。

的是殊特的本能行为,人类学家所研究的是文化形成的习惯反应。

我们再详细地考察一下。第一,我们知道人类没有交尾期;意义就是,任何时期男人都可求爱女人都可回应——这个条件,我们都知道,能使人类交合不致简单化。人类没有牝性哺乳动物那样在交尾时期的亢躁情形,不致有锐利不可制止的行为。然这含有人类社会任何近于杂配的意义吗?我们知道即在最淫荡的文化里面也没有"杂交"这样的事存在过,而且也不能存在。我们在各种文化里面首先见到的,都是许多界限分明的禁忌系统,性别不同的人,统统分开,使有择配的可能的全数范畴完全隔离。这些禁忌最重要的一点,是将通常接近的人完全划到交配的可能范围以外,使同一家庭的分子,父母离开子女,弟兄离开姊妹。这种禁忌的扩展形式在许多原始社会都能见到的,便是对于性交的更广泛的禁令,使全族群体都没有性的关系。这就是族外婚(exogamy)的律法。前者是所以保护家庭,后者是所以保护婚姻的。

但文化对于性的冲动并不只是消极的影响。每个地方社会都是求爱和爱情等引诱物同着禁令和隔绝等制度并行存在的。许多宴会的节令以及跳舞和个人炫示的时候,食品都被奢侈地耗费着;再加上取用刺激剂的时期,通例更是寻求性欲的标记。这等时期有大多数的男女会在一起,青年的男人也与当地群体里面家族范围以外的少女接触起来。通常的限制,多到这等时候就被解放,少男少女可以自由会见。实际上,这等节候是大自然界促人求爱的;所用的手段是刺激物、美术的钻求、兴高采烈的神情。①

所以人类求爱的标记,交配过程的发泄,不仅是用身体的变动来表示,乃是会合多数的文化影响来表示。这等文化影响,显然是在人身之上起有作用,激动内部反应,以去准备肉体的切近、精神的气度以及相宜的暗示的;除非机体有了性的反应的准备,文化影响是不会使人交配的。然我们所有的,不是自动的生理机体,乃是复杂的文化配合,故有两点应该注意:(一)人

---

① 蔼理斯(H. Ellis)在"性的周期性"(Sexual Periodicity)那编论文里面,有丰富的材料,叙述人类动物等定期配合(mating),见第 1 卷(1910 年版),特别是第 122 页以后。也可参看魏斯特马克的《人类婚媾史》(*History of Human Marriage*)第 1 卷,第 2 章。

类不仅具有纯粹生物的发泄机体,而且具有心理生理两面的混合过程;世俗、空间、形式等情形都是文化传统所规定的;(二)与这混合过程相联并且辅助这种过程的,有文化的禁忌制度将性的冲动大加制裁。

现试探寻游牝期对于某种动物价值都是什么?人类缺乏游牝期又有什么结果?一切动物族类之中,交配都有选择作用,两性都有比较和选择的机会。牝牡两性都有机会炫示自己的美丽,使动引致的作用,竞着为对方所选。颜色、声音、体力、斗争的技巧,凡此都是体壮机全的征象,都足规定上选与否。择配也是天择必不可缺少的作用;倘若没有择配的办法,族类必要退化。机体演化的进程越高,这种需要也就越大;最下等的动物,简直连配偶都用不着。所以人类这样最高等的动物没有失掉择配作用的需要,这是很为显明的。实际上,相反的设想,说择配作用是人类最迫切的,乃更容易近于真理。

然游牝期供给动物的,不仅是选择机会,也将性的趣益加以范围与限制。在游牝期以外,性的趣益都是退避起来的;性的竞争、奋斗、沉醉等,在动物的日常生活里面都被免掉。试想跟着求爱同来的敌人危险和身体内部的破碎力量,则见性的趣益避免于寻常时期,专注一定的短小时期,对于动物族类的生存,乃是极关重要的了。

观于以上各节,人类没有游牝期具有什么意义呢?性的冲动并不限于任何节候,不为某种身体过程所支配;若仅论到生理的势力,那就更是任何时候都可影响男女的生活的。性的冲动在任何时候都可推翻一切旁的趣益;倘若任着冲动的自由,就会恒常地影响一切束缚,使之解放。性的冲动,既可使人沉酣,不顾一切,就要干涉人类一切常态的事务,败坏一切社会的雏形,且在内部发生混乱,自外面招致危险。我们知道,这并不是非非之想,亚当夏娃以来,大多数的纷扰都是性的冲动作了渊源的。它是大多数悲剧的原因,不管我们所遇的是在今日的实事,或是过去的历史神话和文学作品。然而纷乱事实的本身,就已指明有些势力是在制裁着性的冲动;人并不是对于自己不可满足的欲望容易投降的,乃是创设了藩篱,制定了禁忌;而且藩篱和禁忌的势力非常之大,大得等于天命的力量。

我们要注意,这等在文化下面调节性欲的藩篱和器械,与天然状态下面的动物的保障，是大不相同的。动物的本能赋与和生理变动，能将牝牡置于一类境地；至于自拔于这种境地的方法，也是不得不靠自然冲动的简单作用的。论到人，我们已经知道，制裁乃是来自文化和传统。我们在任何社会里面都能见到，限制人的规律使男女不能自由地屈服于性的冲动。这些禁忌是怎样起始的，利用什么力量去实行，我们不久就可见到。暂时只要我们清清楚楚地切实觉到，一种社会的禁忌不是起自本能，乃是时时与某种内在的冲动相反，就算够了。我们在这里显然见到，人的赋与不与动物的本能相同。人类固可什么时候都有性的反应，然而也要屈服于人为作用，来限制这种反应。人类虽然没有自然的身体过程，使活泼的性的趣益在男女之间得到一定的发泄，但使这个冲动出现的，则有对于求爱的多数引诱物。

现在我们更要正确地叙述，我们所说的本能的可变性（plasticity of instincts）究竟是什么了。与性的趣益有关的行为状态，人类只以目的为依归；人类必有选择力的求配，不能杂交。另一方面，这种冲动的发泄，对于求爱的引诱，对于一定的选择所有的动机，都以文化布置为断。这等文化布置不得不遵从某种线道，以与动物的自然赋与相平行。人类文化必有选择的要素和独占的保障，尤其必有不使性欲恒常地牵制平日生活的保障。

人类既不因为求爱而有依照生物学的规定的发泄与生理的变动，所以人类本能的可变性，是以没有这种情形来作界范，而常与文化要素所规定的性的行为有关联的。人类本来赋有性的趋势，但要受到文化系统的陶冶。文化规则的系统，则是在两种社会不必相同的。循着我们现在研究的程途就可更准确地见到这些规则可以不同到什么程度，与根本的动物模型离得多么远。

第四章　婚姻关系

160　我们试看生命的普遍的罗曼状态，考察罗曼状态的阶段。我们更看婚姻的系结——那就是人与动物，古石器时代的穴居人和超人猿两面平行道路所要走到的生活。动物的婚姻（特别是猿类的婚姻）实在包含着什么东西呢？交合是求爱行为的顶点，由交合而牝兽受孕。妊娠一来，游牝期就行告终；游牝期一经告终，牝兽便对旁的牡兽失掉性的引力。然而与她交合的牡兽是她选中的，是她投诚的；所以对于他，牝兽的性的引力并不因为妊娠而停止。根据我们所有的材料，很难确说，天然状态的高等猿类受孕以后是否还要交媾。牝兽对于旁的牡兽失掉引力，惟独她的配偶依然依傍着她；这个事实，乃是动物婚姻的系结。牝牡两者对于新的情形有殊特的反应，彼此互相依傍着，一同居住着，牡性对于牝性又加以保护、帮助、调养；这等趋势，都

161　是制成动物婚姻的内在要素。所以这种新方式的生活包括一种新的行为型，那就是本能锁链的一种新的环。这种新的环或可适宜地叫作婚姻反应，以别于性的反应。动物的缔结既不根据不可遏抑的游牝热，也不根据牝性的忌妒，更不根据牡兽所有的普遍占有的要求，乃是根据一种殊特的内在趋势的。

我们一入人类社会，就要见到婚姻系结的性质完全不与动物相同。第一，性的缔结行为并不成功婚姻。结婚须有一种礼仪认可的殊特形式，而且这种殊特形式的社会行为又与上章所说的禁忌和引诱不同。我们在这里，有一种殊特的文化的创造行为，那就是两人之间加上一种新的关系的认可或印记。这种关系保有一种势力，并不源于本能，而是源于社会的压迫。这是超乎生理系结的新的约束。这种创造的行为尚未执行以前，婚姻尚未经过文化形式的奠定以前，一男一女也可交配，也可同居；他们爱多少次，爱多久，也都可以；但是他们的关系仍旧与社会所裁成的婚姻有主要的不同。因为人类没有内在的婚媾摆布，所以他们的系结没有生理的保障。又因社

会也没有加以裁成，所以文化认可也没有加强。实际上，任何人类社会里面，凡未经相宜的社会认可而要度过结婚生活的男女都是要多多少少地受到苛罚的。

所以，人类婚姻在区区动物的本能调节以外，又加上新的力量、新的要素，以为辅助（那就是实际社会的干涉）。不用说这种认可一经得到，两人一经结婚，就不但可以，而且必须完成这种人的关系所包含的一切义务，一切生理、经济、宗教、家庭等义务。我们已经见到，人类婚姻的缔结不是区区本能驱策的结果，乃是复杂的文化引诱的结果。然而婚姻一经社会打上印记，便来了多数的义务、系结、相互关系等，被法律、宗教、道德等认可加以保护。在人类社会里面，这等关系通常是可以解离的，是可以与另一个对手再行缔结的；但是在某种文化里面，这种手续永远不易办好，离婚的代价简直就使离婚不能实现。

我们在这里清楚地见到本能的节制和文化的决定两者之间的不同。动物的结婚是受选择作用的求爱所引诱，为简单的妊娠行为所完结，为内在的婚媾依恋所维持；人类则受文化要素的引诱，为社会认可所完结，为各种社会压迫的制度所维持。我们更不难见到，文化的工具与天然的本能，在作用方面都是一样的；所用的手段虽属完全不同，所达到的目的则属一致。高等动物是需要结婚的，因为怀孕越长，怀孕的牝兽和新生的兽犊就越难以独立，越需要牡兽的保护。牝兽所有的内部规定的婚媾系结，对于所采的配偶的妊娠，有反应的作用，有完成族类的需求的功用，所以是种族延续上实际不可免掉的系结。

人类的妊娠期仍然需要亲爱关心的保护者。但内在的机械已经消失，因为我们知道大多数的社会，不管是在高等文化的水平线或是在低等文化的水平线，除非受到社会的强迫（社会强迫结婚契约的执行），男性对于后嗣概是不欲担负责任的。不过每种文化都已发展某种力量，存在某种布置，与动物所有的本能驱策有同样的效用。所以婚姻制度在根本的道德、法律、宗教各方面，必不要看作直接产自动物的婚媾趋势，而要看作那种趋势的文化代替品。这种制度在男女两方加上一种行为型，在应付人类的需要上密切地相当于动物的内在趋势所应付动物族类的需要。

我们以后就可见到，文化系结夫妇的手段，乃是将夫妇的情绪范铸起来，组织起来，并将个人态度加以制造。这种过程，我们以后尚有机会详细研究；我们在这种过程里面，可以见到人类系结和动物系结实际不同的地方。动物所有的是一串勾结起来的本能，彼此替代；人类行为则为一项组织圆满的情绪态度所限定（心理学的专名叫作情操）。动物所有的是一套生理的刹那和机体以内所发生的事件，而且每件都规定一项内在的反应；人类则有一项继续发展的情绪系统。两位有望的情人初会以后，渐进的迷恋、趣益、情爱等即协同生长，跟着养成一项逐渐发展、逐渐丰富的情绪系统在那里，持续和一致是快乐谐和的关系所需要的要件。加入这样复杂态度的，除了内在的反应以外，尚有社会的要素，如道德的规则、经济的期望、精神的趣益等。婚媾情感的后方阶段本为求爱的进程所规定。然在另一方面，两个有望的爱人的求爱和个人趣益，又为将来的婚媾和婚媾的益处所有的可能加上色彩，期望的要素里面有将来的反应来影响现在的布置。我们在那里，在记忆和经验的影响里，在过去、现在、未来等恒常的适应里，见到人类的婚媾关系表现着自然继续的生长过程，这不是一套见于动物的分划判然的阶段。

我们在全体过程里面，都见得到以前的阶级所已见到的本能的可变性；文化下面的机械虽与生理的布置大不相同，可是社会范铸人类婚媾规则所用的通体形式，则清清楚楚地遵从天择作用指示给动物族类的道路。

第五章　父母的爱

求爱、交配和妊娠都使人和动物走到同一的目的；那就是后嗣的诞生。对于这件事，无论前于人类时代的族类和有文化的男女，同样都有相似的反应。事实上，生产的事实在初见之下，可以引作人与动物完全尚未分别的机体事件。母亲的关系通常都被看作人猿整个挪到人类地位的关系；有生物学的规定，没有文化的规定。然而这个见解并不是对的。人类的母亲关系，本有很大的程度是受文化因子的规定的。人类的父亲关系，在另一方面，虽似完全没有生物学的基础，然也可以证明是在天然的禀赋和机体的需要上根深蒂固的，因此我们在这里不得不详细比较人类的家与动物的家，叙述其异同之点。

动物的生育使配偶两方的关系起有变化——即因一个新的分子进到家里来了。母亲立刻向这新的分子起反应：吮舐着，恒常地看着，用自己的体温暖着，用自己的乳乳着。最初的母亲看顾含有某种解剖学上的安排。如有袋动物的袋和哺乳动物的乳。母亲见到子嗣出现既起一种反应，子嗣方面也有一种反应——实际上，这或许是最无疑义的本能活动的一种。

人类的母亲也禀赋了与旁的哺乳动物相似的解剖学上的作用，在身体、受孕、妊娠和小儿生育上，都有一套相似的变化。小儿一经产生，凡在动物的身体上可以找到的情形，也可以在人类母亲的身体上找得到。她那因乳汁而涨起来的乳房，她那招引小孩去吮呷的冲动，都是与婴儿的饥渴同样原本、同样有力量的。婴儿对于暖适、平安的地方等需要，与母亲抱抚婴儿那样极强极挚的欲望，恰恰会在一起，以与母亲对于儿童幸福的柔情和挂虑相关联。

然而，无论文化怎样高或怎样低，人类社会的母性没有只有生物学的赋与或内在的冲动的；我们已经见到的决定两个爱人的关系并制定两个配偶的义务的文化影响，也在陶铸母子的关系上起有相当的作用。这种关系自受孕的时候就已变成与地方社会有关的事务。作母亲的要遵守禁忌，履行一定的风俗，经过仪节的手续。这些东西在高等社会里面，大部份（然不完全)是被卫生和道德的规范所替代的；然在下等社会,则属巫术和宗教的领域。但是这等风俗和教训,都以尚未降生的儿童的幸福为标准,母亲为胎儿的原故,不得不经仪式的手续,忍为不适足的状况。怀孕的母亲因为预期将来的本能反应,所以被人加上义务。她的义务走在感情的前面,她的将来态度乃被文化所指导,被文化所准备。

胎儿生产以后,传统关系的设施并不减少势力和活动。净化的典礼,使母子与社会隔绝的规律、施洗的仪式、本族接受新婴的礼仪,都在母子之间创造殊特的系结。父系和母系两种社会都有这样的风俗。依惯例,母系社会对于这些的布置更为繁重,母亲与孩子所有的接触更为密切；不但起初是这样,以后也是这样。

所以我们不用言过其实就可以说,文化是在传统的律令上重复加重本能的驱策的。更精确地说,就是文化预期了本能的统治。同时,所有的文化势力又不过是使天然趋势有所保障、扩充和分化罢了；天然趋势盼咐给作母亲的,是去温婉地哺乳、保护并且看顾子息。

我们如将动物社会和人类社会的父子关系比较一下,则在人类中间很易发现文化的质素,不易发见什么本能赋与的存在。其实,最少是在高等文化里面强加婚姻约束的需要,不管实际和理论,都是因为作父亲必须受到强迫才去看顾子女的。通例上,一个私生子没有机会受到生父的看顾能像正出的子女所受的那样；正出的子女所以受到看顾,又大部份因为那是父亲的义务。这个意思是说人类没有天赋的父性趋势吗？证明人类的父亲赋有一定的冲动,本属可能,不过父亲所赋与的不足建设天然的父性,只足作为风俗所要形成父性的原料罢了。

试先观察高等哺乳动物的父性。我们知道牡兽是不可缺少的,因为长期的妊娠、哺乳、教育幼兽等关系,都使牝兽和幼兽需要有力而关心的保护者。与这种需要关联起来的,有我们在前一章所说的婚媾反应。这种反应既已引着牡兽看顾怀孕的牝兽,并不因为牝兽生产而减弱,乃是适得其反,反应加强,发展成一种趋势,去使牡兽保护全家。两配偶间的婚媾依恋,不得不看作促成父亲依恋的生物学的中间时期。

说到人类社会,则知这等需要不但没有减少,而且变得更强。怀妊和哺乳的妇人不比她的猿人姊妹不需帮助；她需人帮助的程度是与文化俱进的。孩童所需的更不只是动物婴期的普通看顾，不只是哺乳、抚抱和某种天然趋势的教育，且也需要最简单的社会即不可避免的语言、传统和手艺等教训。

我们能够设想人类由天然时代过渡到文化时代男性的根本趋势在新的境地之下比以前更属迫切的时候，会渐渐地减轻或渐渐地消灭吗？这等设想，与一切生物学的定律都相反。实际已被人类社会里的一切事实完全否认了。人既与妻同居，保护她的妊娠，执行产期的一切责任，则其对于子嗣的反应，乃是出自冲动的趣益和柔挚的系恋，当属毫无疑惑了。

因此，我们就在文化的布置和天然的赋与两种运行之间，见到一项有趣味的差异。文化借着法律、道德、风俗等形式强迫男性走入一种不得不屈服于天然形势的境地，那就是不得不保卫怀孕的妇人。文化更用种种方法强迫男性分享女性在孩子身上预期的兴致。男性一旦被迫入这种境地以后，对于子嗣所起的反应便有不可变易的强盛兴致和积极感情。

说到这里，又见着很有趣味的一点。所有的人类社会里面——不管在性的道德的形式上，在胚胎学的知识上，在求爱的模式上，彼此怎样不同——都普遍地见到一项正出的规则（the rule of legitimacy）。那就是说，在所有的人类社会里面，女人都被强迫先行结婚而后怀孕。一个不经结婚的女人便怀孕生子，各处都是看作羞辱之事的。① 本书所叙述的梅兰内西亚一带最自由的地方社会，也是这样。凡我们所知道的社会，没有不是这样的。我在人类学的文字里面找不到一个单例，说那里社会所有的私生子（未结婚的女人所生的子女）会与正出的子女享受同一的社会待遇，并有同一的社会地位的。

正出规则的普遍设定，在社会学上有重大的意义，但尚未受充分的承

---

① 魏斯特马克在《人类婚媾史》(History of Human Marriage, 1921年版，第1卷，第138—157页)征引原始人民以婚前守贞见称者约近百数。然许多征引对于这个事实都没有很一定的证据。因此若说某种部落"男人或女人的守贞是被宝贵的"，或说"该部落很重视贞操"并非证明结婚之前没有性交。然而在我们看来，这种证据极其重要的地方，乃在它唯一具体地指明了设定正出规则的普遍性。所以征引的例子之中，有25件不是关于贞操，乃是禁止不结婚的女子怀孕。20件以上的旁的例子所指明的，不是非法的性的关系不存在，乃是这等关系一经发现，即依该部落的规定，或遭谴责，处罚锾，或被强迫而结婚。实际，论到贞操，纵然尚嫌证据不足，论到正出规则的设定，则是通行极广，已足证实了我们的论点。看来这两个问题，是应该分清的。

认。这个意义就是：一切人类社会里面，道德的传统和法律都宣谕着说：只有妇人和子嗣的群，在社会学上不是完具的单位。文化的统治到这里又与天然的赋与完全一致，它宣示人类的家庭不但要包括女人，也要包括男人。

文化在男性的情绪态度里面，对于此点，也找到了现成的反应。父亲在所有的文化阶段里面永远都是关心子女的；这种关心，不管会在父系社会里面怎样理性化，但在母系社会里面则是永远一样的；母系社会的子女不但不是父亲的继承者，甚而通常不被认为父亲所出。① 即在多夫制度的社会里面，虽说关于谁为生身之父的认识和趣益完全不可能，然被选择居在父位的人也对这种义务发生感情的反应。

倘若进而探询父职的本能趋势所有的作用，必然很有趣味。母亲所有的反应虽然是被肉体的事实所规定的，她所喜爱而且关心的东西，乃是她在子宫里面所创造的孩子。至于父亲，若说一方面有精虫输入卵子，则他方面即有情操的态度，恐怕不会有这样的关联吧；我以为决定父亲情操态度的唯一因子乃在父亲同母亲的怀孕期共度的生活。倘若真是这样，我们就会见到怎样需要文化的命令去激动（并组织）男子的情绪态度，怎样先天的赋与为文化所不可缺少了。单有社会势力，不会在男性身上加到这么多的义务；倘若没有强有力的生物赋与，便不会执行这等义务而有这样自动的情绪反应。

参入父子关系里面的文化质素，密切地与决定母性的文化质素相平行。父亲通常都要与母亲共守禁忌，或者至少也须持守一些另外的禁忌。与小孩的幸福有关的一种殊特禁令，就是不与孕妇性交的禁令。在母亲生产的时候，父亲也有应该奉行的义务。最著名的就是"库维德"［即产翁制（couvade）］②；这种风俗使丈夫蒙受产后的病态和无力等征候，使妻子照顾日常

---

① 参看著者在 1927 年发表成"心理杂志小丛书"（Psyche Miniatures）的论文，"原始心理与父性"（The Father in Primitive Psychology）。

② "产翁制"或译作"父孵式"。《中华全国风俗志》下篇第 10 卷第 40 页载藏苗"妇娩三日，即出昏作；而夫坐辱，啄苞不出户，率以为常。"又陈莲塘纂《唐人说荟尉迟南楚新闻》载："南方有獠妇生子便起，其夫卧褥，饮食皆如乳妇，稍不卫护，其乳妇疾皆生焉。其妻亦无所苦，炊爨樵皆自若。"又云越俗："其妻或诞子，经三日便澡身于溪河，返其麾以饷婿。婿拥衾抱雏，坐于寝榻，称为'产翁'，其颠倒如此。"按：獠乃川、陕、滇一带"西南民族"；越即今浙江福建。此条系吴文藻教授见示者。——译者

的事务。这种风俗固属证实父性的极端形式,可是有些相同的办法使男人分任妻子在产后的担负或者最少也要执行与她同情的行为,则在一切社会都是有存在的。将这种风俗型放到我们的论断系统里来,并不觉得困难。就是这个显然没有情理的"库维德",也给我们表示一个深刻的意义,表示一种必需的功用。倘若人类家庭包括父母两者,是在生物学上有高大的价值的;倘在那里有传统的风俗法则等建立父子之间的密切道德的社会形势的;倘若风俗法则的目的乃在引导男人注意子女的;则使男人模仿母性的产痛和病态的"库维德"便有伟大的价值,而且给父的趋势预备了必需的刺激和表现了。"库维德"和一切类似的风俗,功用都在加重正出的原则,那就是因为孩子需要一个父亲。

我们在这里的一切,又都遇到问题的两方面。单有本能,永远不会规定人类的行为。阻止人类适应任何新的形势的死板本能,是对于人类没有用处的。本能趋势的可变性,是文化进行的条件。然而趋势摆在那里,不是可以武断地改变的。母性关系的性质虽为文化所规定,种种担负虽为传统由着外面强加,但是传统与文化都与天然的趋势相一致;因为都注重父子系结的密切,都将父子分开,使父子互相依赖的。我们在这里所注意的是:这些社会关系,好多都有预期作用,给父亲准备了将来的感情,预先告诉他将来所要发展的反应。

父性,我们已经见到,不能只是看作社会的安排。社会的质素不过是将人类放到可有情绪反应的地位,指定一套行为,以便父的趋势得以表现出来罢了。因此,我们既已见到母性不但是生物的而且也是社会的,便须确定地说:父性也受生物质素的规定,父性的形成也与母的系结有密切的类比。在这里的一切,与其说文化侵犯天然的趋势,不如说文化注重天然的趋势。文化同旁的质素,重将家庭造成我们在天然状态之下所已见到的那样。文化实在是反对不受约束的。

第六章　人类家庭的坚持性

哺乳动物的家族生活,常要超过子嗣的生产时期,凡是越高等的,则照顾子嗣的时期便越长。孩子逐渐成熟,更需父母的看顾和训练,所以父母不得不继续同居,以便看顾孩幼。然而在动物族类之中,没有保持一生的家。小辈一能独立,立刻离开父母。这是与族类的需要相为一致的,因为任何联合,苟非具有殊特应尽的功用,都会同着相当的系结去给动物加上笨重的担负的。

然而在人类方面,则更来了新的质素。除开天然所指定,风俗和传统所保障的温婉顾抚以外,又有文化教育的质素。人类所需要的教育,不但是训练本能使它们发达完满(有如动物教练采食和殊特的运动那样),乃是更要发展多数的文化习惯;文化习惯为人类所不可少,就如本能为动物所不可少一样。人须教给孩幼手艺、艺术、行业等知识,语言和道德文化的传统以及构成社会组织的仪则和风俗。

这里的一切,都需要两代之间殊特的合作;即老一代的递传传统,幼一代的接承传统。我们在这里,也见到家庭为文化发展的作坊,因为继续传统(特别是在低级的发展程途上),是人类文化上最关重要的条件;然而继续传统又是要靠着家庭组织的。要紧注意的,就是这种功用(传统的继续维持)对于人类家庭与传种的功用乃系同样重要的。人而除掉文化与文化而除掉人类以相传递,其不能生存的情势,两面正同;较新的心理学更告诉我们:人自家庭以内所得的初步训练,在教育上的重要,全为旧式学者忽略过去了。家庭的势力既在现今还是这么大,则当文化的初期家庭制度为人类唯一的学校的时候,教育虽属简单,然更需要高级文化不必要的大纲式的布置和命令式的力量,则其势力当更强大,乃是可以想像而知的。

我们在文化借以继续维持的父母教育的过程里面得到人类社会最重要的分工形式——那就是给人指引和遵从指引以及优越文化和低劣文化两方

所有的分工。教育——注入技能智识和道德价值等过程——需要一种殊特的合作。不但父母要有教训子女的趣意,子女要有受教育的趣意,且在两面要一种特别的情绪布景。一方面须恭敬、皈依、信任;另一方面则须温和、自信、诲人不倦。训练而无权威和景仰,便不会成功。真理虽已启迪,榜样虽已摆布,命令虽已颁发,倘若没有一切纯正的亲子关系所特有的乐意和服从、爱抚和权威等殊特态度以为后盾,即不会达到目的或得以遵从。这等相互关联的态度,是亲子关系间最属困难、最属重要的事务。儿子与父亲之间因为少者精力奋发,事事出头,老者则保持守旧的权威,所以建设永久的敬慕态度实属困难。因为母亲是子女最亲近的保护人,最爱怜的助伴,所以母亲对于子女的初期关系,通常没有困难。儿子对于母亲的关系倘若继续和谐,应该保持一种皈依、敬慕、屈服的精神;然而生命的阶段一经进展,就有旁的引起纠纷的质素了。这等质素,已在本书的前编有所提及,以后不久更要加以讨论。

长成的动物,很自然地离开父母。人类则需要更为耐久的联结——这是不成问题的。先说子女的教育就将子女绳束在家里,超过成熟期很久。甚至文化教育的终点都不是子女离开父母的末后表征。为文化训练而有的接触,耐时尚要很久,尚要建成更进一步的社会组织。

即在成年的个人已经离开父母,建立了新的家室,还与父母有积极的关系。一切原始社会,不管母党或部落,没有例外,都为家庭系结逐渐延扩而组成。秘密结社,图腾单位,部落群体等所有的社会性,都固定地建设在求爱的观念上,借着权威级原则以与当地居处相关联;然在这里的一切,仍然要与起初的家庭系结勾结一气。①

我们所以要记录家庭的根本重要,乃在一切较广的社会群体和家庭之间存有这样实际经验的关系。个人在原始社会里面,都是根据对于父母的关系和弟兄姊妹的关系所有的模式,建设一切社会系结的。这也是人类学家、心灵分析学家、心理学家,完全一致的一点[若将莫尔根(Morgan)及其

---

① 我不能在这里对于此点多加实证。我为"国际心理丛书"所准备的《宗亲心理》(The Psychology of Kinship)将要多加论列。

门徒的玄怪学说置在一旁的话〕。所以家庭系结的耐力超过成年期,就是一切社会组织的模式,也是一切经济、宗教、巫术事务等条件。这个结论,已经见于前一章;我们在那里考察了所说的类聚本能,见到群居类聚(herding)既没有本能,也没有趋势。然而社会系结倘若不能归溯到前于人类的类聚性,必是承袭动物祖先的唯一关系有了进展的结果,那就是丈夫与妻子之间,父母与子女之间,以及弟兄与姊妹之间所有的关系:简单一句话,就是未经分离的家庭关系。

事实如此,所以我们见到耐久的家庭系结和相当的生物文化等态度不但因为继续传统而必不可少,即在文化的合作方面,也不能缺少。动物和人类的本能赋与或属最深的变动也在这项事实里面有所登录;因为人类社会的家庭系结超过成熟期,并不是依照动物所有的本能模型的。我们不能再说先天有可变的趋势,因为家庭系结既不在动物里面超过成熟期,便不能属于先天。而且,终身的家庭系结在利用和作用两方面都是受文化的支配,不是受生物需要的支配的。与这点相偶对的,我们见到动物里面没有维持家庭超过生物学上有用的时期的趋势。但在人类,则有文化创造新的需要——即亲子的密切关系终生继续的需要。这个需要一方面受文化的每代相递嬗的支配,另一方面则受终生继续系结的需要的支配,形成一切社会组织的模式和起点。家庭这个生物学的集群,是一切宗亲的水源木本,借正出的则例和遗传的则例,来规定子嗣的社会地位。这种关系,可以见到,永远不会与人没有作用,乃是保持恒常的活动。所以文化给人类系结创造一项动物界里没有畴类的新型。然而我们也要见到,文化超过本能赋与和天然则例等创造行为,就创造了人类的严重危险。两类强大的试探,一种是两性的试探,一种是反抗的试探,都在文化解脱了天然状态的时候即刻兴起。于是有功于人类初级进步的群体,兴起了人类的两大危险,那就是乱伦试探和犯上趋势等危险。

第七章　人类本能的可变性

我们现在即将乱伦试探和犯上趋势来详加讨论。在讨论以前,应将以上数章所比较的人类与动物两种家庭的大概,从速温习一下。我们见到,两种家庭,在外形上,普通的行为道路,都是平行的。第一,在人类地方社会和动物族类里面,都有一种有界限的求爱行为,通常受到时间的限制,保有一定的形式。第二,有选择作用的配合促成限制严格的结婚生活,以单婚(一夫一妻)制为通行的模型。第三,动物和人类都有父母之职,都有同样的看顾和担负。简单一句话,就是动物和人类所有的行为形式及功用,都属相似。用选择的配合、婚姻的独享、父母的看顾等绵延族类,既是动物本能的主要目的,也是人类制度的主要目的。

我们又会见到,同点以外,还有显著的异点。异点不在目的,乃在达到目的的手段。动物进行选配行为,维持婚姻关系,建立父母照管子女的习惯等所有的手段都是完全出自先天的赋与,以解剖学上的安排、生理的变动、本能的反应来作基础的。同一族属的一切动物,对于这些,都有一套相同的模式。在人,则手段不同。人类固然也有求爱、偶配、照顾子嗣等普遍趋势,固然也与动物的趋势有同样的力量;然而这等趋势在全体人类里面不再一劳永逸地制定分明了。天然的界限已经不见,已经被文化的限制所替代。人类的性欲冲动是永久活动的,既没有游牝期,也没有女性在游牝期,以后自然取消性的引力的作用。人类不但没有天然的父性,就是母性关系,也不仅为先天反应所制定。我们所有的,不是正确的本能要素,乃是支配先天趋势的文化要素。凡此一切,都在本能和生理过程及可能的改变之间含着深刻的变动。我们管这种变动叫作"本能的可变性"。本能的可变性包括上述的全套事实,指明人类已经消失多种宣泄本能的生理质素,但在同时出现了传统的训练,使先天趋势变成文化反应。这些文化的安排,我们都已具体地分析过。那是禁止乱伦和奸淫的禁忌,配偶本能的文化的宣泄(不只是夫妇偕合的实际引诱,更是这等道德和理想的标准——婚姻系结的合法赞许),以及支配父母趋势、表现父母趋势的命令。我们知道,这等文化同时并在的决定要素,都是密切地跟随天然加到动物行为的一般踪迹的。然而详细节目,如求爱、婚姻亲职等具体形式,则与支配人类行为的文化势力等相互为变;不再仅为本能,而为传统教成的习惯。人类有法律的社会赞许、舆论的压迫、宗教的心理赞许、互惠条件的直接引诱等代替本能机械式的自动的驱策。

这样,文化并不使人走到任何违反自然的程途。男人仍要向有望的配偶求爱,女人也仍要加以选择然后委身。两人仍要互为伴侣,很有准备地接受子嗣,加以看护。女人仍要生产,男人仍要与她同处,加以保护。然而,凡此一切,都有惊人的多种模式,来代替本能赋与加到某种动物一切个体的单纯固定的行动。本能的直接反应,乃为传统的则例所替代。风俗、法律、道德、规则、礼仪、宗教价值等都走到求爱和亲职的一切阶段里面。然而人类行为的主要途径,乃是不变地与动物行径的本能相平行的。调度动物偶配的一套反应,乃是组成原型,以备人类的文化态度逐渐开展,逐渐成熟的。现在我们即将动物本能和人类情操等过程更为详细地比较一下。

第八章　由本能到情操

我们在前一章已将动物家庭和人类家庭的组织比较出要点，提出纲要来了。人类反应消失了一定的生理路标，增加了文化的制裁，于是形成一个复体，形成一个多变之体；初次看来，似乎只是引起混乱和纠纷而已。然而实际并不这样。第一，我们见到人类家庭对于配偶的多变的适应是向一个方向简单化了。人类系结，在性一方面，以结婚为终极；在父母方面，以终生耐久的家庭为终极。两方面情绪都集中到一定的对象，或夫妇、或子女、或父母。因此，在人类情绪态度的生长过程里面，似以单个绝对的显著为第一特点。

实际上，就在我们自下等动物界递升到高等的时候，已可看见这个趋势了。下等动物的雄精，常是广播散漫的；雌性卵子的受精，乃是完全假手于天然的媒介。但在演化的程中，个人的均势、选择、适应等，都逐渐展进；一到最高等的动物，便得圆满发达。

然而在人类，这等趋势乃被一定的制度加以改变与补充。即如择配一事，便为多数的社会因子所制定。有些因子将多数的女性摈斥到界外，旁的因子则指出适当的伴侣或约定一定的配偶。某种结婚形式里面，个人系结完全为社会质素所树立，如婴期订婚或社会预作的婚姻就是。然而无论制度怎样，两方面都可因求爱、婚媾、看顾子女等事逐渐建立绝对的个人系结。经济、男女、法律、宗教等多数趣益都在配偶两方面互为他方人格所震摄。法律和宗教对于婚姻的赞许，我们已经知道，是在两者之间建立一个终生都有社会强迫力的系结的。所以情绪适应对于人类关系乃为某一起始，常是片面而不联结；后乃逐渐成熟，变为私人的情爱；结婚的共同生活又将情绪和趣益大加丰富，趋于复杂；等到子女一旦降生，这种情形便更属明显了，感情的对象经过情绪适应所有的多变的情形的时候，它的恒久性与个人生命上的深刻把握都继续增加。这等系结不易破裂，通常是兼有心理和社会两方面的守御力量的。例如蛮野社会和文明社会里的离婚或亲子之间的冲突都是个人的悲剧、社会的不幸。

183 人类家庭系结里的情绪虽说时常迁变，虽说依照环境而改变（例知婚媾之爱能够限定愉悦、恐惧、动情的方向，以及旁的爱情和忧虑），虽说常是繁复，但永远未被单一的本能绝对制服过；并不是混乱或没有组织，乃是安排成一定的系统的。夫妇或亲子之间的相互态度，并非偶然。亲属关系的每种模式都支配某种社会目的所需要的情绪态度；每种态度都依组织情绪的一定方策逐渐生长。如夫妇关系的情操即因性欲逐渐醒觉而有萌芽；它在文化里面未曾只是本能的刹那。不管是在低级的文化，是在发展较高的文明，许多因子如自我趣益、经济引诱、社会地位等，都足使女子见悦于男子，或男子见悦于女子。这种趣益一经发动之后，动情的态度就不得不为社会通行的传统习惯所有的求爱程式逐渐建筑起来。依恋态度一经造得之后，结婚的决定便立刻促成第一个契约，建设多多少少在社会学上有所规定的关系。也就是经过这个时期，婚媾系结才有准备。婚姻的法定系结，通例都将性的质素还居要位的关系变成共同生活的关系，于是情绪态度也不得不改组。我们所要注意的是，一切社会谚语笑话资料所采的题材（由求爱到婚媾的过程）都叙述一定而困难的态度更有新的适应：人类这等关系里面，虽说性的质素还未取消，求爱的意念还未抹掉，究竟不能不统摄进来完全新的

184 趣益和新的情绪了。新的态度的基础，是困难境域已经养成的个人宽容和忍耐，所以必得放弃性的引诱，才能形成新的态度，初年生活的性欲快感，所有的初恋和感激，保有一定的心理价值，形成晚年感情的独立部份。我们在此点上，见到人类情操的一项重要质素，那就是将已往的忆念挪到后时的作用。我们即刻就要分析母子和父子的关系，指明那里也有使着情绪逐渐成熟、逐渐组织起来的同一系统。与肉体关系相联络的，常有一种独出的情绪态度。夫妇之间不可免掉性欲，就像不可免掉个人的引诱，性情的投契等相联系结那样。求爱的情操质素和初获爱情的热度都须陶冶成较为冷静的情爱，使夫妇互享伴侣之乐，终生不倦。共同的工作和共同的趣益足将二人合在一起互理家政，所以那些质素也须与共同工作和趣益调和起来才行。一个谁都知道的事实就是：求爱与性的同居之间，此期与后期婚媾生活更较丰

满的共同存在之间,结婚生活和父母生活之间,每个过渡都会造成危机,多所困难、危险及失谐。这些都是态度经过殊特的改组情形所有的起点。

我们见到这个过程里面的动力乃是根据先天的驱策而来的人类情绪和社会因子之间的反动。我们已经见到,一个社会的组织有经济、社会、宗教等理想印在男女性欲的倾向上面。社会组织借着族外婚、种姓界限(caste division),①或精神训练等规例,将某种配偶摈出界外;且因经济的企慕、崇高的等级或超越的社会地位等虚荣心理,笼住旁的配偶。父母和子女的关系也有传统来指定某种态度,甚或预期那种态度所属的对象(在对象还未出现的时候)。社会的手段在孩子发育着的脑力起作用时,更是特别重要的。教育,特别是在简单的社会里面,无取乎显然灌输社会、道德、智力等原理,只在逐渐发长的心灵上加以文化环境的影响就是了。所以孩童学习种姓、等级或族党界限等原理所取的方法,乃是他所实际经过的回避、优权、皈依等具体情形。儿童心理印上了这样的理想以后,及到性的趣益起始发动的时候,禁忌、引致、正当求爱的方式,以及如意婚媾的理想等,早已胸有成竹了。这样逐渐灌输理想并且加以铸范的,不是成就在任何神秘的空气之中,乃是根据多数制定圆满的具体影响;此层我们要着实觉到才好。我们倘若回到本书前面的观念,考察农耕的欧洲或蛮野的梅兰内西亚的单个个人生活,就可见到孩童受教于父母的家庭的时候,要怎样受父母的谴责,受年长人的舆论,并要怎样因为受了他们对于他的行为所有的反应,便有羞促之感了。因此创出端正和邪僻的范畴,要回避在禁的亲属,接近旁的亲属,并且对于父亲、母亲、母舅、姊妹、弟兄等情感有细密的腔调。这等文化价值的系统最末、最有势力的间架,就是居处、坐落、家用动产等物质摆布。例如梅兰内西亚个人的家庭居室,未婚人的宿舍,父方婚姻(patrilocal marriage)②和

---

① 译 caste 为种姓,乃是取自《佛经》的成译。种姓与阶级(class)不一样。阶级的不同,是因为经济地位不一样;这一阶级里的人可以走到那一阶级,只要个人和机会条件弄得合适就成。种姓的不同,则因生在某种门阀世第而定,个人不能有所选择。——译者

② 女人住在男人那里的婚姻,有人译为嫁婚制。但在母系社会里面,这种移到男人那里去住的办法不与父系社会的女人出嫁在男人的家里相同,故宁直译作父方婚,以免父系社会里面的人对于"嫁婚制"有许多错误的联想。与父方相对待的社会学的名词是母方(matralocal),有人译为赘婚制。——译者

母权制的布置，都一方面联络于村落、室家和地域的界限，他方面联络于训令、禁忌、道德律令和感情的多种情态。我们由此可以见到，人在法律、社会、物质等布置上面是逐渐表现情绪态度的；这些安排也更反过来，范铸人的行动和人生观的发展，影响人的行为。人依文化态度来装塑环境，相因而来的环境也更产出模式的文化情操（即态度）。

此层使我们知道一个要点，使我们见到人类的本能为什么必须变得可以改变，内在的反应为什么必须变成态度或情操。

文化是要直接靠着人类情绪能有多大程度可以训练、适应，并且组织成繁复可变的系统的。文化极顶的效能能成就机械的事物、什器、运输的器具，适应空气风土的方法，使人战胜环境。然而这些事务必须有传统的知识和应用什器的手艺加以辅助，才算有用。人类怎样适应物质器具，每代都得重新学习。但这学习或知识的传统并不是仅用推理或本能的赋与就会进行的过程。知识每代相传，实在包含困苦和努力，包含上辈对于下辈那种用之不竭的忍耐和慈爱的精神。备办这种精神上的基金，不过部份地靠着天赋，因为一切显制情绪的文化行为都是人为的、笼统的，不曾备有内在的驱策。换一句话，即维续社会传统是需要个人的情绪关系，使多数反应训练成复杂态度的。父母能有多大程度担负文化教育，乃要靠着人性能有多大程度与文化和社会的反应相适应。所以按着某一方面说，文化是直接靠着先天赋与所有的可变性的。

人与文化的关系又不仅是个人之间递嬗传统。最简单的文化，也是没有合作便不能进行的。我们已经见到，家庭以内的系结延长起来，超过严格的生物学的成熟期，乃是一方面为文化教育留地步，一方面为同工（那就是合作）留地步。动物的家庭自然也有分工异事的雏形，主要的是：在母性看顾子嗣的某种时期，有父性供给食物，其后更有父母共同保护共同营养等设备。然而在动物界里营养对于环境的适应和经济分工的方法都是僵硬的。人类可因文化，适应范围很广的经济环境；他控制环境的手段，不是僵硬的本能，而是发展殊特的技术和经济组织以及适应某种殊特的饮馔所有的能量。纯粹技术方面以外，同时还要相宜的分工和适当的合作。这就显然在不同的环境之下能有不同的情绪适应了。夫妇两方面，是有不一样的经济义务的。北极的环境里面,备食的主要担负,是落在男人身上的;更原始的农业民族,则以妇人担负家庭食物的大部责任。与经济的分工相联络的,有宗教、法律、道德等不同,交叉在经济工作里面。社会威望的引诱,配偶作实际助手的价值、道德、宗教等理想,都是要大大地影响这个关系的。有了适应配偶父母等关系的可能和变化,家庭才会适应实际合作的种种条件,才会使这种合作适应文化的物质设备和天然环境。至于我们能够具体地将这等依赖关联根究到多大程度,则不在现在讨论的范围以内。我在这里所要加重的就是这个事实:一种动物所恃以发展第二环境,适应不易应付的生活的外界条件的,只有可变的社会系结以及足以适应的情绪系统,才能发生作用。

我们从这里的一切,都可见到人类家庭的基础虽是本能,可是越受经验和教育的范铸,越使这些系结接受文化传统的质素,便越宜于多变而繁复的分工。

我们在这里所说的关于家庭的话,显然也可用到旁的社会系结。然而旁的社会系结适与家庭系结相反,对于本能的质素几乎可以完全不管。结婚和家庭在理论上的重要与实际上对于人类的重要,乃是两相平行的。家庭不但是生物系结和社会系结的锁链,也是一切较广的关系所要依据的模型。社会学家和人类学家越将情操和情操在文化条件之下的形成以及情操与社会组织的关联等研究得进步,便越近于原始社会学的正当了解了。若将原始的家庭生活,原始的求爱、风俗、族党组织等作个原原本本的叙述,也许偶然间会使社会学摒除"群体本能"(group instinct),"类的意识"(consciousness of kind),以及"群心"(group mind)那一类的社会学的口头万灵药的。

凡熟习近代心理学的人,自然都很清楚:我们倘要抽绎出原始社会学的理论,就不得不改造一项关于人类情绪的重要理论,不得不补充单德(A. F. Shand)所发挥的理论。单德定然可谓是当代最大的心理学家之一;他第一次指出:我们若在人类感情的分类上并在制造情绪生活的定律上希望得到见得着的结果,必得预先切实觉到人类情绪并非浮游在空中,乃是集中在多数的对象的。人类情绪集中于这些对象,便成为一定的系统。单德在所著《品格的基础》(*The Foundations of Character*)已经定下多数决定情绪的组织成为情操的定律。他已指明,必是研究情绪的组织,才可解决人类性格的道德问题。我们在这里的论断可将单德的情操学说引用到社会学的问题上面;也可证明,若将动物反应过渡到文化反应的过程作个正确的分析,便能完全证实他的见解。人类依恋异于动物的本能的几个要点就是:对象是能优制情势的,情绪态度是有组织的,这等态度所有的建筑是能继续并且结晶为永久可以适应的制度的。我们对于单德学说的扩充,就是指明形成情绪要怎样联络社会组织和人类对于物质文化的处理。

单德在人类情操的研究上举出来的一个要点就是:组成情操的重要情绪,并不互相独立,实有某种倾向,趋于排拒和抑室。我们依次的分析就要详述两种模式的关系(一方面是母与子女的关系,另一方面是父与子女的关系),且可显示出逐渐清除(gradual clearing off)和抑室的两种过程,那就是某种质素借以在情操发展的时候不得不离开情操的过程。

我们在这里也要加说一句,单德的情操学说实与心灵分析有很密切的关系;两者都研究个人生命史具体的情绪过程;两者都独立地承认,我们必得研究人类感情的实际形体,才会达到满意的结果。那些心灵分析的开山学者,倘已知道单德的贡献,必能避掉多数玄学的陷阱,必能认清本能是人类情操的一部份,不是玄学的实体,而必能给我们一个更为具体、更少神秘的"无意识的心理学"(psychology of the unconscious)。另一方面,傅罗易得(Freud)也有两个要点补充了情操学说。他是清清楚楚地指出家庭为形成情操的场所的第一个人。他也证明,形成情操,有避免和清除等过程是极其重要的;在这种过程中,抑室的手段,乃是显著的危险根源。然而心灵分析学家归与内心(endo-psychic)监察的抑室力量,则可因现在的分析放到一定更为具体的布景里面。抑室力量,就是情操本身的力量。抑室力量乃因贯澈原则(principle of consistency)而来;贯澈原则,则是每项情操有用于社会行为所必具的东西。恨与怒等消极的情绪及对于父母的权威的皈依和对于文化指导的敬畏信托等态度,本来是不相容的。倘若母子的关系要与家庭以内的自然分工保持谐和,就不容性欲质素有所羼入。我们在下一章就会谈到这等问题了。

第九章　母权与乱伦试探

乱伦禁令的"起源"这个题目，是人类学里讨论最多而且最感烦困的问题。这个问题是与族外婚或婚姻的原始形式以及对于更远的杂婚等假说，联在一起的。我们丝毫不必疑惑，族外婚是确实与乱伦禁令相联的。族外婚不过是乱伦禁忌的扩大，恰如氏族制度及其亲属的类别，不过是家庭及其宗亲的状态加以扩大那样。我们不必讨论这个问题，因为我们在这一点上，是与魏斯特马克（Westermarck）和路义（Lowie）等派的人类学家相一致的。①

为使根基清楚起见，我们顶好记着：生物学家都一致地说，乱伦的结合对于族类并不发生病害影响。② 在天然状态之下，乱伦若是正则地发生，有害与否乃是学理上的问题。天然状态之下的幼小动物，一到成熟期便离开父母的群了。在交尾期以内遇着哪个牝兽，就和哪个交配。乱伦行为，最多也不过是间或发生的。所以动物的乱伦既没有生物学上的害处，也显然没有道德上的害处。况且说我们也没有理由去设想动物之间会有任何殊特的试探。

乱伦对于动物，固然没有生物学上的危险，没有殊特的试探，所以动物也没有本能上的预备，避免乱伦的行动。然在人类，则与动物相反；我们在一切社会都可见到，最强烈的避障和最根本的禁令，都是对待乱伦的。这一点，我们即试加解说：既不用说什么原始的立法行为，也不用说什么同一室家的人对于性交有殊特的反感；只将乱伦禁令看作起自文化下面的两种现象的结果就是了。第一种现象，是在组成人类家庭的手段之下发生严重的乱伦试探。第二种现象，是因为有了乱伦的趋势，所以殊特的祸变便与性的试探同时发生在人类的家庭。关于第一点，我们不能不赞同傅罗易得，反

---

① 参较魏斯特马克的《人类婚媾史》(History of Human Marriage) 和路义的《原始社会》(Primitive Society)。著者有些附添的论断，要在即将出版的《宗亲》(Kinship) 中提出来。

② 关于内婚的生物性质，可参考皮特-黎夫尔斯 (Pitt-Rivers) 的《种族的接触和文化的冲突》(The Contact of Races and the Clash of Culture) 1927 年版。

对魏斯特马克的著名学说。魏氏乃是假定先天的倾向避恶与同一室家的人有性交的行为。然而我们假定文化之下发生乱伦的试探，并不跟着心灵分析来说：婴儿对于母亲的依恋实际是性的依恋。

193　　这个或者是傅罗易得在《性说三贡献》里面试着建立的主要旨趣。他要证明，一个小孩对于母亲的关系，特别是在吃乳的行为上，实际是性的关系。换句话说，结果便是男性对于母亲第一项性的依恋，常例是乱伦的依恋。引用心灵分析的话来说，"这个立别度（libido）①的固定"存在于一生，是必被抑窒的乱伦试探的根源；这种恒常试探，也就形成烝母情结（the Œdipus complex）的两种成分的一种。

我们不能承受这个学说。婴儿与母亲的关系，实际与性的态度不同。规定本能，不可只用内省的方法，或只分析苦乐感情等级调；规定本能，顶要紧是用本能的功用。一个本能多多少少总是一定的先天手段，使个人借着一定的行为形式反应于某种殊特的情境，以便满足一定的机体欲望。吃乳与母亲的关系，唯一是根据营养的欲望。孩子用身体贴附母体，也是要满足求温、求保护、求指导等肉体欲望。孩子不能仅恃己力与环境相周旋；他借以活动的唯一媒介既是母亲的机体，他自然要本能地贴附他的母亲。肉体的引诱和贴附，在性的关系里面所有的目的，是要办到成功怀孕以前所有的结合的。这两种先天趋势（母子的行为和交配的过程），每种都有范围广大的预备行为和归结行为，表现着相似的地方。然而两种趋势的界限是清楚的；一套行为趋势和感情是被用来完成婴儿不成熟的机体，以得营养、保护和温暖的；另一套的行为，则是使用性的器官去交合，以便产生新的个体。

194　　所以，我们不能接受傅氏那样简单的解答，以为乱伦的试探乃是由于婴儿和母亲之间的性的关系。两种关系所同具的快活感觉，是每个成功的本能行为的结局。快活的指数，不能划分本能，因为快活是一切本能所共有的质性。我们纵然不得不为两种情绪态度设定不同的本能，但尚有一个质素是两者所同具的。母子的关系与性的关系，不仅赋与了一切本能所共有的快活阶调，而且也有一个来自肉体接触的快活感觉。孩子对于母亲的机体

---

① 以性欲为人生活动的根本动力。——译者

所有的自然活泼的驱策,乃是要恒常贴附于母亲的身体;表皮的接触越密切越好,特别是孩子的嘴唇和母亲的乳头的接触。性的驱策的预备动作和婴儿冲动的终极动作,两间的类比是很可注意的。两间的分别,主要是在作用的不同;两种驱策所有的终极动作,也有实际的异点。

两方面的部份相似,有什么结果呢?我们可由心灵分析借个原理,那就是心理学普遍承认的原理:即晚期生活的经验,没有不由婴儿期激起类比的记忆来的。我们由单德（Shand）的情操学说也可知道,人类生活里的情操态度包含着情绪的逐渐组织的过程。对于这些,我们尚有加说一句的必要,那就是:情绪记忆的继续作用和一种态度依他种型式逐渐构建的作用,合起来便制成社会系结的主要原则。

我们若将这种说法引到爱人之间形成性的态度的过程上面,则见性欲关系的肉体接触,必有一个激动力很大的反省,来影响母子的关系。爱人的缱绻与母子的依恋不是仅用同一的媒介（表皮）,不是仅用同一的行动（拥抱、蜷卧和最大限度的个人接近）,而且也有同一的感情型式的。所以新的性的驱策型式,定要激醒早年母子关系的同样经验的记忆。然而,这些记忆与一定的对象联在一起,终身保持在情绪趣益的前面。一定的对象,就是母亲其人。情爱生活所引入的关于母亲的激动记忆,直接与虔敬、皈依和文化的依赖等态度相反;渐长的童子已用那些态度将早年的婴儿依恋完全抑室了,此时乃又被新的情爱生活激动起来。情爱欲望的新型和新的性欲态度,脆脆地与早年记忆混在一起,有破坏已经对于母亲构建好的情绪系统的危险。已经构建好的情绪系统（即态度）已经为了文化教育的目的变得渐少性欲,渐多精神和道德等依赖,渐多实际事物上的趣益,已经联络于以母亲为家室中心的社会情操之上了。本书的前几章,已经说到儿子与母亲的关系,怎样在这个时期受到云雾的笼罩,怎样不能不将情操重新改组。个人的心灵,就在这个时期发生强烈的抵抗力;对于母亲所感受的一切性欲,全被抑室下去,下意识的乱伦试探,则因早年记忆与新的经验相混合而暗暗形成了。

这个解说与心灵分析不同的地方,就是因为傅罗易得假定自婴儿期就持续着对于母亲的同一态度,我们则要证明初年与晚年的生理驱策,只有部份的相同。我们以为这样部份的相同,实际是由于形成情操的手段。这就是动物没有乱伦试探的理由；人类新的情操的反省力量，实为乱伦试探的原因。

我们现在不得不问，这种试探因为什么在人类则有危险，在动物则无害处呢？我们已经见到人类情绪发展成有组织的情操，是社会系结和文化进步的实际要素。单德已经使人信服地证明过，这等情绪系统，乃是受制于一定的定律的：即彼此必须和谐，成为互相一致的情绪，组成容许合作及继续混化的情操。再看家庭以内母子之间的情操在早年起始的感官依恋，就是将两方面系到深刻的先天趣益的依恋。然而这个情操，到了以后便不得不变了。母亲的职务是教育、指导、执行文化的势力和家庭的权威。儿子逐渐发育不得不用皈依虔敬等态度来反应这种形式。在成童期（那就是断乳以后、成年以前心理学上认为成长迅速的时期），虔敬、依赖、恭敬等情绪和强力的依恋，必须是儿子对于母亲的关系的领导阶调。这个时期也须经过（而且完成）一个解放并且断绝一切肉体接触的过程。这个时期的家庭，实际是文化工厂，不是生物工厂。父母都在训练孩子独立，使他走到文化的成熟时期；父母的生理任务，这时已经完了。

这种情形之下，乃有乱伦的倾向作为破坏的质素。凡因性欲或情爱的试探而有的对于母亲的任何接近，都足破坏原来费力经营成就的虔敬关系。与母亲交配，就像一切旁的交配行为一样，不得不预先采用求爱和完全不与皈依、独立、虔敬等态度相容纳的行为型式。况且说，母亲不是自己独处的，已与另一男人结了婚。任何性欲的试探，都是不但完全颠覆子与母的关系，也要间接地颠覆子与父的关系的；那就是使积极的敌对关系，来代替完全依赖和以诚服为典型的和谐关系。所以，我们倘若赞同心灵分析家，以为乱伦定然是普遍人寰的试探，则要见到乱伦的危险不仅是心理的危险；任何类乎傅罗易得的原罪的假说，都不能解答这种危险。乱伦必须厉禁，乃因为（倘若我们对于家庭及家庭在形成文化上的任务分析得不错的话）乱伦与文化初基的建设不相容纳。任何型式的文明，倘若所有的风俗、道德、法律等都容许乱伦的事，则家庭就不会继续存在。那么一来，家庭一到儿童的成熟期就要破裂，社会就要完全混乱，文化传统也就没有继续的可能了。乱伦的意义，就是年龄分别的颠倒、辈数的杂乱、情操的解组、任务的剧变等等都在家庭正是重要的教育媒介的时候，一齐出现。这种情形之下，是不会有社会的存在的。相反的文化型式，排除乱伦的文化型式，乃是与社会组织和文化存在相一致的唯一型式。

我们解说的样子，与爱蒂金参（Atkinson）和安住郎（Andrew Lang）的见解是实际一致的（以为乱伦的厉禁是最初的法律）——虽然我们的论断与他们的假说是不相同的。我们与傅罗易得也不同，因为我们不能承认乱伦起自婴儿的先天行为。我们有一点与魏斯特马克也不同，因为我们不以为憎避乱伦是自然冲动（魏氏说自婴期即同居室的人有不欲互相交配的简单趋势），但以为那是文化反应的复杂计划。我们已将乱伦禁忌的必要性溯源于本能赋与的变化，那就是必与社会组织和文化相平行的变化。若乱伦成为行为的正当状态，则不会存在人类之间。因为乱伦是与家庭生活不相容纳，且要解组家庭的根本基础的；因为那样，一切社会系结的基本模式（子与父母的正当关系）便都要全被破坏了。性的本能必要避开这些情操的任何结构，因为性的本能是最难控制，最与旁的本能不相容纳的。所以引入乱伦的试探的乃是文化，乃是因为有建设永久有组织的态度的需要。所以文化在一种意义上是人类的原本罪恶。这种原本罪恶，在一切人类社会里面，都是用最重要、最普遍的规律来取赎的。就是这样取赎，乱伦的禁忌还在人的终身加以侵凌，就像心灵分析已经显示给我们的那样。

第十章　权威和抑室

我们在前一章主要关心的是母子之间的关系，在这里则要讨论父子之间的关系。我们在这里的讨论，对于女儿的注意，简直是绝无仅有。不过，按第九章讨论的结果，乱伦在父女之间是居次要地位的；母女之间的冲突，也不那样显著。在任何方面，一切关于母子和父子的话，都可不甚改变，只是规模较小地引用到父子之间的关系上。所以傅罗易得学派说爱笛帕斯（Œdipus）[①]悲剧所叙述的儿子对于父母的关系，都要重新显露头角；这一派的话，在人类学上是很对的。傅罗易得甚至反对将伊雷克特拉（Electra）[②]和爱笛帕斯并列；这等歧视的办法，我们也不得不赞成。

以前讨论父子的关系的时候，我们已经证实这种关系有本能的基础。人类家庭需要一个男子与动物家庭需要一个牡性是同样切实的；一切社会，都将这个需要表现在正出原则（principle of legitimacy）上；依照正出原则，家庭是需要一个男人作守卫人、保护人、执政人的。不是正出的孩子（如私生子），便在社会上享受不到这种利益了。

悬测动物父性的职任以作人类家庭以内的权威的根源，是不会有结果的事。动物父性不易变成暴主，因在幼小动物需要它的时候，它还保有一宗天然的基金，足够温和忍耐的；当它对于小动物没有用处的时候，它们就要离开它了。

然而在文化条件之下，是不可缺少父的权威的，因为父母后来不得不与小孩同居以达文化训练的目的；在这种当儿，维持家庭以内的安宁，在什么样的人群都是需要某种权威的。这种集群不是根据生物的需要，乃是根据

[①] 书内译 Œdipus complex 为烝母情结，是取希腊神话爱迪帕斯杀父娶母的故事。——译者
[②] 希腊神话的女脚色，以助弟惩母复父之仇著名。本书译 Electra complex 为仇母情结。——译者

文化的需要,所以缺乏完具的文化调度,含有阻力和困难,需要某种强有力的法定的赞助。

但父亲或旁的男人后来固然有权威以达文化训练的目的,然而其初期的职任则完全不是这样。动物家庭的初期,有牡兽在旁边保护怀孕和哺乳的牝兽;人类家庭的初期,就像动物家庭一样,父亲也是个守卫和看护,不是拥有权威的男人。当他分守孕妇的禁忌,分享孕妇的幸福的时候,当他被她的孕期所羁留的时候,当他抚育婴儿的时候,他的宗教权和法定权都不发生作用。第一层,他在这时必须办的,乃是义务,不是权利。他执行这些亲密的职务,有好多地方不得不作妇人的事务——常有颇不冠冕的情形——或在某种事务上必须帮她的忙。然而同时,他竟被排斥到外面,屈服于可笑可耻的态度——有时地方社会也就这么想——任着他的妻来执行人生的义务。一切这种情形都如我们屡加注重的那样,作父亲的都以顺从快意的仪度去做;通常都是乐于执行自己的职务,关心妻子的幸福,喜欢她小孩的。

全套的风俗、观念、社会模式等都因文化加在男人身上,清清楚楚地关联到他对于家庭的价值,对于当时族类的功用。父亲行事要像亲爱、和善、谨慎的人,要以妻的机体活动为转移,都是因为他在这个时期所有的保护,所有的温婉情感,足以成为妻与子的有能干的守卫。所以文化行为的目的之在人间,有如先天赋与的目的之在动物族类之间,都是要形成保护者的温婉态度,使男性保护怀孕的伴侣与孩子的。不过保护态度,在文化条件之下,必须为时较长——超过幼孩的生物成熟期——且将一个颇较重大的担负加在情绪温婉的初始赋与之上。我们在这里,也见到动物家庭和人类家庭实际不同之点;动物家庭因为生物学上停止父母看顾的需要而解散,人类家庭则必须延长下去。文化下面的家庭在生物学的作用以后尚需起始一种教育过程;只有父母的温婉、爱和看顾,在教育过程里面是不够用的。文化训练,不仅是逐渐发展先天的能量。教练艺术知识以外,文化训练是尚需建设情操态度,灌输法律风俗,并且发展道德的。凡此一切,都含着儿子和母亲的关系所已见到的质素,那就是禁忌、抑窒、反面命令一类的质素。教育,就是要建筑人为的繁复的习惯反应,并将情绪组成情操的。

我们已经知道,实行这种建设,是借着舆论和道德感情等多方面的显示,使发育着的孩子接触到道德压迫的恒常影响的。建设人为的习惯反应,要在一切之上靠着物质要素所形成的部落生活的间架,那就是孩子在里面逐渐发育的生活间架;孩子在部落生活的间架之下,足以将冲动范铸成多数情操模式。但这种过程,需要一种有效的个人权威的背景;孩子就在这里起始分辨社会生活的女性方面和男性方面。看顾他的妇女们代表较为亲近的影响,代表家庭温婉及孩子可以时常寻觅的帮助和安慰。男性方面则逐渐变为强力、野心、权威等原则,使人懂得不太亲昵。这种分别,显然只在婴儿的初期以后才始发展;那时,我们已经知道,父母是尚在行着同样的事务的。那时以后,母亲虽然不得不偕同父亲训练小孩,教育小孩,但是仍然继续着温婉的传统;父亲则在大多数的情形之下,最少也要供给家庭以内最低限度的权威。

然而在某种时期,男孩子是会离开家庭涉身世界的。在有入社仪式(initiation)的地方,孩子加入社会要经过正式的仪式,那就是繁缛殊特的制度。在礼仪之间,便将新的法律和道德讲解给人世的新手,使他知道权威的存在;部落的情况也教给他,时常用困穷和灵试(ordeals)等方法印入孩子的身体。由社会学的眼光来看,这样的仪式乃是使孩子脱离家庭的荫护,投诚于部落的权威。没有这种仪式的文化,教育过程是渐渐布散的;然而权威的质素,永远也不会不存在。男孩子是逐渐被允许或被怂恿着离开家庭,避免家庭以内的势力,得到部落传统的教训,投诚于男性的权威的。

然而,男性的权威不一定就是父亲的权威。我们在本书开篇已经指明这等男孩对于父的权威怎样投诚,并且采取什么方法了。我们在这里再用现在的术语,来加以叙述。凡将权威放到母舅的手里的社会,父亲都可继续作为儿子的家庭助伴和朋友。父亲对于儿子的情操可以简单直接地发展。初始的婴儿态度可以逐渐继续地同着童子期和成熟期的趣益渡到成熟的境地。父亲在后期执行的任务,不与生存的初期完全不同。权威、部落的野心、抑窒的质素、强迫的手段等都联络于另一情操,集中在母舅的身上,建筑在完全不同的线道。由着形成情操的心理(我在此处必须引用单德)来看,那两种情操的发展(每种都很简单,得到内部的和谐)显然要比父权制度之下建筑父的关系容易到不可限量了。

父权制度之下，父亲的职任是联络于两种质素之上的；每种质素，都在建筑情操上，创造好大的困难。凡将纪认后嗣的办法与某种显著的父亲权势（patria potestas）联络在一起的地方，作父亲的就不得不在强力和权威上采取最高仲裁者的地位。他不得不逐渐放弃温婉保护等朋友的职任，而采取严格的判官和忍心的法律执行者的地位。这种变迁，在态度的情操以内含有针锋相对的东西，有如母亲的情操以内有性欲和虔敬等相反的态度那样。关于这一点，或许不必再加申论，不必再去指明将信任和抑室的势力、温婉和权威、友谊和规律等勾结在一起，是怎样困难的事了；因为凡此一切，我们都在本书的前部详细讨论过的。我们在那里也曾说过，即使没有一定的父亲的权威，也有与父权一定联在一起的另一方面；因为父亲难免有时失势，为儿子所替代。他的势力纵然能够加以限制，他还是老一辈的主要男人，代表着法律、部落的义务和抑室的禁忌；代表着迫力、道德和限制人的社会力量。若在此将抑室的态度建筑在温婉的情感反应那样初始的关系上面，也是不容易的。凡此，我们都已知道。

然在这个地方将这类认识放到论断里面，则是颇关重要的；父亲对于子嗣的关系，在人类家庭的发展上，不是根据孩子成熟以后即便脱离家庭，终止关系的先天反应，乃是必要发展成情操的。这种情操的基础，是生物学规定的父亲反应的温婉之情；但在基础以上，又建筑一项苛求、冷酷、强迫等抑室关系。作父亲的必须实行强迫，必须代表抑室力的源泉，必须变成家庭以内的法王和部落规律的执行官。这样的权势，将父亲由着温婉的态度，亲爱的婴期守卫的态度，变成有势力，时常觉得可怕的专制君主。所以这样矛盾的情绪所要构成的情操，必是十分困难的。然而人类文化不可缺少的，乃是这种矛盾质素的结合。父亲在初期生物学上是家庭所不可缺少的分子，职务是保护子嗣。这种温婉的天然赋与是家庭使他关心并且依恋子嗣的资本。然而在这种场合，文化又不得不利用这项情感态度，将完全不同的模式职务，只因他是家庭以内年纪最长的男人，便加在他的身上；因为孩子（特别是儿子）发育起来的时候，教育和家庭以内的紧凑与合作，都要求个人权威的存在，维持家庭以内的治安，监督家庭以外的部落法律的遵守。父亲的困难地位，我们能够见到，不只是男性的苛忌、老年的坏癖气以及性欲的忌妒等结果，就像大多数的心灵分析的作品似乎已经表示的那样；他的困难，乃在担当两种工作的人类家庭所有的实际深刻的情形：人类家庭，一方面，必须持续族姓的绵延；另一方面，又须保证文化的继续。父的情操同他的保护和强迫两方面的职务，是人类家庭以内两种职务不可避免的关联物。怸母情结的实际态度及儿子父母之间两面同值的温婉之感和排斥作用，都是直接根据家庭由着天然渡到文化的发育过程的。解答这些情况，用不着特立假说。我们本来可以看着这些情况由人类家庭本身的结构里面涌现出来。

只有一条道路可以避免那些集中在父亲关系的危险，那就是将父亲所有的显然照例的质素放在两人身上。那是我们在母权社会看到的办法。

第十一章　父权和母权

我们现在可以讨论父系后嗣和母系后嗣的烦难问题了；这两方面的问题，在普通是甘脆地（但较不正确地）叫作父权和母权。

只要我们清楚地说出"母权"和"父权"等说法并不含有权威或权势的存在，我们就可采用这两个字眼，没有看成较母系更雅致的危险；因为"母权"和"父权"实与母系和父系相等。关于母系父系两原则，我们普通问的是这一套的问题：二者谁更"原始"呢？二者的"起源"都是什么呢？二者都有一定的时期吗？大多数关于母系制度的学说，目的都在将这个制度与起初杂交的存在联在一起，以为不明谁为父亲，结果才有用女性来纪认宗亲的必要。[①]"永变的父亲"(pater semper incertus)这种论文，充满了许多卷论原始道德宗亲、母系制度等书籍。

批评界的常例，是在反对大多数的学说和假说的时候，以概念的定义和问题的问法为起点。大多数的学说，都以为父权和母权是互不相容，非此即彼。大多数的假说都将两者之一放在起始，将其余的一个放到文化的次期。例如原始社会学上最大的权威之一哈特兰德君，就以"母亲为社会的唯一基础"（前所引书第 2 页），确说母权之下"纪认后嗣与宗亲，都绝对自母亲起算"。这种概念，贯串这位著名的人类学家的全体著作。我们在他的著作里面见到母权是自存的社会制度，包含着社会组织各方面，制裁着社会组织各方面。哈氏的任务是要证明"追溯人类宗亲最初可考，最初有系统的方法，非得凭着妇人不可；凭着父系的纪认乃是以后的发展"（第 10 页）。然而值得注意的，乃是证明母系居先父系居后的哈特兰德的全体著作，都使我们不变地遇着这个陈述：永远有个母权和父权的混合体。实际上，哈氏有这样一项总结的话——"普遍全世，都有父权统治和父系宗亲恒常侵入母权制

[①] 参看哈特兰德(E. S. Hartland)的《原始社会》(*Primitive Society*)，1921 年，第 232 页及他处。

度；所以母系制度也发现在任何等级的过渡社会，那就是过渡到以父亲为宗亲和政府的中心的社会"（第 34 页）。其实，正当的陈述应该是世界各处都会见到母系宗亲与父系权威各种制度并存在，两种纪认后嗣的办法都是交错混合的。

现在发生的问题是到底是否需要任何假说，说明纪认后嗣的"初次的起源"和"相继的时期"，然后不得不说，人类由最低模式的社会以至最高模式的社会，都是生存在过渡阶段里面吗？经验的结论似乎应该是：母职和父职永未见到彼此独立过。事实所指示的逻辑探讨，首先应该问：是否有与父系纪认不相干的母系这么回事？这两种纪认后嗣的办法，是否或者相辅而行，不是彼此相反？泰勒（E. B. Tylor）和黎弗尔斯（W. H. R. Rivers）已经见及这种研究法；例如黎弗尔斯即将母权和父权分成三个独立的纪认原则：后嗣、遗传和继承。然而，这个题目最好的研究乃是得自路义博士；他将这个问题弄得有条有理，而且引用两面（bilateral）宗亲和单面（unilateral）宗亲等很有效力的术语。家庭的组织，母党或母系族（clan）的组织，则联于单面宗亲的纪认。路义①很清楚地指明，家庭既是一个普遍的单位，谱系的算法又在两面都普遍地溯到一样远近，则谈什么纯粹的母系社会或父系社会，便是等于颠倒是非。这个论点，完全无隙可攻。同样重要的，还有路义的母党学说。他已指明，倘在某种社会里面有某几方面注重了宗亲的一面，则必兴起扩大宗亲的群体，相当于人类单面宗亲（sib）或母党组织的一种或另一种。

倘将路义的论断加以补充，也许是好事。那么我们可以解答，计算人类每种关系的时候，为什么必要加重单面，在什么情形之下才这样作，而且什么是纪认单面宗亲的手段了。

我们已经见到，一切父母对于孩子极其重要的事务上必由双方来纪认宗亲家庭制度本身，永久有父母两方将孩子用双重系结约束起来；这就是纪认两面宗亲的起点。我们若暂时分别土著生活的社会实体和土著自有的纪认宗亲的理论，我们就可见到：自个人生活的初期以来，宗亲纪认就是由两

---

① 路义（R. H. Lowie）的《原始社会》（*Primitive Society*），"家庭"、"宗亲"、"党"（sib）（单面宗亲——译者）等章。

方面下手的。即在那里，父母两方还都是关切的，可是两方的职务就已不同一，又不匀称了。生命向前进，孩子与父母的关系也随着变化，于是情势所迫不得不有明显的社会学纪认宗亲的办法——换句话说，就是情势所迫，社会不得不制造自己的宗亲理论。我们已经见到后期的教育乃在传递物质所有物以及相关的知识和艺术的传统；且在教训社会态度、义务和权利——那是与尊严和品级的继承联在一起的。物质的货物、道德的价值、个人的权利等递嬗，都有两方面：一方面，父母常须教训、影响并且忍耐地指导新入世的孩子，——这是一个担负；另一方面，父母又要让出贵重品、所有物和独占权。所以按两重理由来说，文化系统累代递嬗，都必须建在有力的情绪基础上面；必须发现在爱与亲挚等强大的情操所结合的个人之间。我们已经知道，社会揖取这等情操，是只有一个源泉的，那就是父母趋势的生物学的赋与。所以文化的递嬗，在这些方面，都一定要联络到父母对于孩子的生物关系之上，常要发作在家庭以内。但这样还不够，此外还有父的递嬗，母的递嬗，或父母双方的递嬗等可能。后者是最不满意的：因为它将模棱混乱的质素引到一种过程，而且过程本身就已经绕着祸变、错综和心理危险。在这种情形之下，个人常有属于两群的选择，常能要求两面的所有物，常有两种取舍和两重的地位。反过来说，一个成年男人常可以将自己的地位和社会的承认传给两个要求者之一。这种社会，一定是斗争、困难、冲突等恒久的源泉；即如一看便可明了的那样，一定会创造一种不可忍耐的形势。其实，我们的结论已经得到完满的证实，没有社会会任着后嗣、继承、遗传等纠纷去将社会毁掉的。即在波里尼西亚(Polynesia)等处个人可以任择母系或父系以相从属的地方社会，也须在生活的初期就行抉择。所以单面宗亲，不是偶然的原则，不能"解说"成由于父性的观念或由于原始心理或社会组织的某种特点；乃是递嬗所有物尊严、社会特权等问题唯一可能的解决法。然而我们就要见到，这种解决法，并不预行排斥多数的错综、相辅的现象和居次的反应。母权和父权之间，尚有选择的余地。

试将母系宗亲和父系宗亲等原则所有的运行更较详细地观察一下，我们已经知道，情操以内的情绪组织，乃是密切地关联于社会组织的。母亲情操的形成,我们已在第一编加以详细的探讨,且以一章加以叙述:由初始的温婉态度过渡到实行权威的时候所有的变化,并未造成什么深刻的扰乱。母权社会里面实行强迫势力的,不是母亲,乃是母亲的弟兄;继承问题,也不在母子之间发生任何敌对和嫉忌的情形,因为儿子所承受的乃是母舅。同时,母子之间的个人情爱温婉等系结,虽说也有文化社会等一切相反的势力,究竟还比父子之间的系结爱情较大。我们也没有理由否认母性的显然的肉体性质,足以加重子嗣和母亲之间肉体上的一体。因此,母的系结里面关于生育的观念,婴期的温婉感情,母子之间较强的情绪系结,虽也致成更有势力的情操,但不因相从而来的法律经济等累代递嬗的担负受到扰害。换句话说,母权制度之下,儿子必须承继母舅这样的社会条例并不破坏对于母亲的关系;这样的社会条例,在通体上,都表现一个事实,表现这层关系在实际经验上更为明显,更有强烈的情绪。我们在详细讨论某项母系社会制度的时候,已经见到代表严酷的权威和社会理想与野心的母舅,乃是很适宜地站在家庭范围以外的某种距离的。

父权在另一方面,则如我们已在前一章详细见到的那样,在形成情操的过程里,即有一定的破绽。父亲在父系社会里面,须以一身来包括两方面:一面作温婉的朋友,一面作严格的法律守卫。这样一来,便一方面在情操以内创造失谐,另一方面在家庭以内创造社会的困难;因为这种情形扰乱了家庭以内的合作,并在家庭中心上创造了忌妒和竞敌心理。

还有一点,也可以说出。性的态度被宗亲原则所制裁,在原始的社会更较开化的社会为甚。宗亲原则延展到家以外,在许多社会都形成族外婚,与氏族的形成相平行。母权制度之下,乱伦在家庭以内的厉禁,可以很简单地扩展成性交在母党以内的厉禁。所以母系社会建构对于当地一切妇女的普遍的性的态度,乃是简单的继续谐和的过程。父系社会以内限制家庭分子乱伦的规律,则不能简单地延展到族党;必须建设一个新方案,来分别性的合法和不合法。父系的族外婚,并不包括应该猛烈避免乱伦的那一位——那就是母亲。这里的一切,我们都有一套理由,以为母权是比父权更有用的社会组织。有用的程度,显然与人类组织的水平联在一起;那就是宗亲不管在较狭的形式和分类的大形式(classificatory form),①都有极高的社会学的任务的组织水平。

实际觉到父权也有很大的优点,是显然很要紧的。母权制度之下,常有两种权威加在孩子的身上,所以家庭本身易形分裂。在母权制度下,发展一种复杂的交错关系,那是若在原始社会,就增加社会结构的力量,若在高等社会,便足引起无数纠纷的。文化一进步,母党和分类的宗亲②制度一消灭,部落、城市、邦国等组织一要变得简单,父权的原则便自然占了优势。然而这个题目,已到我们的范围以外了。

总结来说,我们已经见到母权和父权相当的优点适成彼此加减;若以为任何一方在时间上居先或在空间上更广布,大约都是不可能的。然而单面纪认宗亲的原则,在法律、经济、社会等事超过两面原则的优点,则是不容疑惑不容非难的事。

最重要的一点,就是实际觉到无论母权或父权都永远不能单独作纪认宗亲或后嗣的唯一原则。只在递嬗物质、道德、社会等性质的有形价值的过程上,才有两种原则之一的合法加重。我们在旁处已经表明过,③这种合法的加重,足以招引某种习惯的传统的反应,在某种限度之内取消片面的作用。

现再回到我们的起点,看看囧斯(Jones)博士对于本书的前部结论表示的批评,就可见到母权的出现并非因为"不可知的社会理由和经济理由"而产生的神秘现象了。母权是两种纪认宗亲的方法的一个,两种方法都有某种优点。母权的优点,或者在通体上多于父权的优点。母权优点之一,就是本章所发挥的中心题旨:母权的价值乃在免掉父的情操里面的强力抑窒,并使母亲在地方社会所有的性的厉禁方案里面站有更较一致更较适应的地位。

---

① "分类的大形式"是一种原始纪认宗亲的制度。最简单的是将某一氏族(如母系氏族)任一辈数以内的一切人,看成与任何旁的辈数以内的一切人都是同样远近的亲属,都用同样的称谓相招呼。例如与父亲同辈的都是父亲,与儿子同辈的都是儿子;这一辈一切人管那一辈一切人都叫父亲,那一辈一切人管这一辈一切人都叫儿子。——译者

② 参看前注。——译者

③ (1)《蛮野社会的罪犯和风俗》(*Crime and Custom in Savage Society*),1926年版;(2)《自然》(*Nature*)杂志在1926年2月6日的增刊;(3)在1925年,8月15日的论文。

第十二章　文化和"情结"

我们到这里,已经概括了我们题目的全部范围,那就是由天然过渡到文化的过程中本能赋与所有的变化。我们可以简约地指明论辩的途径,总述我们的结果。我们起始讨论心灵分析对于情结的起源与历史等见解。我们在这些见解里面,遇到好多不清楚、好多不一致的地方。所说的已被抑窒的质素的抑窒;不识父性和母系制度是因策划而来的工具,以便扭转恨怒的方向;父权是家庭以内大多困难的快活解决,——凡此一切,都不容易调和于心灵分析的一般学理和人类学的根本事实及原则。我们也曾发现出来,凡此矛盾之点都是一种见解的结果,那就是以悉母情结为文化的首要原因,为一种前乎大多数人类制度、观念、信仰等并且产生这些东西的东西。倘若追问这个初始的悉母情结,依着心灵分析的学说,究竟起源于什么具体的形式,我们就可找到傅罗易得的"原初犯罪"(primeval crime)的假说。傅氏以为文化是对于这个犯罪自动发生的反动,以为这个犯罪的忆念、懊悔和两面同值的态度(the ambivalent attitude),都已遗留在一种"集合的无意识"(Collective Unconscious)里面。

我们完全不能接受这个学说,所以不得不更密切地将它考察一下。心灵分析必将图腾犯罪看成界划自然和文化的事件,看成文化起始的刹那。不有这种假定,那项假说便没有意义。倘若有它,那项假说又因内含的矛盾而成粉碎了。我们已经见到傅罗易得的假说就像一切旁的关于家庭初形的猜想一样,根本的错误即在忽视本能和习惯的区分(生物学所制定的反应和文化适应的区分)。我们以后的工作,就是研究由自然到文化的过渡所有的家庭系统的变化。

我们曾设法寻认先天赋与实际所受的改变,试着指明改变的结果对于人类思想的影响。寻认的途中,自然遇到最重要的心灵分析的问题,于是我们贡献了一项对于家庭情结的自然形成的学说。我们见到家庭一由本能结合的群体发展成为文化系结的群体,情结便是当时文化不可避免的副产物。这在心理学上的意义,便是心理驱策的锁链所保持的结合,变成情操组织的系统。情操的建设,遵从许多心理学的则律,那就是指导心理的成熟以使某项情操免掉一些态度、适应和本能的则律。建设情操的手段,即在社会环境借着文化的框架和直接的个人接触所生的影响。

使某种态度和冲动,离开父子和母子之间的关系,那种过程,是有多种可能的。组织冲动情绪等系统,可由逐渐脱离某种态度,可由戏剧一般的震动,可由有组织的理想(如在仪节里面),而且可由讥笑,可由舆论。我们已经见到,性欲即由这等手段逐渐离开儿子对于母亲的关系;父子之间的温婉关系,也常被严酷强迫的关系所替代。这等手段运行的方法,并不产生恰恰相同的结果。许多心灵和社会之内的失调,都可回溯到错误的文化手段,那就是抑窒或调节性欲的手段,执行权威的手段。这一层,我们已在本书的一二两编用几件具体例案详加陈述,且在末编得到理论的根据了。

因此,情操的建设和建设情操所有的冲突和失调,大都是根据某种社会以内发生作用的社会学的手段的。这种手段的主要方面,就是婴期性欲的调正、乱伦的禁忌、权威的委任、族外婚及家庭组织的型式。本书的主要贡献,或者就在这一点。我们已经指出生物学、心理学、社会学等因子之间的关系。我们阐发了一种学说,说明文化下面的本能的可变性和本能反应变成文化适应的过程。我们在心理学一方面的学说,提议一种研究本题的线道,既使社会因子的影响受到充分的承认,又能取消"群心"、"集合的无意识"、"类聚本能"等假说以及相似的玄学概念。

凡此一切,我们都是恒常地对付着心灵分析的中心问题,对付着乱伦、父的权威、性的禁忌、本能的成熟等问题的。实际,我们论辩的结果,在几点上,证实了心灵分析家的一般学说;又在几点上,含有严重修正的必要。即在母权影响及母权功用这等具体问题上,我从前发表的东西和本书所得的结论,也不是完全破坏心灵分析的理论的。母权已如我们说过的那样,保有一种优于父权的优点,因为母权制能将权威分给两个男人,能"分裂恋母情结",且在旁的方面引入一致的厉禁乱伦的方案,以使族外婚直接跟着家庭以内性的禁忌而来。然而我们必须承认母权并不完全靠着情结,乃是一个许多原因所制定的较为广泛的现象。我将这些说得具体一点,以应囵斯博士的驳难,说我为了某种不可知的社会学和经济学的理由,来假定母权的出现。我已试着指明母权是两种纪认宗亲的办法中更较有用的那个。真实的论点乃是:单面纪认宗亲的办法几乎为一切文化所采用;低等文化的民族之间,母系有分明胜于父系的优点。我们在母权的优点之中,见到修正并且分裂"情结"的能力。

我应附带着说,心灵分析的观点解答情结所以有害的理由,是颇困难的。说到底,在心灵分析家看来,恋母情结乃是文化的源泉,是宗教、法律、道德等的起点。然为什么要有免除情结的必要呢?为什么人类或"集体心灵""策划了"破碎它的工具呢?在我们看来,情结不是原因,乃是副产物;不是创造的原则,乃是失调。这种失调,在母权之下所取的形式,比在父权之下是为害较少的。

这些结论,起初是写成二年以前分别发表的两篇论文,那就是本书印作第一编和第二编的了。在这里讨论这个普遍的问题时候,我们又见到某种对于心灵分析的证实,只要将心灵分析的学说当作一项启迪和应用假说,而不当作武断主张的系统的话,便是可以加以证实的。

科学的探讨在乎彼此协作,在乎取舍于各门专家之间。人类学已自心灵分析得到一些帮助;倘若后者反对协力,反对接受一项旁人通过后者到底不能娴熟的领域诚心贡献的东西,那就觉得可惜了。科学的推进,永远不是顺着一条直线的简单进步;它战胜一个新领域的时候,时常是以栓划地,划到脊壤永难收成的地方的。一个学者或一个学派,能由不可维系的地域退回来,是与开创新领域同样重要的。我们到底应该记着,科学的展望,只有耐性地淘汰大堆无用的沙土和细石,才会获得少数真理的黄金颗粒的。

附录甲　近代人类学与阶级心理[*]

开鲁窝顿（V. F. Calverton）

一　近代人类学的背景——19 世纪的产业革命与演化论

人类学的发展与演化论的发展紧紧相联，缺少一个，那一个便无法进步。然而两者又是整个思潮的一部。奇怪得很，两者的兴起都表明 19 世纪的思想有个趋势，就是用现在的情形解释过去，或者更坏一点，用假想的现在情形解释过去。换句话说，这个趋势就是将我们自己的见解与制度当作绝对标准来观察旁的人，解释旁的人的思想，批评旁的人的制度。19 世纪的思想特别注重演化论，于是不得不然地产生这种趋势。

---

[*] 本篇原系《人的形成：人类学大纲》一书的绪论。根据著者声明曾在英美分别发表过，在英发表于 1930 年 10 月份的 *Psyche*，在美发表于 1931 年 3 月《美国社会学杂志》。这篇译文曾在《大公报》"现代思潮"自 1933 年 4 月 9 日起继续发表过。

《人的形成》系开氏所辑，为"近代丛书"之一，1931 年出版于纽约，计 880 几页，定价美金九角五分。开氏系美国人，生于 1900 年。于 1932 年创办《近代季刊》（*The Modern Quarterly*），自任编辑。曾著《新精神》（1925），《文学中性的表现》（1926），《婚姻的破产》（1921）等书，常在英美各杂志发表论著。

这几年，社会科学在中国总算很流行了。一个青年在书肆所找到的，五花八门，议论纷纭。特别是大学里读到的课本与由市上买到的流行译本，显然是各不相容。于是大学里的只能当学分，市场上的只能充时髦：时髦加上革命的引力，学分戴上学者的面具。于是两面的不相容视为故然，各走各的，谁也不理谁。不理还是小事，甚至两面都是气烘烘的，好像有什么深仇。其实，这样气烘烘的学者与读者都只是"读书"，都只读了旁人的东西便以感情的适与不适对于作家投了信任票或不信任票，谁也不曾实地调查过。

这篇文章对于我们的贡献，就是使我们知道投感情票的时候是投感情票。除此以外，我们自然便可多了解一点最近的人类学，知道前面的《两性社会学》的著者马林橘斯基是在人类学的派别上站在什么地位。

原文没有下面那些分节标题，特为读者便利起见按原意增加上去。——译者我们要知道，演化论与人类学并不是突然整个地出现在19世纪的思想界，像一种豁然贯通的道理，把一切关于人类的迷信一齐打倒。这些道理，乃是逐渐集聚的结果，关于演化的学说，在希腊时代已经有了萌芽，但到19世纪才风行于西洋思想界。达尔文·查理[i]以前，卜方（Buffon）[ii]、达尔文·以拉斯玛斯（Erasmus Darwin）[iii]、哥德、圣希拉尔（Saint Hilaire）[iv]、莱玛克（Lamarck）[v]等人先后都有演化的假说，在当时成为大出风头的题目。物竞天择、优胜劣败的说法被达尔文（查理）与瓦拉斯（Wallace）[vi]同时并举，便足证明当时对于这个题目所有的热度。当时的环境，不管是经济的或社会的，在在都促进这个说法的成功。

我们要实际知道19世纪西欧的特点为"变"，这个成功便不足为奇。在这样短的时期，见到这样巨大的变动，是空前未有的事。变动的原因自然是"产业革命"。产业革命是供给这个时代新的欲望，新的见解的原动力。人生积极活动，创作日多，新机愈生，简直弄得新奇不足为新奇。发明紧接着发明，直至天才在机械世界里变为神迹。死的金属变成活的机器，细的铁丝变成伟大能力的媒介，水、空气、土地，变成新的发明与能力的源泉。以前的玄想，变作现在实用的成就。不但达闻奇（Leonardo da Vinci）[vii]不成功的试验成了得到证明的科学，未尔恩（Jules Verne）[viii]也竟成了天眼通的先知。新知怒发，旧知葬在迷信的废墟里。人类关心的已经不是万物的由来，乃是它们的征服与利用。机器既应许了新的世界，人类更养成了新的眼光。到

---

　i 即查尔斯·达尔文（Charles Darwin）。——编者

　ii 现多译为布丰（Georges-Louis Leclerc, Comte de Buffon, 1707—1788），法国博物学家、数学家、宇宙学家，百科全书派成员。——编者

　iii 现通译为伊拉斯谟斯·达尔文（Erasmus Darwin, 1731—1802），英国医生、自然哲学家、生理学家，中部启蒙运动的重要思想家。——编者

　iv 圣希拉尔（Augustin Saint-Hilaire, 1779—1853），法国植物学家、旅行家。——编者

　v 现通译为拉马克（Jean-Baptiste Lamarck, 1744—1829），法国博物学家。——编者

　vi 现通译为华莱士（Alfred Wallace, 1823—1913），英国博物学家、人类学家、生物学家，他与达尔文同时期独立构想出自然选择的进化论。——编者

　vii 即达·芬奇。——编者

　viii 现通译为凡尔纳（Jules Verne, 1828—1905），法国小说家、诗人、剧作家，代表作有《海底两万里》《环游地球八十天》等。——编者

处开发，到处钻研从旧的材料找出新的真理，追求一件事，会不期而然地发现十件。

这样新时代的机械解放出伟大的能量，结果便使科学变成新的人生哲学——最少是对于新兴的知识分子是这样。原先是神秘不测的探险，现在变成支配宇宙的钥匙。分析以后，接着就是试验，天下一切事简直没有不被拔树搜根的了。就是西洋文明的历来神圣不可侵犯的《圣经》，现在也难逃过科学的考校。古代对于地球的历史荒远莫可究诘，现已发明了地质的形成与结构。近代世界变动繁剧，不知不觉地影响了社会科学与历史等学说。动与变的思想弄得不可排除，所以准备接受演化论的时候，不只拿它当作科学的公式，而且当作活的文化的生力军。

在1859年以前，西洋文明以《圣经》为知识的传统，1859年以后便以演化论为传统。一种理论，必能满足情感与理智的需要，才能使人持守不懈。达尔文的演化论便是供给了一个新的人生哲学；不但可以从新解释人类演化的全体，且给西洋文明在世界进步上找到新的根据。人类演化，由低至高，进行无穷，以近代西洋文明当作最高形式的代表。不但这样，既然承认适者生存自然要认生存为进步——凡生存者都是适者，适者还不是优秀者吗？西洋文明既已战胜各种文明而生存了，哪能不是最好的文明呢？这样推演下来，西洋文明的原则与制度，自然是人类彝则中最属出类拔萃的。于是什么私有财产喽，单婚制的家庭哩，民主主义的政治哩，全都看成人类道德的极致。"分化"的比不分化的较为进步，所以个人主义便成文明人胜过蛮野人的特点。简单一句话，达尔文的演化论是几代以来拥护19世纪欧洲的现状的最好论据，恰好合于当时统治阶级的理论。封建时代的理论既被现代工商业打破了旧的护符，自然需要新兴的资本主义的新的护符。达尔文的演化论正好当作这种理论的护符。它给放任主义的经济与自由竞争的理论，找到大自然界的根据——那就是优胜劣败，适者生存。它不但赞助个人主义与阶级的区分（以便于竞争），甚至于替当时的国家主义与帝国主义支撑门面。反正如此的就如此，因为不得不如此——因为应该如此。

二 莫尔根的人类学——为19世纪的文明造理论的根据

人类学的根源就是这样的文化布景。凡使演化论成为新的思想势力的等等因子（经济的与社会的）也使人类学起来成为演化论的助手。人类学的方法完全根据演化论人类学在19世纪的历史，以1872年泰洛尔(E. B. Tylor)的《原始文化》为起点，主要都是应用演化论解释人类的过去。可是应用的时候，永远要借镜于19世纪的社会价值——我们通常叫作维多利亚式的价值。换句话说，这些早年的人类学家研究原始人群，并不是发现他们究竟怎么样，乃是想着他们应该怎么样。这些人类学家误认了演化论的含义，以为19世纪的文明所有的社会价值既然胜过旁的社会价值而存在，自然代表道德进步的最高点，于是追踪原始生活，寻找演化程中最属低下的行为形式。他们不管怎样不是故意地，然已下了决心，将自己的理性加到原始人群的身上。整个的心境即是这样活动的，并不只是科学方法的一点错误。这种心境被19世纪的物质文明与新的理论阵垒（已经起始完成的阵垒）所养成，使当时的人类学家无法认事实为事实，只得引用通行的偏见来解释所见的东西。他们研究原始人，就像猜谜一样，将事实这样安排一下，那样安排一下；不管任何原来的关系与背景，只管寻找他们所希望的结论。他们要急切地找到普遍的演化规律，以来解释人自原始的粗朴状态渡到19世纪的文明状态的过程。这些演化论派的人类学家，特别受了莫尔根(L. H. Morgan 著有《古代社会》，已有汉译本)的影响，不久就断定说社会曾经几种必然的阶段，时时从低的进到高的，近代文明便是一切过去时代凑到一起的顶点。譬如说，他们以为婚姻制度经过种种不同的形式还不满足，必要证明一夫一妻的单婚制是婚姻演化的最高阶段，然后才能快意。他们说，人类起初是杂婚，渐渐渡到群婚——有的原始民族现在还保存的群婚，最后经过长期的变动与转机，过渡到今天的单婚。不但这样，莫尔根特别注重财产的决定势力，决定了原始关系的历史。这样一来，莫尔根的学说，不久都被激进派囫囵吞枣地吸收进去，成为马克思主义的证据——设若不是成为马克思主义的一部。19世纪的激进思想家，几乎没有一个不要征引莫尔根，以为他是最后的权威的。恩格斯的《家庭、私有制和国家的起源》就是整个根据莫尔根；考次基[i]的"婚姻与家庭的起源"（Die Entstehung der Ehe und Familie），也是引用莫尔根的证据；普列查讷夫（Plechanov）[ii]许多关于原始艺术与文化的著作，更是时常提到莫尔根，好像莫尔根的学说还不曾被人超过去似的。（郭沫若的《中国古代社会研究》便是在中国这样一个例子。——译者）

不管马克楞南（McLennan）[iii]怎样攻击莫尔根的术语，不管许多旁的思想家怎样反对莫尔根的理论，可是莫尔根的学说是在19世纪的人类学大有势力。起初这不过是理论上的反对，因为不管怎样，莫尔根并没有违反维多利亚式的人生观的地方。所以我以为黎弗尔斯（Rivers）的话有些过火。黎氏说，莫尔根被人攻击的主要原因，是他叙述人类的历史"太使文明人的情操起反感"。其实，我们不能希望蛮野人道德很高；倘若他们有过杂婚，文明人也更有理由实行单婚，因为"文明"自然进于"蛮野"。这种演化说说得正好，正好使演化成为绝对的概念。因此，引起19世纪的"反感"的，并不是莫尔根的学说，乃是他的学说广被激进的思想家所接受与援用的事实。他的学说对于革命的思想家并无怎样"反感"，只是对于保守的资产阶级的心理才大起"反感"；因为19世纪的文明提高了中产阶级的社会价值，后者的心理正要保守这种价值。只要莫尔根的学说专管过去，专以现在为道德进化的极点，譬如说，单婚是极高的婚制，那就没有什么可怕。然而只要激进分子将演化看成"相对而非绝对的概念"，即刻便有危险。只要演化不是绝对的，19世纪的文明所有的制度便非登峰造极；其中必不可少的部份，如私有财产与家庭，便非不可毁灭。私有财产与家庭既然只是过程的一部份，不是过程的完成，那就不能担保不如激进的思想家所说，它们必因社会再度进化便会完全取消。

---

　　i　现通译为考茨基（Karl Kausky, 1854—1938），奥地利哲学家、记者、马克思主义理论家。——编者

　　ii　现通译为普列汉诺夫（Georgi Plekhanov, 1856—1918），俄国革命家、哲学家、马克思主义理论家，被誉为"俄国马克思主义之父"。——编者

　　iii　马克楞南（John McLennan, 1827—1881），苏格兰社会人类学家、民族学家。——编者

三 魏斯特马克的人类学——为中产阶级的道德造"绝对"的基础

演化论被人见到破坏与建设两种可能以后,当前的社会价值便需另一项根据来证明它的恒久性质。必是证明了恒久性以后,当前的社会价值才会维守自己的阵地,足以应付激进派所解释的演化过程。因为要证明当前的社会价值的恒久性质,于是追寻绝对要素,以便满足19世纪的心理。这么一来,就极力否认原始共产的存在;宣布私有财产为人类本能,为一切社会生活的基础;将宗教看成人人同具的冲动,不管文明或蛮野,都有这样冲动,并非环境所为;将家庭看成文化的要素,没有家庭便没有社会的存在;而且宣称当时流行的那种家庭制度——单婚——为人类婚姻的基本形式。因欲证明此点,于是将旁的动物都利用来,不管怎样含糊的证据,都无不极力征引,于是单婚制变得不是依据某种经济生活的条件而发展的婚姻形式,乃是人类固有的婚姻形式,即与人类相近的哺乳动物都是这样。利用这种方法,19世纪的制度乃自变动与颓毁的危险中拯救出来;不管演化采用什么方向,私有财产与家族是不会受到影响了。这些乃是社会组织的绝对因子,不变的东西——不被任何激进的演化或革命所震撼或颠覆!

在这里,阶级的观念十分明显。人类学被人用作极好的支柱,以来维持中产阶级的伦理。人类学供给所谓最后的科学证据,维护了当前的局面。经济学说,有个著名的典故,以为拿着棒的猴子也是资本家,使大学二年级的学生都相信,凡是保有不管怎样小的东西可以产生财富的人都是资本家。这种说法的不合理的程度,一点也不比上述的理性化的单婚制减轻多少。那样的理性化,以为单婚制是人类婚姻的天然形态,乃是人类学的辩证法拨弄到19世纪的东西。

这种辩证的例子又要在魏斯特马克(Edward Westermarck)的著作与影响等历史里去寻找。魏氏的《人类婚媾史》在1891年出版的时候,在科学界还没有人知道他。瓦拉斯(Alfred K. Wallace)给他所作的绪论曾说他是"新进",是个"原来不被人知的学者"。然而不到十年的工夫,这位"新进"竟变成道德与婚姻等问题的领袖权威；因为新的理论，扫荡了前辈的势力。以后出版《道德观念的起源与发展》一书，更使著者势力巩固。他的权威即使限在他的专门以内，也就十分可观，更何况扩张到旁的科学与一般门外汉了呢？1890年以后，简直没人能在他的范围以内与他比拼势力。几乎所有的教科书、讲演录与短文，只要涉及道德与婚姻便要引他作标准的证据；即到现在，许多情形还是这样。特别是大学，立刻接受他，算他作前导，没有人敢不尊重他的权威。《人类婚媾史》实际就是社会科学的新圣经。这种情形继续下去，直到1920年才被布里法特（Robert Briffault）[i]用所著《母亲》（*The Mothers*）将魏氏的结论驳得落花流水，不复成立。

不过魏斯特马克的过去权威的获得实比现在权势的消失更为重要。为了布里法特这样确凿有据、体无完肤的批评，魏氏的学说在过去40年间对于当代所有的势力乃更显得明白。魏氏在那段整个的时期受人崇拜，不遇非难；这项事实，非常奇怪。一个人的学说既是证据这样不充分，这样有错误，为什么那样受人欢迎呢？这样可以聚讼的问题，为什么魏氏的结论那样到处被人接受呢？他的证据既然这般没有权威，他为什么突然得到权威的地位呢？我们固然可以说，魏氏辩论的技术非常巧妙，可疑的事情可以被他弄得十分中听。然而依然不能解答，为什么他的证据不常被人用批评的眼光去检讨一下；并且为什么即使这样检讨了，永远得不到多大的注意或权威。

这个答案必在另一领域的理论或社会学里去寻求。魏斯特马克的学说不但驳斥了莫尔根、马克楞南、卢包克（Lubbock）[ii]，实在满足了当日一种社会兼理智的重大要求。他攻击了莫尔根，便打破了激进派的理论；因为激进派的人类学所有的结论乃是根据莫尔根。魏氏极力证明"单婚制总是人类祖先的唯一婚制"，家族早在人类以前便已存在，而且"人类婚姻总是来自人猿的遗传"。这么一来，19世纪的文明便得到一种"绝对因子"，可以永远有根据去维持主要制度的一种——家庭这么一来，激进派便无法

---

[i] 布里法特（Robert Briffault，1874—1948），法国外科医生、社会人类学家、小说家。——编者
[ii] 卢包克（John Lubbock，1834—1913），英国银行家、政治家、慈善家、科学家。——编者

攻击家庭，家庭永远也不会被社会演化所淘汰。不但家庭，即单婚制也不再被攻击，因为单婚，根于远在人类洪荒的历史，即是魏斯特马克所说的"单婚"本能的一部份。

懂了这一点，我们便懂了魏氏的学说所以被 19 世纪具有中产阶级的品性与信念的知识分子急遽接受而坚固持守的理由。不接受魏氏的学说的知识分子，只有当时的激进派。大学教授们打算提高 19 世纪的制度，以为那是超过旁的时代和旁的文明制度。这时已用不着靠着斯宾塞尔[i]来说"单婚制的性的关系显然是最高的关系"。这时的人类学已能利用魏氏的学说，给斯氏的结论加上科学的赞许。魏氏说："单婚制的法律永远不会变动，在将来只能比现在更为严格。"

四　魏氏关于单婚制的谬论

这些讨论，倘若不是魏氏结论业已证明毫无道理，便都没有多大要紧。现容我们选出魏氏的几点，加以详细的检讨。那么，即以他对于单婚的拥护为起点罢。魏氏要使"单婚趋势"深深根据于本性，使它成为本能的模样，所以将它的起源追踪到高等动物。倘若高等动物是单婚的，从高等动物演化而来的人，当然要遗传了同样的本能。魏氏因急于完成这种使命，于是急不暇择，常用不可靠、不充分的证据，宣称单婚制普遍存在于类人猿之间。他既特别援引大猩猩（gorilla）与黑猩猩（chimpanzee）为例，我们正好检讨他根据什么样的证据得到他的结论。布里法特关于这一点的讨论非常简便，我们且引布里法特：

哈特曼（Dr. Hartmann）完全依据了刻盆费尔斯（Herr von Koppenfels）一篇发表在通俗德文杂志的文章，说"大猩猩是单婚的"（H. Hartmann, *The Anthropoid Apes*，第 229 页）；于是魏斯特马克又根据

---

[i] 现通译为斯宾塞（Herbert Spencer, 1820—1903），英国哲学家、生物学家、人类学家、社会学家，以提出社会达尔文主义而著名。——编者

了这句话,造成"人类婚媾"的学说。旧有的材料,没有一样使我们这样说的;旁的作家,凡是研究这项题目的,也不曾说过这样的话。现在所存的最老的记载,要算巴特尔(Andrew Bartell)。巴特尔是一位水手,在安哥拉(Angola)住了 18 年。然而巴特尔说,大猩猩是"成群的走着"(The Strange Adventures of Andrew Bartell 等文,见于 *Hakluytus Posthumus* 或 *Purchas His Pilgrimes* 第 6 卷,第 398 页)。达尔文的结论是:"大猩猩是复婚的"(多妻或多夫。——译者)(见《人类起源》第 266 页;第 2 卷,第 361 页)。布利姆(Brehm)也这样说(A. E. Brehm, *Tierleben*, 第 1 卷,第 65 页)。他以为里德(Winwood Reade)得自土著猎人的证据是他写书的时候能够得到的最可靠的证据。里德说:"大猩猩是复婚的。雄的常是独居——实际,我们同时不曾见过一个以上的踪迹。然而大猩猩被人成群地遇着,乃属毫无疑问。"(里德所著《大猩猩的习惯》,见于 *The American Naturalist*, 第 1 卷,第 179 页;参看 *Idem*: *Savage Africa*, 第 214 页)加纳尔(Dr. R. L. Garner)在所著《大猩猩与黑猩猩》第 224 页也说:"大猩猩定然是复婚的。"关于大猩猩,原来材料不够,总是有些神秘莫测;现在迷雾已破,我们可以跟着里德抱同一见解,知道大猩猩的习惯并没有什么了不得,并没有什么与旁的非洲猿猴大不相同的地方。(W. Winwood Reade, "The Habits of the Gorilla", 见 *The American Naturalist*, 第 1 卷,第 180 页)克斯里(P. Guthrio)住在喀麦隆(Cameroons)年限很久,与当地猎人非常熟悉。他在很小心地搜集了材料以后,又与旁的部落互相印证。他说:"喀麦隆的大猩猩成小群地住着,不能叫作家族。小一点的群包括一个雄性,有一个、两个或三个雌性算他的妻,他们还有几个小孩子。"(A. E. Jenks, "Bulu Knowledge of the Gorilla and Chimpanzee" 见 *The American Anthropologist* N. S. xiii, 第 52 页以后)曾克尔(Herr G. Zenker)见过几个雌的同孩子跟着一个雄的走。革层(Von Genzen)描写过一大群猩猩的踪迹,总有十个左右(Brehm-Strassen: *Tierleben*, 1920 出版,第 13 卷,第 984 页以后)。格稜斐尔(Grenfell)所见的大猩猩是成群的(H. H. Hobson, *George Grenfell and the Congo*, 第 344 页)。

多蜜尼克（Captain Dominick）在喀麦隆见的大猩猩是完全结群的动物，而且与狒狒（Baboon）一样，每个群里都有好几个雄性（T. Zell, "Das Einfangen ausgewachsener Gorillas"，见于 1907 年 *Die Gartenlaube* 第 880 页）。班兹（T. A. Barns）在东部冈果也见到大猩猩结成大群，每群最少要有两个雌性与大小不等的孩子。（见所著《东部冈果的异乡》，第 84 页以后）亚克雷（C. E. Akeley）所见的大猩猩也是复婚的群。（见所著《在最光明的非洲》，第 247 页）

现在我们知道，一切当前的材料都是完全推翻大猩猩具有单婚习惯的假设。关于这种动物的旁的故事，也同样在旁的方面被人否认。我简直没有听见过雄的大猩猩捍卫他的"家"。他最凶、最危险的时候，不是同雌性与孩子结伴的时候，乃是独居无偶的时候。只有老而独居的雄性才会不被激怒便自然伤人。（Duke A. F. von Mecklenburg-Strelitz, *From the Congo to the Niger and the Nile*，第 2 卷，第 106 页）

我在这里这般尽量引证布里法特，是因他的论断十分重要而且洽合需要——猿猴一类的动物，特别是大猩猩，不是任何遵奉魏斯特马克的学者都要引来证明我们的人猿祖先所有的单婚本能吗？然而我们知道撒卫志（T. S. Savage）、崴曼（J. Wyman）、布利姆（Brehm）、梅咯稜堡斯特立兹（Duke A. F. von Mecklenburg-Strelitz）等人已都证明黑猩猩并无单婚的习惯，至于长臂猿（gibbons）与猩猩（orangutans）也是一样，也没有单婚形式。所以我们可以说人猿并不是单婚的。那么，为什么魏斯特马克要说大猩猩是单婚的呢？要说"人猿之间"几乎只有单婚形态呢？这是因为魏氏写《人类婚媾史》的时候缺少我们现在所有的证据吗？完全不是的。他写那本书的时候，已有证据说大猩猩有复婚或杂婚生活，没有单婚生活。他写完那书以后自然又发现了更多的证据，使他再版的时候不能不将关于大猩猩的记载稍加修改。然在最初，证据既是相反的或最多也是极可怀疑的，他为什么偏要辩论大猩猩有单婚的习惯，并且一切人猿都有这种习惯呢？唯一的解答，便是上边给过的解答。魏氏当时被中产阶级的文化所影响，感到利用任何方法以去维护它的制度的需要，于是偏重利于那些制度的证据，给它们加上

"天然"的起源与延续。莫尔根与其信徒,同样也是中产阶级的文化产物,然而并未寻求这样的维护,原因我们已经说过,乃在他们的理论本身并未攻击当日的制度。由反面来说,斯宾塞尔这样一群所谓演化派的人类学家十分相信,单婚制是伦理进步的极致,所以用不着加以维护与保障。我们在本文的前段已经说过,需要反攻的乃是蒸蒸日上的激进批评家的势力;激进批评家特别将莫尔根的学说当作武器,攻击当日的制度,以为继续演化下去,那些制度必要消灭。可巧,魏氏的《人类婚媾史》正是这样反攻的利器。倘像该书所希求的那样,"猿猴一类的动物"被人证明了单婚,此案便已获胜;因为有了"单婚本能"的存在,一切较高动物便有单婚制的天然趋势。这样一来,当时通行的制度便得到保障,文明(19世纪的文明)的敌人便受到驳斥,被人毁灭。

这样看来,就无怪魏氏一热心便将证据弄得轻重倒置,凡与学说有利的材料都尽量引用,凡相反的都一概不管了。魏氏打算表明即在下等动物之间,性的结合也是"比较稳定的",颇与婚媾相似,可以作为后来家族发展的张本;他有这样打算,所以实际引用布利姆那些似足作例的材料。他以为有这种趋势的动物,即如鲸、海豹、驯鹿、"几种猫与貂","也许还有狼"。然若仔细检讨他的材料,同样又是割裂了事实,夸大了证据。魏氏用布利姆作主要的权威,然布利姆自己就说,鲸显不出单婚的趋势。就我们现在所知道的,海豹、驯鹿、猫与狼,都没有这种趋势。布利姆虽说海马有这种趋势,然已被一切旁的观察者所反驳。事实虽然如此,可是魏氏的学说竟被大部份与他同时或晚一辈的人毫不批评地接受了。

所以,我们不能不再说一遍,这是因为他的学说供给了当时一种需要。凡是危害中产阶级在伦理与经济各方面的优制势力的,都因他的学说受到排弃,所以他的学说立刻成了当时文化壁垒的一部份。

五 魏氏关于社会核心的谬论

论到魏氏的学说的另一方面,他说:"每个社群的核心都是家,不是部落;许多的时候,家或者就是唯一的社群。"魏氏在这里将学说推到最基本的一点。原始社会的基本单位,是家,不是群,不是部落。不但人类是这样,他也必得说动物也是这样。社会组织的基本结构既系得自家，不是得自群，则家还不是社会生活中不可毁灭的一部份吗？只要毁掉家，社会生活便要寿终正寝。换句话说，社会生活既不可毁，家自然永远存在。在这里也同旁处一样，魏氏也是滥用证据与观察，以便巩固自己的壁垒。我们所看到的例则是：雅库特（Yakut）人之间根本没有代表家的字眼，因为氏族吞并了一切人与人的关系。更有一个谁都知道的事实，即许多原始民族之间，所说的夫与妇并不准同居；那么，魏氏所想的家的发展，当然是在这种风俗以后，不能在这种风俗以前。再举旁的例，班克斯群岛（Banks Islands）、新赫布里底群岛（New Hebrides）、北部巴布亚（Northern Papua，即新几内亚）、新喀里多尼亚（New Caledonia）等处，都没有家的组织的存在，相近的关系不是没有，然而不能用"家"这字来形容，也不能像魏氏所形容的那样；因为后者的意义是男、妇、小孩形成社会组织的中心。实际说来，几乎一切原始社会里面"都是氏族的爱胜过夫妇的爱"。原始时代既是个人沉没在群里，家的优制地位当然没有可能。况且说，不知道父的生理关系。定然不会巩固家的组织，忽略社会的组织。许多部落，许多民族之间，兄弟姊妹的爱，超过丈夫妻子的爱；这种情形，晚到索福客俪（Sophocles）[i]的剧本《安提峨尼》（Antigone）[ii]还能找到显著的证例，当然更足证明魏氏学说的错误。按布里法特（Briffault）的详细考察，家的组织"与原始时代人类所有的基本社会冲动直接冲突，与原始组织极端相反；家的组织有个趋势，要破坏原始组织"。家的组织采取宗法家长制度以后，它的本身性质便是个人的，不是社会的。由此看来，原始人绝对不会用家来作社会组织的基础。我们现在所有的一切材料，论到社会组织的起源的地方，没有一个证明魏氏的学说的；都是使它没有力量，使它在大体上趋于毁灭。

然而魏氏学说，竟被我们的社会科学家囫囵吞枣地整吞下去了。这表明什么呢？只是表明一种事实：我们的社会科学并不关心客观的事实，乃是

---

[i] 现通译为索福克勒斯，古希腊剧作家，与埃斯库罗斯、欧里庇得斯并称古希腊三大悲剧诗人。——编者

[ii] 现通译为《安提戈涅》，忒拜三部曲第三部。剧中俄狄浦斯的女儿安提戈涅不顾国王克瑞翁的禁令，将自己的兄长波吕尼刻斯安葬，因此被处死。——编者

关心那些利于当前的态度与制度的理论。

六　魏氏关于家庭起源的谬论

　　魏氏不但要说"单婚的趋势"是天然的，家是社会的基础，而且要说人类的家的起源乃是单婚制的家。我们的社会科学家在这里也像以前两点一样，一样地欣然接受。那么，根据我们现在所有的知识，我要说了下边的话，恐怕没有过分的毛病：魏氏以为"我们最初的祖先几乎只有单婚制"；社会科学里不切实际的结论，简直少有胜过这个的。我们已经见到魏氏对于高等动物的单婚习惯所下的结论，错误到多大程度。论到第三点，他以为我们的始祖也实行单婚，他的错误也是一样（参看布里法特所著《母亲》）。魏氏有许多例子都是采用不可靠的证据，忽略更多更可靠的证据，并不声明所取的材料颇有驳辩的余地。他时常引用传教士的观察与批评，而不引用旁的能够得到的材料，更足表明他的观点与方法。凡有耶教势力潜入的地方，原始的风俗都要改变，特别是入教很多的场合；而且，即使耶教势力并没有多大，传教士的观察也普遍是戴上耶教道德的眼镜去解释原始文化，不用每个部落固有的民仪（mores）解释他们自己的文化。就是魏氏实际发现到单婚制的时候，他也否认单婚制与贫穷的关系。贫穷可以迫人采用单婚制，是任何旁的作家一见即知的，魏氏偏要说那是"单婚本能"的证据。他以为多夫制有个返于单婚的趋势，然而我们若知道大多数原始社会的历史，凡是经济衰落的状态没有不是趋于单婚的。则他那种返于单婚的说法，便要全无意义。所以我们可以说，所谓返于单婚制，非因"单婚本能"，乃因经济条件。魏氏既忽略了经济这一层看不到经济原因的重要，实足表明他的分析工夫的弱点。我们只要遇着一个单婚制的部落，便可找到更多的非单婚的例证；这个事实也足以表明魏氏学说的荒谬与不可凭信。我们不要忘记，许多原始社会的婚媾与我们现在的字眼所表示的相差很远；若用同一个字眼表示两种情形，简直是太不伦类。譬如说，马来牙（Malaya）的土人常有一个人"结婚"40次或50次的。折洛岐·易洛魁人（Cherokee-Iroquois）一年常要换妻3次或5次。休伦（Hurons）的"女人被人购买"，或者一夜，或者7天，或者一月，或者一冬。马马虎虎地自然可以说这种关系是结婚的关系，然而这种滥用字眼，实有使人误解的危险。倘在人类学的术语上创造一个新的名字，避免这种误解，当属十分应该。这在单婚制一词，尤易使人误解。可是魏氏用了宽泛的定义，用我们自己的概念描写文化决不相同的行为，就要难怪不但不能弄清这种关系，反倒使它糊涂了。一面是原始民族因为经济的压迫，不能不行单婚；只要光景一好，立刻就会恢复多妻的习惯，帝王酋长就是这样。另一方面是文明社会，以单婚为制度，并用种种心理学的方法证明单婚是进化的记号。两面纵属都是单婚，然而两面的态度则是定然不同了。前者显然是不得已，是没有选择的自由；后者则是取舍自由，没有什么不得已。即使我们知道，文明社会的单婚制度也是起于经济的原因，附和经济趋势而来的宗教又将已成的事实加以巩固；然而在近几世纪所树立的文化壁垒，已经完全湮没了那种原因，使它显着好像文化选择的结果，作为文明行为与文化选择上进了一步的证据。这种"好像"，这种文化的障眼法，弄得非常有效，使我们对于单婚的态度，直到最近为止，看成基本的，不是后来产生的。魏氏既不曾分别原始社会所行的单婚与文明社会所行的单婚，也不曾说明耶教团体里的单婚乃是环境的结果，不是内在的精神的选择。

魏氏这样不充分可以疑惑的证据，竟被各门科学家，如生物学家、心理学家、社会学家等不分皂白地一齐采纳，颇足证明证据本身不只有理论的价值。就是今天，这类不分皂白的采纳还未完全停止。例如真宁斯（Herbert Spencer Jennings）[i]这样一位生物学家，在《家的生物学基础》一文便有下边一套话：

> 父母永久协作的趋向，更因子息需要长期的看顾，强有力地巩固一下……
>
> 父母彼此分离，没有时候不是破坏父母对于子息所尽的使命的。这种情形，在高等类人猿、猩猩、大猩猩等是这样；在人类也是这样，不过程度较高罢了。……子息的看顾可以不是永远，婚姻的系结则是与

---

[i] 真宁斯（Herbert Jennings, 1868—1947），美国动物学家、基因学家。——编者

年同久。恒久的单婚繁结,不管是飞禽不管是哺乳动物,都因功能的要求,单独出现。促使恒久单婚的出现的生物学的需要,越在高等哺乳动物便越繁众有力。

然而真宁斯并不到此为止。旁的权威急于证明此点,引征他的非常之多。凡引征他的人都引上魏斯特马克,以作最后的权威。另一位(已故的)著名的生物学家加罗威(Thomas Walton Galloway)有一篇文章(Monogamic Marriage and Mating)也说:"人类与动物都是趋于永久的异性同居,反对临时的关系。"新近出版的一本《二十四种婚姻观》时时征引真宁斯与魏斯特马克。该书结尾的几页有这样的话:

> 单婚是人类婚姻的基本形式,已被大多数的人类学家所承认。1927年在布法罗(Buffalo)召开美国今日家庭生活会议,真宁斯教授在会场上说得很好:"单婚的家庭,有偕老的夫妇,似乎是悠久的演化过程中最后的一段。"
> 魏斯特马克在所著《婚媾简史》上也说,单婚是任何民族所许可的唯一婚媾形式。

七 魏氏的流派——马林檽斯基等

今日流行的社会科学的教本,随意翻一翻,便可遇到相同的引语。我们的整个思想界,实在充满了这种态度与信念。这是通行的意象的一部份。

这种态度倘若只是某种神话的结果,只是存于洪荒时代的宗教信仰,我们或者可以说它表演着文化落后(Cultural lag)的例子,直捷了当,非常省事。然而它并非文化落后的表示,因为我们在上面已经说过,它在近代恃为主要的后盾的,不是宗教,乃是科学。显著拥护它的,不只魏氏与真氏;除了少数没有势力的例外以外,几乎每个近代人类学家都在保卫它。马林檽斯基、托马斯(Thomas)、路义(Lowie),都是例子。

我们若仔细考究这些学者的论点，我们可以清楚确凿地指出他们采取了什么样的维护方法。马林糯斯基对于灵长类与原始民族所有的性的生活的结论，一点也不比魏斯特马克或真宁斯过失较轻。他所著的《蛮野社会里的性及其抑窒》（即本书）一书，以为人自动物阶段沿袭过来的群体生活，只有家这型类。他不但假定家在灵长动物已有存在，并且更进一步，与魏斯特马克一致，否认杂交时期的可能，否认家的型类以前会有聚群的生活。他实际说过，"没有任何人类组织可以说是起自类聚的趋势"（本书第 179 页，即第 4 编第 2 章末段）[i]。那么，在他看来，使文化继续创化的，当然是家而不是群。他有一个与这样论点一致的假定，以为人自灵长类的祖先可以遗传一个家的生活的趋势，不是一个杂交的群体生活的趋势。凡此一切，显然都与以前所说的魏氏一派相一致，只给真宁斯与一般的社会科学增加一些势力。

然而考察马林糯斯基的地位以后，知道魏氏所有的弱点，他也都有。马氏自然不与前辈的魏氏犯着同样殊特的毛病，可是全盘的结论乃属同一范畴。密勒尔（Gerrit S. Miller, Jr.）[ii] 的作品（*Some Elements of Sexual Behavior in Primates and Their Possible Influence on the Beginnings of Human Social Development*）已经充分地证明："马林糯斯基的著作全是根据通俗的误解，见了家畜的有蹄类（ungulates）与肉食类（carnivores）所有的性的行为便给灵长类加上。然后再将灵长类与人类比较起来。"密勒尔博士在哺乳动物学范围以内的著作，非常谨严彻底；他考察了一切关于灵长类的行为的事实以后，指明魏氏马氏这一派的谬误思想。密勒尔所说的，完全与魏斯特马克、路义、真宁斯等人所说的相反，我们的灵长类的祖先并无单婚生活。密勒尔说："幼年的猴只是依附着母亲，可以由她独手抚养起来，无需雄猴的帮忙，我没有见到充分的证据，足以建设真正的家的系结。"哺乳动物学家观察哺乳动物的性的行为，自然比人类学家或社会科学家来得方便。然而哺乳动物学家不但否认猴类之间单婚生活的存在，乃要更进一步证明杂交的群体趋势，推翻魏氏一派所说的家的趋势。密勒尔关于此点的文章十分重要：

---

[i] 此处指 1937 年汉译本页码，对应本书第 115 页。——编者

[ii] 密勒尔（Gerrit Miller Jr, 1869—1956），美国动物学家、植物学家。——编者

利用实地调查,研究旧世界的猿猴的生活史,我们见到组织散漫的伙与帮的存在,乃是常例。这种成帮结伙的结合,较明显地显现于长臂猿(gibbons)、狒狒(baboons)、猕猴(macaques)、叶猴(langurs)、长鼻动物(proboscis)、猴、长尾猴(guenons)①及髯猿(guerezas)之间。关于大的类人猿显然也是这样。类人猿的证据,虽然不易得到天然的精确的观察,然就记载所及,凡是人类以外的灵长类,不管是猴,是大的类人猿,都不能证明森林里自由结队的性的生活与哈密尔敦(Hamilton)所见的主要不同。哈氏在梦忒西头(Montecito)见到猕猴自由漫游于槲树林中(那就是杂交)。所以杂交的群体生活不能不算人类祖先的状态,因为根据一般的灵长类的习惯,一切已知的根据都是这样。反过来说,人类与猴类共有的性行为颇属合于杂交生活的需要;所以硬说人类的祖先所形成的群体生活偏会不与现在通行于人类以外的灵长类的生活,十分不易。况且说,人类的性的行为,倘若实际怎样就看成怎样,而不看成因袭的想像那样,则在表面的文化结构以下,不难看出够明显的杂交的原始群遗留下来的规模与痕迹。

现在我们可以见到需要,对于人类趋势与制度的起源所有的见解,必要重新估价一番了。人究竟不与旁的动物相差太远,然而我们太容易相信人与旁的动物迥然不同。人的趋向不但远超家的制度以前,而且溯到人猿的集群。密勒尔在那本书的另一个地方曾说:"我们好像有理由相信,人猿的集群生活与同在的杂交生活,必存在于今日的人类社会系统里某段祖先的历史。"人类学的职务自然是了解人类。然而了解人类,必要无所规避无所粉饰地研究前于人类的原始冲动与动机,看看它们怎样支配人类的行为。可是我们若不避免旧的习惯,必要将他看成原始的绅士,不管他的实际行为,而管我们替他想像的行为,我们便永远不会了解他。

---

① 开氏原书所引作 gnemons,遍检字典不得;引文系据 *Journal of Mammalogy*,第 9 卷,但手下无该杂志作参证。检 E. Ingersoll:*The Life of Mammals*,1917 年版,有 guenons 及 gueregas,因疑开氏误印。按 guenons,汉译为长尾猴,Ingersoll 书第 29 页,谓产于非洲,林居,可登壁立岩面,好动,富好奇心,猴戏者多用之。

八　我们对于两造的解释——"文化迫力"说

这一些批评与以前的批评,都足证明魏斯特马克一派的道德观念的全盘建筑毫无事实作基础。这一派的上层建筑,乃是满足欲望的建筑,勉强加在人类学上的建筑。这一派所得的普遍接受,也正是因为这种缘故。各种社会科学是永远乐于接受这类自卫的理论的。自由贸易学说站在正统的地位的时候,经济学家与社会学家都是它的毫无批评的倡导者;只是到了今天,自由贸易已经失掉固有的势力,经济学家与社会学家才加以批评,才有时不加拥护。只有一种原则或制度已经塌台,才会使它的原来倡导人客观地看它一下。因为这种缘故,而且是主要地因为这种缘故,对于魏派的反动才在今日有了较大声势的可能。世界大战促使 19 世纪的伦理与经济完全塌台,于是中产阶级的圆满的迷梦,突然惊醒;绝对的演化观念,没法不放弃。结果,相对的观念慢慢得了势力。物理学的相对论特别发达,自然也有一部份贡献,促使社会科学变更重心。

魏斯特马克学派固然倒了。然而魏派的例子并不是说人类学家与社会科学家必要回到莫尔根去找材料,去找解释。完全不是这样!莫尔根演化学说,我们在前面已经说过,也同样不能再加拥护。这倒不是因为莫尔根关于原始社会的道德与婚媾所下的结论不较魏氏更近真理。他实际是较魏氏更近真理的。然而我们不能再跟着他说,每个部落的历史所有的婚姻制度都经过几种一定的阶段,而且每个阶段都是从旁的阶段脱化出来。因为几种部落存有性的共产,并不足使我们一般而论,以为整个原始人类的历史都是这样。我们不能这样,也就等于某种原始部落有了单婚的存在不足使魏斯特马克武断地说,我们的原始祖先几乎普遍地倾向于单婚的习惯。一方面,固如我们所信,我们有充分的证据,知道社会组织的早期没有家的存在的可能;然在另一方面,我们没有充分的证据,找不到一切社会所共有的整整齐齐的性的关系的演化阶段。换一句话就是,关于原始生活的全体,我们知道不是怎样的比我们知道是怎样的还要多一些个。莫尔根的错误,便在未能承认这个事实。他见到许多的事,在殊特方面都是对的,在普遍方面便不对。他的弱点被演化派的武断态度所加强,竟要混合殊特与普遍为一谈,使两者异辞同义。

我们这样分析人类学的理论,能得什么样的结果呢？我在此点希望贡献一些理论,用社会学的事实说明我们讨论过的现象。这种理论,简单地说,就是将上面两派(魏与莫)的冲突看成某项社会势力的表现。这项社会势力会发展成我所叫作"文化迫力"(cultural compulsives)的东西,发展成"文化复体里面有利可图的趣益"。文化迫力影响了一切理论与解释的形成,然在这些理论与解释所受的反应,比在这些东西的形成里,更属看得明了。所以用社会学的眼光来看,魏氏学说所受的反应倒比学说的来源更属重要。谈到莫尔根,也是一样。对于他们两位的学说所有的反应,已经变成活的东西,有动力的东西,成为当时通行的文化的一部份,就像政治选择或科学发明成为当时通行的文化的一部份一样。他们的学说,或者正确,或者不正确,除了对于他们的本门与一般的社会科学所有的影响以外,本身并没有什么重要。

激进派捉住莫尔根的学说,并不是因为莫尔根的学说代表人类学最终的权威。他们采取他的学说,乃是因为合乎他们自己的社会演化的学说,合乎正反合的辩证法,足以帮忙马克思将文化看成经济单位的解释。莫氏学说供给马克思的辩证法一个历史的例证,供给无产阶级一个新的历史的意义。同样,魏斯特马克的学说被中产阶级的知识分子所采取,乃是因为他的学说适合中产阶级的道德理想。中产阶级的民仪,因为魏氏而得到所说的科学的根据。正因这种缘故,魏氏的学说才被中产阶级的知识分子所接受,被激进的知识分子所反对；在大学与大学教授之间非常流行,在革命的中心便不流行。

不管是在魏氏或是莫氏,两面都足表演着"文化迫力",证明阶级的因子显然是决定胜负的因子。魏氏保障了中产阶级的伦理,所以魏氏被中产阶级的知识分子毫无批判地接受了。莫氏对于无产阶级的壁垒设备了武器,所以莫氏也被恩格尔、考次基、普列查讷夫(Plechanov)之流的激进份子毫无批判地接受了。这么接受下来以后,彼此便立刻分头去作有利阶级的权威。两个人都变成了一种"文化迫力",那就是阶级因子所制定的"文化迫力"。结果,谁的著作也不能客观地看一看。就像一切文化运动一样,感情方面都是胜过理智方面。每一个人的批评,都要留给他的敌人去作,不要他的信徒去作。因为有利可图的因子蒙蔽了两方面的眼睛,谁也看不见他们自己的权威的弱点。凡与自己的阶级有利的方法,便被采作科学的分析;没有利益的,便在放弃之列。于是每个人都变成一种"文化迫力"的集中点,不成一个对于社会科学的客观贡献。于是从抽象的科学,走到活动的文化。魏斯特马克得到更高的势力,不是因为他的学说本身有什么内在的优点,乃是因为他所得到的中产阶级倡导人都与大学有关,或与旁的学术机关有关;提倡莫尔根的,因为是激进份子,没有这样的势力。魏氏特别出风头的缘故,是在一切教育家都是中产阶级,都帮他的忙。所以他的著作成了一个"文化迫力"——一个中产阶级的"文化迫力"。

然而我们不要忘记,激进派并不是不这样,不是不与图利的因子结在一起,不过是方向不同,成为一个相反的"文化迫力"罢了。莫氏那种对于激进派不可侵犯的情形,与魏氏对于中产阶级一样。凡是批评莫氏的,都被骂作"资产阶级"。激进派既被有利可图的动机弄昏,所以对于莫氏就像中产阶级的学者对于魏氏一样,都是没有批评精神;在过去是这样,在现在有的方面还是这样。所以这里也运行着一个"文化迫力",使人采取武断的肯定,忽略虚心的批评。

我们已经说过,武断的肯定只在被肯定的原则与制度起始衰落的时候,才会失掉势力。若不是欧战以后中产阶级的道德迅速地解体,若不是家庭有了空前的变动,有了几乎等于革命的变动,则在近几年来魏氏的学说绝对不会被人非议;布里法特(Briffault)对于他的批评,倘若出现的话,也许受到少数人的称赞,然而不会风行一时。只是中产阶级的伦理经济等学说普遍衰落了,然后才使魏氏的势力在一般的社会科学与个别的人类学里面消沉下去,死亡下去。

九 "文化迫力"说对于社会科学的贡献

归结起来,我要说:魏氏与莫氏的势力所代表的成派的社会观念,固结起来的社会观念,除用"文化迫力"的说法以外,没有旁的方法可以解说。我相信利用这个说法可以了解学说与作家所以升沉消长的道理,可以了解推动他们的升沉消长的社会关键。这种关键并不是作家学说的本身真理,乃是作家学说是否适合旁的趣益,那就是所要代表的阶级的趣益。这些旁的趣益,这些更较基本的趣益,足以促使作家学说变成"文化迫力"。卢梭的势力是一个同样好的例证,与魏斯特马克和莫尔根同样好的例证。"文化迫力"用心理学的形式代表社会的利益。它所以成为迫力,是因表现的思想要靠思想所代表的利益大小去定有否势力,不靠思想的内容或结构究竟正确不正确。文化迫力的内容,我们已经说过,感情较多,理智较少。文化迫力的起源是学说所代表的利益,所以利益不取消,迫力不毁灭。然而这些利益总是与我们同在的,除非社会改组失掉它们以外,总是与我们同在;只要同在,便无法不受影响;不管怎样设法客观,总要关心这些利益。所以我们的事务不是否认"文化迫力"的存在,而是小心一点,不被迫力所迫而"利令智昏"至于看不见对于我们的理知遗业极关重要的事实。

"文化迫力"在社会学说的范围以内前例很多。马克思派是分析这些的能手。他们利用了激进的辩证法早已证明阶级怎样利用思想与学说来保护自己的阶级,延长自己的阶级。近几年来,除了激进派以外,少数自由思想的社会学者也起始证明阶级因子的存在,如讨论种族,新马尔萨斯主义,优生学等都在思辨的技术上具有阶级的因子。他们没有看见的去处,与激进派所没有看见的一样,是了解社会思想的很重要的事实;那就是,他们自己的思想与他们所分析的思想,同样都被"文化迫力"所支配。我在这里要用"文化迫力说"强调什么呢?我要强调的是:一切社会思想,不管激进的或反动的,同样都被一个迫力所渲染;凡自己以为避免了文化迫力的都是欺骗自己,采取在社会上十分错误的道路。激进派与反动派同样被文化迫力所捕获。前者能够指明后者被迫力所迫的思想,然在自己思想里面永远发现不出同样的迫力关键,只是目的不同而已。自由派的社会学者谈论着思辨的技术与阶级影响,永远都好像自己不受这样影响的拘束。这篇文章分析的目的,即要指明不是那么一回事。自由派的社会学者实际是被"中立的"迷雾所骗,以为自己可以超于战事以外,可以离开两造冲突的趣益。

然而事实是，自由派的社会学者大多数多与大学有关，都靠中产阶级的环境以谋生存。那么这还不足证明他们在社会科学里的隔离态度完全靠着错误的前提吗？

所以，文化迫力的存在使社会科学的客观性没有可能了。社会科学辩护自己的客观性，实际多半是自卫的手段，不自觉地掩藏了迫力因子与信仰等存在。没有人能够客观地解释社会现象，加以客观的评价。人只能客观地考察节目，采集事实——然不能加以客观的解释。解释需要一项心理系统、一个目标、一个鹄的。这样的心理系统、目标、鹄的，都被文化迫力所支配。活在任何社会里的任何人，都是从那个社会得到知觉，得到思考的方法，得到殊特的见地。他在那个社会所属的阶级更支配着他的思考与见地走到什么方向。只在物理科学里面，因为采用的方法是数量的方法，不是比较的方法，而且讨论的问题也不足影响社会生活的主要结构，才能逃到那种迫力范围以外。

社会思想是需要文化迫力的。社会思想而无文化迫力，就会缺乏线索与统一，索然没有意义。人类之所以有价值，不是因为它搜集了关于原始民族的事实，乃是因为那些事实对于我们的文明意义。为人类学而人类学，比为艺术而艺术还要荒谬。可是我们已经知道了，人类学也是与旁的社会科学一样，也是充满了文化的迫力。自觉着文化迫力的存在并不足使我们脱离迫力而自由，因为那便等于说个人比社会大，来自社会且被社会所支配的个人心能会比社会大。可是自觉着文化迫力的存在可以避免太无批评精神的更较荒谬的极端，因为文化迫力可以迫着我们太不批评。我们这样激进派的人不用希望客观地考察社会——我们的客观目的已使那样的客观性不可能了。以同样的道理中产阶级的人物也不多具一点客观性。人能客观的地方只是不与社会急切问题相干的地方，然而那又是对于社会思想不关重要的地方。我们现在所能做的是，激进派要小心莫尔根或任何将来的莫尔根，不要因为莫尔根已经变成他们的文化迫力的一部份而毫无疑问地接受下去；中产阶级的社会学者也要小心魏斯特马克或任何将来的魏斯特马克，不要因为魏斯特马克已经变成他们的文化迫力的一部份而毫无疑问地接受下去。换句话说，觉到社会思想里有文化迫力的成分，可使我们在"文化迫力"的范围以内更多一点自由,更多一点批评精神。

归根结底,社会科学里的知识究竟不过是来自社会冲突的过程;我们的当前任务,就是实际觉到这个冲突,觉到这个冲突所创造的迫力,即在迫力的范围以内尽量争得自由的余地。对于这件事,就像对于旁的事一样,激进派应该作急先锋。

附录乙　马林糯斯基对于一种假说的考验
——该项假说即以对于单独一种文明所有的先入之见为根据者[1]

赖斯外尔（H. D. Lasswell）

一　马氏原书提要

简单地说,这本书是将心灵分析的一种基本学说加以人类学的批判。马林糯斯基第一次认真地注意傅罗易得的学说,是在一个珊瑚岛的多岛海梅兰内西亚的土著社会进行实地研究的时候。这本书的第一编讨论了问题的一方面,即:"家庭以内所有的冲突、热情以及依恋态度,是因家庭组织的不同而不同呢,还是普遍人寰都是一样的呢？"马氏主要以超卜连兹岛民的材料作根据,认为那些情形是因家庭组织的不同而不同的。在超卜连兹岛

---

[1] 译本附录一既将人类学在社会背景方面所有的分野介绍大概,以明原著者马林糯斯基氏所处的地位,兹再译录本篇,专对本书加以分析,以明本书所对付的中心问题与在方法上的贡献。

本篇著者系支加哥大学赖斯外尔（Harold D. Lasswell）,原文初于1928年春季作成,并于次年春季加以修正,载在1931年出版的《社会科学方法论》(Methods in Social Science)第480—488页。该书系Pennsylvanla University莱斯氏（Stuart A. Rice）所编,支加哥大学出版部出版,共计800余页。该书的特点,乃在选择标准为社会科学界的权威者所有的公意,不是个人的私意。该书的背后,乃是"美国社会科学研究总部"(The Social Science Research Council)的"科学方法委员会" (Committee on Scientific Method in the Social Sciecces)。凡各门社会科学中在方法上有特别意义者,均由专家加以分析,这本《社会科学方法论》便是各专家对于各种方法所有的个案分析的论文总汇。分析的方面,计分九大类:（一）研究范围;（二）研究对象;（三）研究单位;（四）文化现象的空间分布与时间次第;（五）以发展阶段来解释变迁;（六）以殊特的因果型来解释时间的次第;（七）不能用单位来量的因子之间所有的关系及其解释;（八）能用单位来量,但不能支配试验条件的因子之间所有的关系及其认识;（九）能用单位来量且能支配试验条件的因子之间所有的数量关系。

我们现在译录的这一篇,乃为第七类第八篇论文之一。——译者

民之间,所有的不是对于父亲的仇恨与对于母亲的性欲那些被抑窒下去的心理,乃是对于母舅的仇恨与对于姊妹的性欲(兄弟姊妹之间的乱伦是严格的禁忌)。马氏的论旨是:家庭组织上有殊特的形式便容易使家庭情感发生殊特的结构,而且马氏将家庭情感的总体叫作"核心家庭情结"。所以他认为"恋母情结"是父系社会的核心家庭情结,而且相信他第一次描写了母系社会的核心家庭情结。

本书第二编所讨论的,是傅氏学说的另一方面。傅氏说,显现于家庭的被抑窒的心理,更在社会结构与传统上产生基本的影响。政府、神话、传说、亵语等形式,以及许多旁的表现,都被傅氏解作基本的恋母情结。可是马氏否认恋母情结的普遍存在,且又发现了另一种家庭组织所特有的情结,所以更要决定母权情结是否也在母权社会以内产生殊特的影响。他以母权情结进行研究超卜连兹的神话、亵语以及其他类似的事实,更证实了他的主要结论,以为傅氏认定基本的家庭情结具有深切的重要性是对的。但认定一种基本的家庭情结具有普遍的存在则是错的。

本书前一半已经预先发表过,所以后一半即就心灵分析家对于前一半所有的批评而加以讨论。他对于自己的见解已有改变的事实,并不讳言。他原来说过"幼小的机体对于母亲肉体的密切接触,有性欲的反应"。但在现在的页尾小注上便说那是"谬误"的了。

本书第三编详细地讨论傅氏关于文化起源的假设。傅氏以为,文化的起源,乃在众子成群,叛变杀老这件事。马氏则反对这种假说,其详细理由以后再加讨论。

本书以第四编为结尾,所包括的是著者认为对于文化起源一种更为满意的理论。他说,人能发展文化,系因人有天赋的可变的本能;至于满足本能所有的常常变化的方法,则靠文化来作传递的媒介,并不靠"群众心理";不管是将"群众心理"看作生物学的实体,或是看作形而上学的实体,都是不行的。

二 人类学与反证

以上提要,或已够使我们明白本书的内容,现在我们可以讨论方法上的意义了。本书可引起的论点,实在很复杂,乃是显然的;因为本书在一个观点之下所罗列的事实与解释,是许多类的专家都要负责的,譬如实地自然科学家、实地人类学家、比较动物心理学家、诊断室的心灵分析家以及遗传学家之类,都在其中。所以我们进行分析的工作,不能不有些武断地专门提出几点;第一点就是本书给我们一个印象,使我们知道试验社会科学的假说的时候,一个人类学家能供给反证到多大程度。

系统地研究社会的学者实在寥寥无几地散布在地球上比较不大的地方,而且实际上都有西欧文化的先入之见。他们所取的材料,自然是取自最容易取的地方,再加上语言地理等阻障,更不能不限于西欧的小天地。在思想上没有不同的文化作对比的经验,更容易犯以偏作全的毛病。

这些话,好像对于傅罗易得正合适。他自然知道母权的存在,不过他在心理充满了一种主要文化的临案例证,而且文化不同的事实不是他十分关心的。马林檽斯基的地位则大不相同,他自早年起,便以社会学的(文化的)现象作研究的中心。他遇到傅氏的学说的时候,乃是处在一种民族里面,只要按着字面将恋母情结的说法引用一下,便能立刻见到显著的例外。马氏心里所有的思考格局,竟到这等程度:以致对于毛尔(Moll)与傅氏的不同,也会根据西欧的社会差异,来使彼此调和。傅氏好像是相信,儿童在性欲上经过一个"潜在期",毛氏则不曾提到这个阶段。马氏说,傅氏所遇到的西欧上流阶级很容易表现潜在的现象,毛氏所遇到的受教育较少的阶级则不容易表现那种现象。(关于这等理由,我们不必在此多谈。)

一种科学思想的原则,乃是选择最相反的例证,以考验一个假说。人类学者所搜集的材料足以使人注意此等反面例证的存在,乃是对于我们现在讨论的问题特别显然的。惟有在文化结构与功能上的长久的思辨经验才会切实感觉到它的意义,这一点似乎是因马氏而得正面的证明,因傅氏而得反面的证明了。人类学的实地研究大可以核正以偏概全的毛病。

三 两重本领问题

凡遇本行以外的专家而有勇气考验他们的假说的人,都会将自己弄到四面受攻的地步。马氏有什么凭据可以拿给心灵分析家们去证明他有资格来裁判他们的学说呢？关于他自己在心灵分析上面的训练，他没有清楚的陈述。我们所能猜想的，他在心灵分析上的认识，乃是实地作人类学的调查工作的时候，得自书本的，以后更与不甚了不得的心灵分析家谈话，也得一些认识。然而心灵分析的专家则要说，尚非自己受过旁的人的心灵分析而且在正当的指导之下有过分析旁的人的训练，则遇到这等材料的时候是不会有可靠的眼光的。马氏拿出的不是证书，只是研究结果，遇到严格的专家便容易有好多地方受人批评。对于心灵分析家给与"情结"这个字眼的意义，说马氏均在这许久保持一种误解，乃是欲加以罪的话。同时，马氏竟自认对于心灵分析最近发展的理论是莫名其妙的，那更显得是反抗而不是声辩了。

我们要在原始社会以内试验心灵分析的假说，显然只有有限的方法可取。第一，如本例所示，这种工作可由一位人类学家去进行，他不是内行的心灵分析家，但对于傅罗易得、阿德勒（Adler）、司台克（Stekel）[i]、容（Jung）或兰克（Rank）等派的理论与工作，有相当的了解。第二，有经验有凭据的内行心灵分析家（凭据也者，系彼此竞争的某一派有所承认）也可以研究普通人类学，胜过语言的难关与一切关于实地工作的旁的难关。（我们在这里不必提专靠书本的心灵分析家，因为他们会受人类学家的责难，与马氏受心灵分析家的责难一样。）第三，心灵分析的专家与人类学的专家，可共同研究一个地方，以便彼此截长补短，互相提携。我们值得注意的，是专家共同作实地研究这件事不幸被人完全忽略了。在托列斯海峡调查团（Torres Straights Expedition）以后，简直没有后继者。

四　互调方法问题

马氏的话觉得武断而不充分的另一项理由，乃在不曾利用心灵分析的

---

[i] 司台克（Wilhelm Stekel, 1868—1940），奥地利医生、心理师。他是弗洛伊德最早的追随者之一，被称为"弗洛伊德最出色的学生"。——编者

个人访谈法（Psychoanalytic interview）；他不曾用心灵分析内行的方法去试验心灵分析的学说。所以心灵分析家很容易想，倘若对于土人进行正确的心灵分析的话，背后的恋母情结是仍要表现出来的。

此点当然不一定能够批评马氏，因为马氏自己的想法也许是对的；他说，心灵分析完全是欧洲文明的特产，在原始文化里面是没有用的。倘若这样，则不同文化的比较将要永远靠着间接的方法来搜集人格材料，而且即在同一文化以内，倘若取材的方法不同，我们也没有判断个人生活史料的标准了。譬如说，有的材料是在个人心灵分析以后由分析者来笔记的，有的是在分析的途中将被分析的人所有的答案写在问题表上的，有的是用内省的工夫个人自己记录下来的，有的是在日常生活之中由参加者加以观察而记录出来的；凡此种种材料，哪一种比较更好，都无从遽下结论。

五 报告材料

一切关于记录的形式与可靠程度的种种问题，均未得到应得的注意。记录原稿的价值，乃在详载一切询查手续所有的状况：譬如说，答话人的行为与名誉，答话人与问话人彼此相待的态度，以及能够校正所陈各点的证据都是什么。调查人怎样引申经验与节约经验的一般方式，是可以测验的；规定出此等测验的方法，也是很有用处的。

马氏并没有公布他的记录原稿，所以不能靠着他的著作来品评他有多大程度遵守了他在《西太平洋的仪式贸易人》（*Argonauts of the Western Pacific*）所列的方法。（该书于1922年为纽约 E. P. Dutton & Co. 出版）

六 以单纯作标准

马氏对于研究的难关，不管有怎样没有胜过去的地方，也总算成功到一种程度，使心灵分析的领袖们不能不注意了。囧斯博士（Dr. Ernest Jones）对于马氏先行发表的单篇论文，批评得很详细，很有敬意。他承认马氏的话，说在母权社会对于母舅有被抑塞的恨怒，对于姊妹有被抑塞的欲情；但不承认马氏的解答,不承认这种事实是因那里殊特的家庭制度而产生的结果。

马氏说,超卜连兹人的父亲在子女的生命里面,乃是帮助人,不是权威的代表。父亲的地位,要在日常需要上看顾婴孩,而且陪着他们玩。父亲的性欲要求,不是向母亲要求的权利,乃是得自母亲的赐予,所以避免了许多家庭的纠纷,不像在欧西那样,一有家庭的纠纷便使孩子袒护母亲,憎恶父亲。父亲不能决定家庭的经济命运,因为他的责任乃在供给他自己的姊妹的家计。母亲仰仗于自己的弟兄,可是母舅又另有家室。所以站在风俗的立场上来发号施令的是母舅,不是父亲。这些事实,是马氏用来解说超卜连兹的母权社会所有的情操组织所以不同于欧西父权社会的地方,因为作父亲的在欧西父权社会以内既是经济的供给者,又是权威的执行者。

马氏与心灵分析所有的不同解说,可用单纯这个标准来加以考察冏斯发挥傅罗易得的说法,以为母系社会以内那种恨母舅爱姊妹的情形,乃是恋母情结的化装表演。母权社会是家庭组织的最初形式。母系社会的兴起,乃在原来的杀老记忆还在种族里保持得很强的时候。在这个时候来维持社会的统一,只有"分解恋母情结"一途,以使权威不在极受嫉恨的父亲身上(因为父亲是在性欲上与儿子竞争的),而在本家以外的另一个人身上。以后种族的杀老记忆慢慢地淡薄下来,不再需要移花接木的办法,于是才有父权社会的可能。所以在冏斯看来,父权社会"乃系表明人们已能承认父亲的无上权威,同时又有欢迎这种权威的本领,既不必假借母权制度,也不必利用复杂的禁忌系统。这个意思就是人类的驯服,渐渐吸收了恋母情结。人类终于可以会见真父,与他同居了。傅罗易得蛮可以说,承认父亲在家庭里的地位,足以表明文化发展上最重要的进步。"[见《心灵分析国际学报》(*International Journal of Psycho-Analysis*),第 7 卷,第 2 编,第 130 页(1925 年 4 月)"母权与蛮野人的缺乏性的知识"一文。]

马氏则用不着假定恨父本能的消失,便能解说复杂文化里面父权的流行。不论母系与父系,都永远没有单独充作纪认宗亲与世系的标准的;但不管法定地强调哪一方面,都有各种不同的社会利益。

在母权制度之下,孩子永远受到两重的权威支配,家庭也是两半的。这样,在原始社会以内,有复杂的双重关系,可以使社会巩固,但在更较进步的社会,便引起种种等等的纠纷。文化越进步,系族的制度与分类的宗亲[①]越消灭,部落、城市、国家等地方组织越不得不单纯,则父权制度自然占优势。

马氏好像将心灵分析的解释追索到十分牵强的地步。一种假说的长处,有一部份本是在单纯而可证实。倘将这个标准用来衡量此等解释,则马氏的论点似乎是占优势的。

七　以文化起源说作标准

马氏批评傅氏认"罪犯为文化起源"那种学说的时候,自然立刻捉住摆在浮面上的矛盾。但马氏的要点乃在批评傅氏与冏氏的假说关于文化起源问题的全盘思维方式。观察文化的起源是显然不可能的事。

> 发展文化的因子,是互相扭结、互相依赖的;对于发展的先后,我们纵然没有认识,没有表征;对于萌芽的一切玄想,纵然时间质素完全逃在我们的知力制裁之外,我们究竟还能研究因子之间的关联,得到很多的启示。我们不能不在发展圆满的文化里面研究这些关系,但可将这些关系追溯到更较原始的形式。我们若能这样得到固定的依赖方案,若能见到一切文化现象里面都有某种关联出现,我们就可以说,任何与这些定律相反悖的假说,都该判为无效。不但这样,一切文化过程的定律若都表明某种因子的无上影响,则我们必须认定这些因子也是支配着文化的起源的。在这种意义之下,起源的概念才不含着在时间上居先或在因果关系上有效的意义,不过指出,某种活动因子普遍地发现在一切发展过程里面,所以也必发现在萌芽的起点。

马氏证明,物质文化在人能依据传统的技术利用工具以前,是不会出现的;可是传统的技术包括着知识,知识与传统又包含着语言。"所以语言、思想与物质文化,是互相关联的;这种关联的情形,必是在任何发展阶段上都

[①] Classificatory kinship,已见本书正文,即长于己者在男称父,在女称母之类。——译者

是这样,所以在文化的萌芽时期也必得是这样。"这样的论据,也同样适用于物质生活的布置、宗亲的系结以及道德规律等等。据我们所知道的,文化本来变迁得很慢,所以设想文化有个急转直下的起源,是不可能的。

文化必得有容易变化的本能赋与以作基础。个人遵照文化型而有的行为足以规范成在文化上相宜的行为。所以我们可将文化看成"每一世代借以积蓄经验以传于后代的媒介。这种媒介乃是物质什物、传统以及刻板式的思想过程所有的总体,我们就管这个总体叫作文化"。这样,马氏便用不着像傅氏那样假定一种"群众心理";傅氏不明了文化的媒介作用,所以为方法上的便利,非那样假定不可。同时,为解说集合行为起见,马氏也用不着假定什么"类聚本能"。

八　功能概念

"功能"这个字眼常见于马氏这本书,但没有定义。有些地方,某种行为的功能便是那种行为所产生的结果。什么行为产生什么结果,自然要在占优势的观察者才会看得出,而且看出来的情形,又会不一致。不过这种情形在不是试验性质的问题方面,本没有特别的困难。困难的起头,乃在我们要将行为分类,看什么有用,什么无用的时候。如欲达到某种重要结果(或重要在结果的本身,或重要在当作手段以达另一项目的)而认定一种行为是必不可少的(即不能用旁的行为来代),则这种行为便是有用的。所以将某种殊特行为用这个范畴来分类,当要预先假定一种共同意见,共认什么算不可替代,什么算重要。

马氏说,类人猿在牝性生产的时候有与她同居的"需要","因为她需要帮助"。人类以外的动物能因本能而尽保护牝性的职务,至于人类,则因本能不可靠,非用文化来代替本能以使男人尽到保护女人的职务不可。马氏以为这样利用文化乃是一种"需要",意思就是说,替代文化的东西是无从设想的。然而,一切牝性的类人猿并不同时怀孕,是应该能够彼此相看护的。现代社会以内机关看护法的例很多,使我们知道男人并不是必不可少的。

功能的概念究竟是怎么一回事,若再考察马氏否认幼儿与母亲的关系有一部份是性的关系,当可有进一步的认识。促成传种的行动(起始于雄精与雌卵的相接触),自然认为是应付一种基本的需要的。人类的异性相交,可以简单地说,显然是达到传种目的必不可少的条件。(数年以前,这里的"必不可少"当有十分绝对的意义,但自利用电或化学刺激以促成某种生物的繁殖行为成功以后,便不能那样绝对了。)那么,马氏既认完成了的异性相交的行为为毫不含糊的"性的行为",现在的问题便是,旁的机体行为,类似这种的,是不是也算性的行为。他并不否认儿童玩弄生殖器并做出各种姿势为性的行为,因为他认为这是直接准备后来有效的性交的。然而他并不承认婴儿与母亲肉体接触的关系,是这类准备行为的任何部份。显然地,他分别这种看法的根据,乃在认定婴儿这等行为的直接目的或功能是有另一项生物学的需要的(营养)。可是有人用同样的逻辑,也可以说儿童玩弄生殖器乃与另一种更较直接的生物需要有关,而将这种行为放到性的范畴以外。

不过,将一套见得到的反应与另一套关联在一起,目的乃在便于研究,所以空论儿童行为是否属于性的范围,必是徒劳无益的事,我们所要问的,乃是某种说法可以使我们发现一种手段,证明某种行为是足以预测儿童成年以后怎样应付性的境地的。马氏所用的功能概念,便是以"趋势"来作思维的手段的一例。他的任务乃在将一串事故解释成另一串事故的近似或实现(另串事故便是目的)。在思想上利用趋势型很有利于科学,因为趋势型可使研究人注重选择事故的要点,以便预测旁的事故。

九　结　语

马氏这本书使我们知道,凡因欧西文化影响而有的心理学说,都可由进行实地研究的人类学家利用不同的境地来加以考验。

傅氏主张,一切人类只有单一的基本情结,马氏主张,父权社会与母权社会便有不同的情操组织。再进一步的研究也许会使我们知道,"父权"社会与"母权"社会这等现成的范畴是不适于用的,我们必得分别各种家庭环境,以知儿童心里所产生的情操组织具有什么样的特点。

附　　图

一　梅兰内西亚

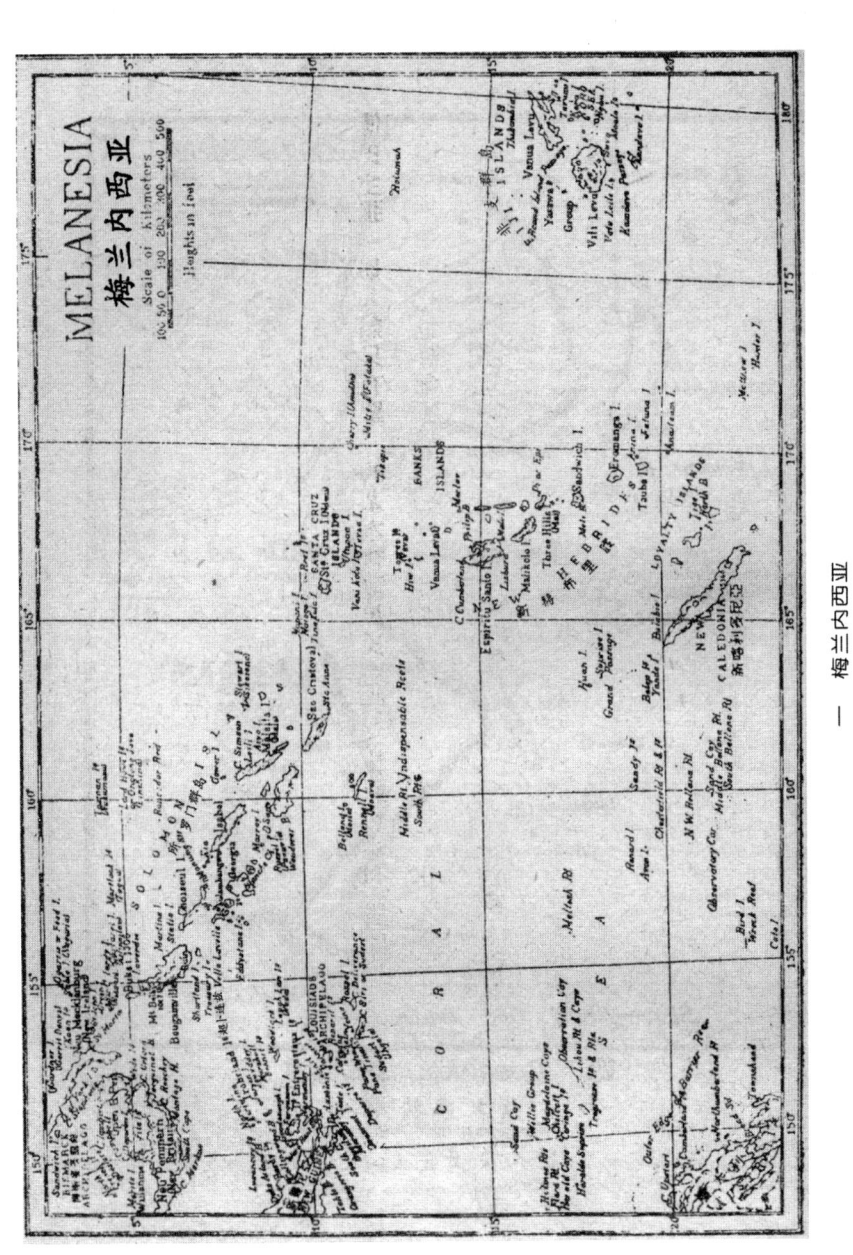

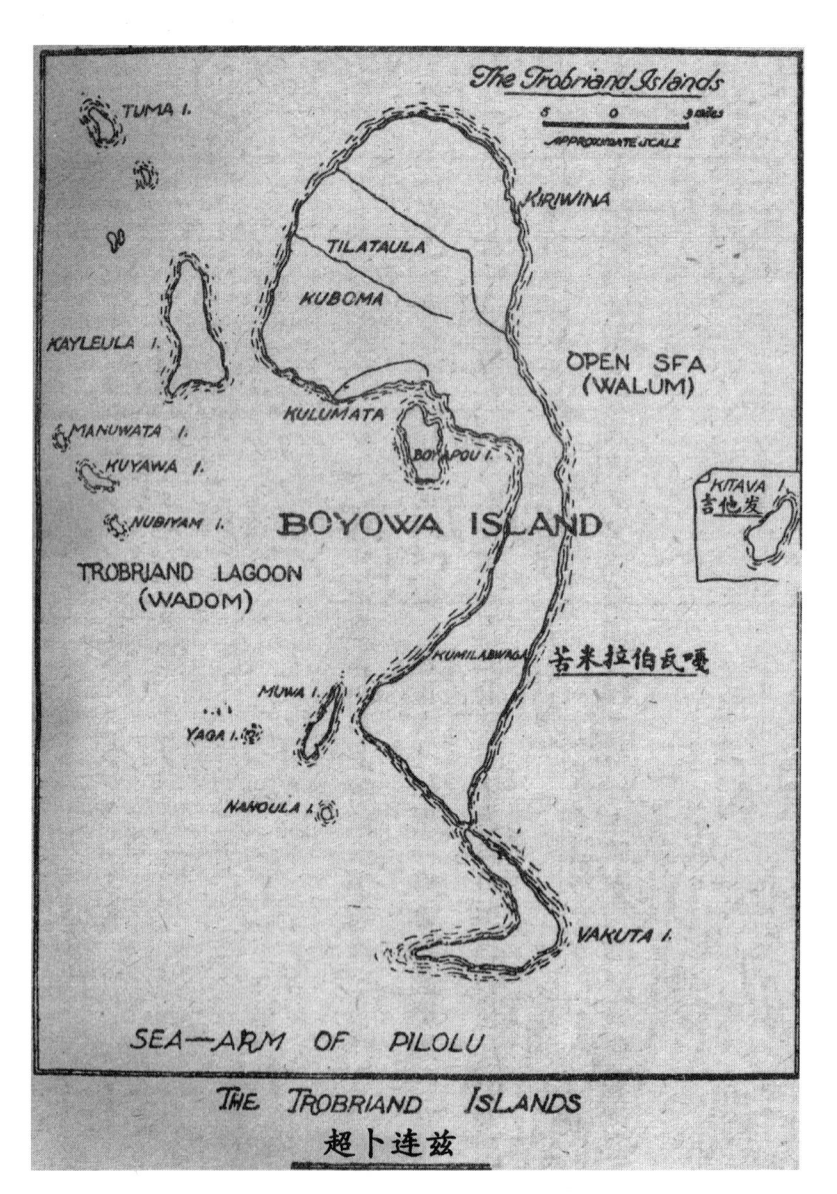

二　超卜连兹

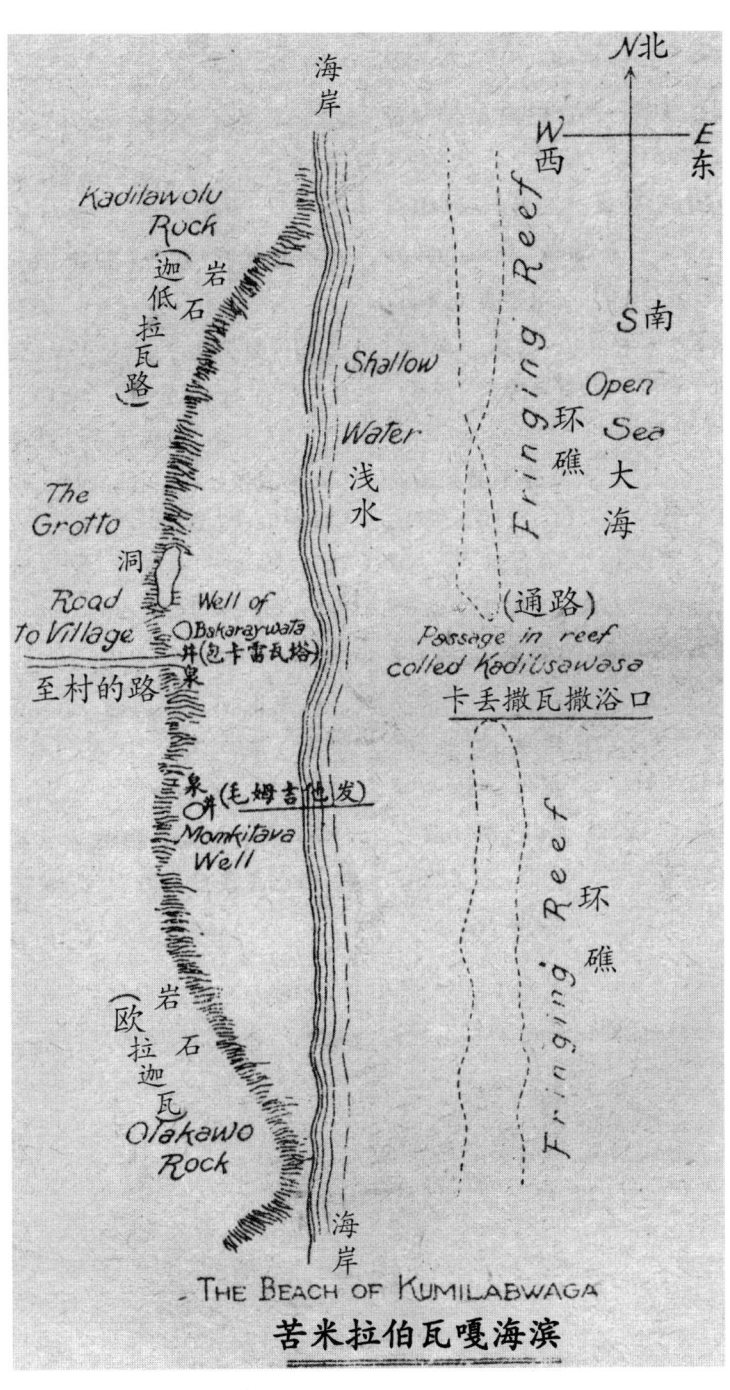

三　苦米拉伯瓦嘎海滨

索　　引[i]

adolescence 青春期 15
adoption 过继，不常见于超卜连兹(Trobriands)19
affection 亲爱或情爱：母的 17，23，166，210—211；父的 27，168—169，170—172，200—202
ambivalence 两面同值 63，64，123，205；蛮野人的 111
Amphlett Islanders 哀木弗莱特岛人：有神经病的 72—73；反常 75
anal-eroticism 后庭爱 30注，33，42—43，43—44
animal life 动物生活：见家庭(family)
Atkinson,J.J. 爱蒂金参 119，197
authority 权威：家庭的——见父亲(father)条，母舅(mother's brother)条

babyhood 幼孩期 14—15，16
birth 生育 16—17，165，167，171；其创伤 19；其梦 79
Boas,F. 薄欧 125注
brother 弟兄：其杀害 83；——在神话里 92—93，96；彼此的关系 97—98
Bühler,Charlotte 薄玉勒 28注
bukumatula 布苦马图拉(青年人的寓所)54
butura 卜图拉(荣誉)38

cannibalism 吃人制：在超卜连兹(Trobriands)的神话的起源 93，94
childhood 成童期：第一编第六章至第七章；其时期 13—15；更见于游戏(games)，儿童的性欲(sexuality of children)
children's communities 儿童社会 35，44—45
clan 母系族或母党：38—39，211—212；更见于族外婚(exogamy)
co-habitation 同居：见性欲关系(sexual relations)

complex 情结：家庭的 4，146；——与神话 6，第二编第一章；母系的 64，69，71—72，96，98，106；——与社会结构 112，115，126；其性质 115—116，217；——与情操 137—140，215—217；更见于核心情结(nuclear complex)，恋母情结(Œdipus complex)，抑窒(repression)
co-operation 合作 174—175，187—188
courtship 求爱：动物的 154—155；人的 156—157，178—180
couvade 库维德(即"产翁"或译作"父孵式")171
Crawley,E. 克老莱 125注，155
crime 罪犯或刑犯 76，83—85
cross-cousin marriage 中表结婚 92
culture 文化：其"起源"118—126；其性质 126，132—133，186—188；其中的行为 144，179—180；更见于情绪(emotion)，本能(instinct)，情操(sentiment)，家庭(family)

Darwin,Charles 达尔文 119—121，127，154
'decent' and 'indecent'"端正"或"正的"与"邪僻"或"邪的"29—31，32—33，62，185
D'Entrecasteaux Islanders 当特雷嘎宾岛人 85，87，109
descent 家世——见于父权(father-right)，母权(mother-right)，家庭(family)，宗亲(kinship)
Dewey,J. 杜威 125注
discipline 惩戒，教管，规律：不见于超卜连兹(Trobriands)23—24，35
divorce 离婚 182
Dokonikan 刀口泥坎——见土达瓦(Tudava)
Dream fantacies 梦想 76；在少年期(puberty)51，63
dreams 梦 77—80，115；——死 83；——与巫术

---

[i] 索引原页码为1937年汉译本页码，本版改为英文本(Routledge,2001年版)页码，并加边码，方便读者检索。原索引个别错漏之处，也参照英文本修改。——编者

索　引

（Magic）100；也见于巫术的梦（*kirisala*）
Durkheim, E. 杜尔干 125 注

economics of marriage 结婚的经济 187
education in family 家庭教育 173—175, 185—186, 201—202, 209—210
Electra complex 仇母情结（即父女亲善母女冲突的情结）52, 199
Ellis, Havelock 霭理斯 28 注, 154 注, 155, 156 注
embarrassment at puberty 少年期的举动失措 49, 51
emotions and culture 情绪与文化 186, 216；结婚中的组织 182—185；又见于情操（sentiment）
endo-psychic censor 内心监察 190
excrement 粪，用以骂人 85
excretion 排泄，其趣味 29, 32, 42—43, 61
exogamy 族外婚 63, 80, 156, 184, 191, 211—212, 216—217；其远犯——见于苏法梭法（*suvasova*）

family 家庭：在心灵分析里面 4—7；文明与蛮野的比较 8—13, 17—21, 23—27, 59—62, 63；——情结（complex）4, 8, 13, 59—65；庞大的（Cyclopean）119, 126, 128, 130；在人猿之中的 120, 127—129, 130；人类和动物的比较，结论 178—180；其根本组织 153；在文化里的重要 147—148, 175—177, 188；——系结（ties）173—177, 188；又见于情绪（emotion），父职（fatherhood），本能（instinct），婚姻（marriage），情操（sentiment）
father 父：在超卜连兹（Trobriands）的 9—10；欧洲 24—25；比较起来 11—12, 20—21, 25—27, 35—38, 60—62；——与女 11, 32, 38, 52—53, 57—58, 61；——与子 31—32, 36, 50, 55—56, 63, 199—205；赠品 97；权威 146, 175, 177, 200, 202—205；不见于超卜连兹的神话 89；又见于亲爱（affection），家庭（family）
fatherhood 父职：其社会性质 20, 170—172；不明其生理 9—10, 88—89, 111—113, 116—117, 136
father-right and mother-right 父权与母权 206—213
fire 火，其神话 93
Flügel, J. C. 傅留格 6 注, 13 注
folklore and psycho-analysis 民俗学与心灵分析 85；又见于神话（myth）
Frazer, Sir J. G. 傅雷兹尔 125 注, 155
Freud, S. 傅罗易得 3, 6, 13 注, 30, 125 注, 136,190；其情结（complex）说之修正 64—65；性欲潜在期 40—41, 62；机能神经病说 72, 74；梦 77—78, 99；民俗学 85；《图腾和禁忌》118, 134；庞大的（Cyclopean）家庭 119—121, 126, 127—129, 130—131；图腾制与文化的起始 119—122, 124—126, 129—130, 132—133, 214—215；其批评 124—136；论乱伦 192—195, 196, 197—198

games, sexual, of children 游戏，性的，儿童的 9, 44—46
genital, interest 生殖的，趣益 30 注, 32—33, 44—46
Ginsberg, M. 金斯堡 125 注
gregariousness 类聚性——见于类聚本能（herd instinct）
gwayluwa 各韦路注（神经错乱的一种）73

Hartland, E. S. 哈特兰德 206 注, 207
herd instinct 类聚本能，证其无 148—153, 176
Hobhouse, L. T. 哈薄浩斯 125 注
homosexuality 同性爱——见反常（perversion）

incest 乱伦：父女 52—53, 58, 82—83；弟兄姊妹 70, 80—82, 105；母子 193—198, 212；后者不见于超卜连兹（Trobriands）82；乱伦的梦 79—80；乱伦的试探 63—64, 69, 112—113, 146, 177, 第四编第九章；于神话 100—102, 106；乱伦结合的生物学 191—192
'indecent' "邪僻的" 29—31, 32, 41—44, 57, 62；老人所创造的范畴 42；更参看 "端正的"（'decent'）
infancy 婴儿期：发展期 14
infantile sexuality 婴期性欲——参看儿童的性欲（sexuality of children）
initiation 青年男女正式加入社会的典礼（等于中国的冠笄之礼）15, 202—203；不见于超卜连兹（Trobriands）48—49
instinct 本能：界说 129, 149, 193；——与风俗 19；在文化之下加以修正 146—147, 153, 158—159, 161—164, 178—180；被文化加强 167, 168—169, 170—171, 172；更参看类聚本能（herd instinct），情操（sentiment）

jealousy 忌妒：母舅与外甥 63, 69, 84
Jones, Ernest 同斯 6, 110—113, 114—117, 122, 126, 129—130, 213, 217

kada 卡达——参看母舅（mother's brother）

Kayro'iwo 卡娄易窝——参看恋爱的巫术（magic of love）

kinship 宗亲 39,55 注,128；双面和单面 208—209,212,217；更参看父（father），母（mother）

kinsmen 宗人 39,83

kirisala 吉利撒拉（巫术的梦）102

Kroeber, A. L. 克娄伯 125 注,133,136

Kula 苦拉：梦 78；巫术 103

Kwoygapani 克瓦嘎帕尼：巫术 91

Lang, Andrew 安住郎 125 注,197

language 语言 144,145,151

legitimacy 正出，其设定 169—170

'libido' 立别度（以性欲为人生活动的根本动力）1,28,193

Lowie, R. H. 路义 125 注,147 注,191 注,208

luguta 路古塔（姊妹）88

magic 巫术 78,88,94—96；黑的（凶的）72—73,83；恋爱 70,78,98—102,103,105—106；族外婚的违犯 82；沉船 98；——与神话 94—105；巫术传统 103—104；更参看克瓦嘎帕尼（Kwoygapani），维吉吉（*waygigi*）

Mailu 麦卢：该处之神经衰弱症 74

Malasi 马拉西：母党或母系族（clan）与乱伦 81

Marett, R. R. 马莱特 125 注

marriage 结婚：在超卜连兹（Trobriands）9—11,37；动物 160—161,162；人的 161—164,178—180,182—183

'mass psyche'"群众心灵"124—126

material culture 物质文化 144—145,152

maternal instinct 母性本能 11,18,19,128,165—167；更参看亲爱（affection）

mating 交配 156—157,178—179,180,182

matriliny 母系制度 5,8—9,60,84；更参看母权（mother-right）

matrimonial response 婚媾的反应 161,168

McDougall, W. 麦克独孤 139

medium (spiritualism) 灵媒（"无常"）73,81

miracle 奇迹 104—105

missions 传道会（教会之"差会"）：与土著的道德 75

Mokadayu 毛卡打于，其故事 81

Moll, A. 毛尔 28 注,40

morals 道德 145,201—202

Morgan, L. H. 莫尔根 176

mother 母：与子 30—31,32,50,63,175,193—198,210—211；参看乱伦（incest）；——与女 30—31,52

motherhood 母权：蛮野社会和文明社会之比较 11—19,23—24

mother-right 母权：84；"起源"110—112,116—117,136,217；与父权，第四编第十一章；更参看母系制度（matriliny）

mother's brother 母舅 9—10,12,37—39,55,63,83,91—92,94,97,203；更参看土达瓦（Tudava）

myth 神话 6,88—106；其分类 88；其解释 93；飞行独木舟的 95—98；救船巫术的 98；恋爱巫术的 100—102；与仪节 105；更参看火（fire），巫术（magic），土达瓦（Tudava）

nagowa 那勾洼（精神错乱的一种）73

nakedness 赤身：在梅兰内西亚（Melanesia）无禁忌 44

neurosis 神经错乱：梅兰内西亚人（Melanesians）之间 71—75；其解释 135

'nuclear complex' 核心情结 5,60,111,137—140；因社会等级而不同 12—13；同家庭的组织俱在 64—65,114；周斯的见解 111；更参看情结（complex）

nursing of child 儿童抚育 18—19,20,166,193—194

obscenity 猥亵 85—88

Œdipus complex 烝母情结（即母子乱伦父子冲突的情结）3,6,7,52—53,62,64,69,109,145,193,199,205,214,217；父权社会的产物 6,60,133—136,137；其同化 133—134；假定的普遍性 111—113,114—117,126,130,135—136

parental love 父母的爱：动物之间的 128,165—166；——在人类 166

parricide 杀老：84；初始的 121；第三编第四章至第五章；其批评 136,215

paternity 父性：生物学的基础 165,168—171；其文化的加强力量 171—172；更参看父职（fatherhood）

patria postestas 父亲的权势——参看父职（fatherhood），权威（authority）

patriarchy 父权 133—135

peasant family 农民家庭 12—13,14,25,29,31, 35,37,41—43,51—52

perversions 反常:罕见于超卜连兹(Trobriands) 46,74—75

physiological fatherhood 生理学的父能——参看父职(fatherhood)

Pitt-Rivers,G. 皮特-黎夫尔斯 19 注,147 注,192 注

plasticity of instincts 本能的可变性 159,164, 171—172,177,186,216,第四编第七章;更看本能(instinct)

Ploss & Renz 蒲牢斯和润兹 28 注

pokala 泡卡拉(代价)97

pregnancy 怀孕 17—18,162,166,168—169, 170;更参看禁忌(taboo)

primal horde 原群——参看家庭(family),庞大的(Cyclopean)

property 财产:在巫术的 96—97,102

psycho-analysis 心灵分析:与生物学和社会学的关系 1,109;与人类学的关系 6—7,93—94, 110,113,218;——与家庭 4,60,64;——与神话 106;——与单德(Shand)的学说 190

puberty 少年期(春情发动期)48—56;文明的童子的 49—51;文明的女孩的 52—53;在超卜连兹(Trobriands)53—58

Rank,Dr. O. 兰克博士 6,19

repression 抑窒 32—33,57,64,189—190,213;——与神经错乱 74;——与梦,76—77;——与辱骂 85—88;——与神话 90—91;对于父的认识之抑窒 110—111,116—117;——与情结(complex) 115—117,136,137—139

Rivers,W. H. R. 黎弗尔斯 208

Robertson Smith,W. 罗贝特孙·司密斯 119

rut 游牝期 154,157—158,161

selective mating 选择交配——参看交配(mating)

sentiment 情操 4,60,139—140,152,163,189—190,195—196,204—205,第四编第八章;另参看本能(instinct),情结(complex)

sex confidences 性的知心 30 注

sex latency period 性欲潜在期 40—44,46,62

sexuality of children 儿童的性欲 9,28—30,40—41,44—47,61,72,216;更参看游戏(games)

sexual desire 性欲:婚姻里 184

sexual dreams 性欲梦 79—80

sexual impulse 性冲动 154—158;其制裁 158—159

sexual relations 性欲关系;26,156,160—164, 182—185;与母亲 194—195

sexual rivalry 性欲敌竞 30—32

Shand,A. F. 单德 4,139—140,188—190,194, 196,203

sister 姊妹——参看乱伦(incest),猥亵(obscenity);母的替代 115

social organization 社会组织 175—176;更参看家庭(family),母系族(clan)

speech 发言——参看语言(language)

Stern,W. 司特恩 28 注

Stout,G. F. 司套蒂 139

succession 承继 210;更参看宗亲(kinship)

suckling 哺乳 193—194

sulumwoya 苏鲁木窝牙(恋爱巫术)100—102

suvasova 苏法梭法(族外婚律的违犯)57,80,82

taboo 禁忌(或音译为"他怖")62,63,69,102, 105,201;弟兄姊妹 11,38,46—47,56—58, 63;生育的 17,19;妊娠的 18,166,171,200;性 39,62,82,131,156,158—159,179;族外婚 63;乱伦 63—64,197—198,216;起源 118,124

tomakava 生人(外人)39

totemism 图腾制 118,124,129—130,第三编第三章至第四章;图腾宴 119,121,131

tradition 传统 174,180,186

Tudava 土达瓦:其神话 90—92

Tylor,E. B. 秦勒 208

ulatile 青年人 53

uncle 母舅——参看母舅(mother's brother);父亲的替代 115

unconscious elements in complex 情结里无意识的质素 138,145

veyola 咈么拉:参看宗人(kinsmen)

waygigi 维吉吉(雨和阳光的巫术)103,106

weaning 断乳 19,22—23

Westermarck,E. 魏斯特马克 125 注,139,155, 156 注,169 注,191 注,192 注,197

witches,flying 巫婆:飞巫 98

图书在版编目(CIP)数据

两性社会学:母系社会与父系社会的比较/(英)马林诺夫斯基著;李安宅译.—北京:商务印书馆,2022(2023.6 重印)
(汉译人类学名著丛书)
ISBN 978-7-100-20796-6

Ⅰ.①两… Ⅱ.①马…②李… Ⅲ.①性社会学
Ⅳ.①C913.14

中国版本图书馆 CIP 数据核字(2022)第 035230 号

权利保留,侵权必究。

汉译人类学名著丛书

两性社会学

——母系社会与父系社会的比较

〔英〕马林诺夫斯基 著

李安宅 译

许地山 吴文藻 校

商 务 印 书 馆 出 版
(北京王府井大街 36 号 邮政编码 100710)
商 务 印 书 馆 发 行
北京市白帆印务有限公司印刷
ISBN 978-7-100-20796-6

2022 年 5 月第 1 版　　　开本 710×1000　1/16
2023 年 6 月北京第 2 次印刷　印张 14¼
定价:58.00 元